Hermann Bullinger

Wenn Männer
Väter werden

Schwangerschaft, Geburt
und die Zeit danach im
Erleben von Männern
Überlegungen – Informationen –
Erfahrungen

Rowohlt

Die Teile «Vorbereitungskurse für Mann und Frau»
(Kap. IV, 1) und «Praktische Unterstützung bei der Geburt»
(Kap. V, 7) schrieb der Arzt und Geburtshelfer Dr. Jürgen Alt

45.–50. Tausend Mai 1990

Originalausgabe
Veröffentlicht im Rowohlt Taschenbuch Verlag GmbH,
Reinbek bei Hamburg, September 1983
Copyright © 1983 by Rowohlt Taschenbuch Verlag GmbH,
Reinbek bei Hamburg
Redaktion Beate Menzel
Umschlagentwurf Manfred Waller
(Foto: ZEFA-Photosource)
Satz Times (Linotron 404)
Gesamtherstellung Clausen & Bosse, Leck
Printed in Germany
1080-ISBN 3 499 17751 X

Inhalt

Vorwort

Wenn ich jemandem erzählte, daß ich ein Buch über Väter schreibe, wurde ich immer wieder gefragt, warum ich mir gerade dieses Thema ausgesucht hätte.

Als ich selbst Vater wurde, konnte ich mich nicht mit der Mißachtung abfinden, die werdenden Vätern überall entgegengebracht wird. Ich erkannte, wie schwierig es war, in meiner Rolle Selbstbewußtsein zu entwickeln, wenn meine Umgebung mich, meine Probleme und meine Gefühle nicht wirklich ernst nahm. Je mehr ich mich mit meiner Situation und meinen widersprüchlichen Gefühlen beschäftigte, um so klarer wurde mir, daß sich an meiner Situation nur etwas ändern könnte, wenn ich meine Probleme nicht mehr nur mit mir alleine herumtragen würde.

Das Schweigen über die Situation werdender Väter mußte durchbrochen werden. Ein erster, wichtiger Schritt in diese Richtung war für mich, an einer Berliner Volkshochschule eine Gesprächsgruppe für werdende Väter einzurichten. Von dieser ersten Gruppe habe ich sehr profitiert. Weitere Gesprächskreise über Schwangerschaft, Geburt und der ersten Zeit danach an Volkshochschulen schlossen sich an. Was Männer diese Zeit anders als Frauen erleben läßt, wurde mir immer deutlicher.

Da es damals (1981) praktisch keine Literatur gab, die sich mit der Situation von Vätern beschäftigte, kam mir irgendwann der Gedanke, meine «gesammelten» Überlegungen und Erkenntnisse zu veröffentlichen. Dieser Gedanke wurde noch dadurch befördert, daß ich mich zunehmend ärgerte, was in der gängigen Literatur zu Schwangerschaft und Geburt von weiblichen Autoren über Väter und deren Erleben geboten wurde: Das männerspezifische Erleben kam hier nur aus Frauensicht zur Sprache. Entsprechend verkürzt, klischeehaft und harmonisierend sind die Aussagen. Daß dies in der guten Absicht geschah, den werdenden Vater zu mehr Anteilnahme an Schwangerschaft und Geburt zu bewegen, ändert nichts daran, daß in fast allen diesen Büchern die wirkliche Situation des werdenden Vaters und seine Probleme allenfalls andeutungsweise vorkommen.

Als ich an diesem Buch zu arbeiten begann, ahnte ich nicht, was dies für mich selbst bedeutete. Ich beschäftigte mich ja nicht mit Problemen, von denen ich mich distanzieren konnte. Meine eigene Situation floß immer mit ein. Meine eigene Widersprüchlichkeit, meine eigenen Gefühle und das Auseinanderklaffen des in meinem Buch formulierten Anspruchs mit meiner eigenen Wirklichkeit setzten mir zeitweise so zu, daß ich immer wieder krank wurde (Migräneanfälle, tiefe Depressionen, Grippe, langanhaltender Schnupfen und anderes mehr).

Dazu kam, daß mir die Umstellung auf mein Vatersein große Schwierigkeiten bereitete. Die Anforderungen, die die Betreuung und Versorgung meines Sohnes an mich stellten, erlebte ich nicht selten als Einschränkung meiner Möglichkeiten. Ich kämpfte ständig innerlich gegen die veränderte Situation an und konnte die Veränderung meines Lebens lange nicht wirklich akzeptieren. Erst, als mir das besser gelang, kam ich auch besser mit mir selber und mit meiner Situation zurecht. Dies war aber ein Prozeß, der fast ein dreiviertel Jahr dauerte und der auch heute noch nicht ganz abgeschlossen ist.

Eine zusätzliche Schwierigkeit bei der Arbeit an diesem Buch war, daß es sehr wenig Material über das Erleben von Vätern gibt und ich meine eigenen Aussagen und Erfahrungen nicht mit anderen Aussagen vergleichen konnte, um ihre Gültigkeit zu überprüfen. Hier war mir die Diplomarbeit von Klaus Engel über das Erleben von Vätern während der Schwangerschaft und der Geburt eine große Hilfe, da er in vielen Punkten zu ähnlichen Aussagen kam und damit meine Thesen bestätigte.

Während des Schreibens an diesem Buch habe ich in Gesprächen mit Frauen immer wieder erlebt, wie provozierend einige Thesen dieses Buches für Frauen sein können und welche Mißverständnisse in ihnen möglicherweise angelegt sind. Ich möchte betonen, daß es mir nicht um Konfrontation geht, sondern um Darstellung der Sichtweise von Männern bzw. Vätern.

Häufiger wurde ich, besonders von Frauen, gefragt, was ich mit diesem Buch erreichen wollte. Die Antwort auf diese Frage fiel mir nie leicht, erschien mir zu phrasenhaft. Ich möchte deshalb nur feststellen, daß ich bewußt ein Männerbuch geschrieben habe. Vielleicht kann dieses Buch etwas zur Entstehung eines neuen Vaterbewußtseins beitragen.

Ich möchte an dieser Stelle noch allen danken, die mir direkt oder indirekt bei diesem Buch geholfen haben. Es sind so viele, daß ich nicht alle aufzählen kann. Außerdem habe ich Angst, daß ich jemand vergesse.

Ohne die Unterstützung meiner Freundin Marianne wäre das Buch allerdings nie fertig geworden. Einen sehr wichtigen Beitrag hat auch mein Sohn Paolo (geb. 10. 12. 1981) geleistet. Sein energisches Auftreten an der viel zu oft verschlossenen Tür meines Arbeitszimmers hat mich mehr als einmal von den Höhenflügen der Theorie auf den Boden der Realität zurückgeholt.

Foto: Marianne Otte

I. Die neuen Väter

Bislang gibt es noch keine Untersuchung über den Wandel der Vaterrolle in den siebziger Jahren. Aus der Untersuchung von Helge Pross über die Selbstbilder von Männern, die auf Erhebungen im Jahre 1975 beruht, ergibt sich ein Bild der Vaterrolle, das vor allem durch Nichtbeteiligung der Väter an der Erziehung der Kinder gekennzeichnet ist:

«Aufs Ganze gesehen, lehren die Auskünfte der Väter über sich selbst, daß sie die Vaterrolle faktisch als Nebenrolle einstufen... Der Vater hält auf Abstand. An die Stelle des übermächtigen Vaters ist der distanzierte Vater getreten. Er herrscht nicht über die ‹Seinen›, ist aber auch nicht ihr aktiver Partner. In der Praxis scheint die Vaterschaft weder mit großen persönlichen Anstrengungen, noch mit besonderem Engagement verknüpft... Wahrscheinlich ist daher, daß zwischen vielen Vätern und den Kindern aller Altersstufen eine große Fremdheit besteht. Die Väter sind sich dessen nicht bewußt. Naiv meinen sie, mit der ‹Ernährung› der Familie, mit der Leistung als gelegentlicher Krisenmanager, mit Spielen und Spaziergängen hätten sie ihre Schuldigkeit getan. Die breite öffentliche Diskussion über Erziehungsfragen, die in den letzten Jahren stattgefunden hat, hat bei der Mehrheit der Väter wenig Spuren hinterlassen.»[1]

Ich möchte nicht darüber spekulieren, ob sich das von Helge Pross 1975 erhobene Bild noch mit dem Selbstbild der Mehrheit der heutigen Väter deckt. Für eine zahlenmäßig nicht zu unterschätzende Minderheit von Männern jedenfalls ist das von Pross erhobene Bild mit Sicherheit passé. Sie haben sich im Laufe der letzten zehn Jahre gewandelt und befinden sich weiter in der Veränderung.

Deshalb läßt sich die neue Vaterrolle noch nicht genau definieren,

1 Pross, Helge: Die Männer. Reinbek bei Hamburg 1978, S. 135/136.

sondern man kann lediglich Faktoren aufzählen, die sie kennzeichnen. Diese Faktoren finden wir in unterschiedlichster Ausprägung und Radikalität in der gesellschaftlichen Realität wieder.

Im Gegensatz zu den «alten» Vätern gestalten die neuen Väter ihre Rolle *aktiv* und *bewußt*. Immer mehr Väter sind bereit, sich wie die Frauen um die Kinder zu kümmern. Sie erleben die Schwangerschaft ihrer Frau[1] intensiv mit, beteiligen sich an den Vorbereitungen für die Geburt und begleiten ihre Frau sogar zum Frauenarzt(-ärztin), um bei den vorgeburtlichen Untersuchungen dabei zu sein.

Daß sie bei der Geburt dabeisein können, ist ihnen nicht nur wichtig, sondern eine unabdingbare Voraussetzung für den Aufbau einer (im Verhältnis zur Mutter) gleichwertigen Beziehung zum Kind.

Einige Väter gründen sogar Vätergruppen, in denen sie sich auf ihr künftige Rolle vorbereiten. Gemeinsam wird das männerspezifische Erleben von Schwangerschaft und Geburt aufgearbeitet. Auch die sich aus der Veränderung der Vaterrolle ergebende Infragestellung der bisherigen Identität als Mann ist ein wichtiges Thema dieser Gespräche.

Für die neuen Väter ist es selbstverständlich, daß sie nach der Geburt zumindest einige Wochen zu Hause bleiben und Mutter und Kind in der ersten Zeit versorgen. Sie lernen von Anfang an mit dem Neugeborenen umzugehen und beherrschen das Einmaleins der Säuglingspflege ebenso wie die Mütter. Ihr Kind ist ihnen vertraut, und sie wissen die Äußerungen des Säuglings genausogut zu deuten wie die Frauen.

Manche Väter gehen in der Umgestaltung ihrer Rolle noch weiter: sie tauschen die Rolle mit der der Frau und bleiben als Hausmann zu Hause beim Kind, damit die Frau nach einiger Zeit wieder ihrem Beruf nachgehen kann. Aber auch dort, wo es nicht zu einem totalen Rollentausch kommt, ist nicht mehr von vornherein selbstverständlich, daß die Mutter nach der Geburt zu Hause bleibt. Zumindest versuchen viele neue Väter in ähnlicher Weise wie die Mütter, ihr Leben auf das Kind einzustellen. Manche Väter arbeiten deshalb halbtags oder lassen sich für eine Zeit beurlauben. Auch wenn das Kind älter wird, kümmern sich die Väter gleichermaßen wie die

---

1 Mit «Frau» bezeichne ich auch diejenigen, die nicht verheiratet sind, aber in einer stabilen Partnerschaft leben.

Mütter um die Kinder. Das gilt in aller Regel auch dann, wenn Vater und Mutter sich trennen sollten. Da der Vater genauso wie die Mutter in Versorgung und Betreuung geübt ist, muß das Kind nach der Trennung nicht generell bei der Mutter bleiben. Falls das jedoch der Fall ist, haben die neuen Väter ein starkes Interesse daran, einen möglichst engen Kontakt zu ihrem Kind zu behalten. Familienrichter «registrieren eine, freilich immer noch kleine, aber dennoch steigende

Foto: Marianne Otte

Anzahl von Vätern, die bewußt und wohlüberlegt – aus Gründen des Kindeswohls nämlich – um ihr Kind kämpfen».[1]

Das hier von den neuen Vätern gezeichnete Bild stellt sich in der Realität nicht immer so makellos dar. Nicht immer verhalten sich die neuen Väter in der Umgestaltung ihrer Rolle konsequent. Die alte und die neue Rolle vermischen sich oftmals und führen bei den Männern zu widersprüchlichen Verhaltensweisen. Auch «Rückfälle» in die alte Vaterrolle sind nicht ausgeschlossen. Wie die neue Vaterrolle einmal aussehen wird, ist im übrigen noch nicht entschieden. Klar ist lediglich, daß die alte Vaterrolle für eine wachsende Anzahl von Männern heute keine Gültigkeit mehr hat.

1. Väter von Frauensgnaden

Die Motivation für eine andere Gestaltung der Vaterrolle ist bei den Männern nicht von selbst entstanden. Die Veränderungen sind zum einen das Ergebnis der seit dem 19. Jahrhundert immer weiter fortschreitenden Entmachtung der alten Väter, zum anderen sind sie Produkt der Auseinandersetzungen der Männer mit dem neuen Selbstbewußtsein der Frauenbewegung.

Noch gegen Ende des 19. Jahrhunderts ist die Autorität des Vaters fast ungebrochen. «Seine Funktion als Alleinernährer der Familie gibt ihm Macht über seine Frau und seine Kinder. Sie sind abhängig von ihm.»[2] Aber trotz der großen Macht des Vaters war die heutige Problematik der Vaterrolle damals schon angelegt. Da die Erziehung der Kinder seit dem 19. Jahrhundert fast ausschließlich in den Aufgabenbereich der Mutter fiel, wurde die Rolle des Vaters in der Folgezeit immer mehr auf die Rolle des Ernährers der Familie reduziert. Solange der Vater jedoch neben der Funktion des Ernährers noch andere herausragende Funktionen hatte – im 19. Jahrhundert z. B. noch die Funktion einer nahezu unangreifbaren moralischen und sozialen Autorität – erschien dies noch nicht so problematisch. Nachdem aber diese ande-

1 Lamprecht, Rolf: Kampf ums Kind. Reinbek bei Hamburg 1982, S. 82.
2 Canitz, Hanne-Lore von: Väter. Die neue Rolle des Mannes in der Familie. Düsseldorf-Wien 1980, S. 74.

ren Funktionen im Verlauf der weiteren Entwicklung immer fragwürdiger wurden, blieb schließlich in den fünfziger Jahren die Rolle des
Ernährers – neben der des Erzeugers – als einzige hervorstechende
Vaterfunktion übrig. Mit zunehmender, höher qualifizierter Erwerbstätigkeit der Frauen in den sechziger Jahren wurde dann auch diese
letzte Vaterfunktion in Frage gestellt. Je qualifizierter die Berufsausbildung der erwerbstätigen Frauen war, umso mehr reduzierte sich das
Ausmaß der ökonomischen Abhängigkeit vom Mann. Die Väter wurden als notwendiger Ernährer immer überflüssiger und damit sozial
funktionslos. In der Folgezeit sprach man von der *vaterlosen* Gesellschaft. Väter waren für die Gesellschaft scheinbar nicht mehr existent.

Diese Entwicklung spiegelte sich auch im Bewußtsein und Verhalten
der Männer. Die Unsicherheit in der Rolle als Vater und das Gefühl, als
Vater überflüssig zu sein, haben dazu geführt, daß für Männer die
Berufsrolle für ihr psychisches Gleichgewicht immer unentbehrlicher
wurde. Identität und Selbstbewußtsein als Mann konnte nur noch im
Beruf und bei Tätigkeiten außerhalb der Familie gewonnen werden.

Wenn aber die ganze Energie des Mannes nahezu ausschließlich in
seinem Beruf und seinen Tätigkeiten außerhalb des Familienlebens
verbraucht wird, ist der Weg zurück blockiert. Nicht einmal ein
Interesse an einer Veränderung der Vaterrolle kann beim Mann
selbst noch aufkommen. Ein mögliches Leiden an dieser Situation
wurde durch das totale Funktionieren im Beruf verdrängt; ein Anstoß zur Veränderung war nur noch von außen möglich.

In dieser Situation trat die Frauenbewegung auf den Plan, die
nicht nur die Unterdrückung der Frau thematisierte, sondern auch –
als Konsequenz – die bisherige Aufgabenverteilung von Mann und
Frau in Frage stellte. Ausgiebig wurde über die Auswirkungen der
Mutterschaft auf die Situation der Frau diskutiert:

«Mutterschaft ist – so wie sie heute verstanden wird – das stabilste
Glied in der Fessel der Frauen. Im Namen dieser an sich zweifelsohne positiven Fähigkeit, gebären zu können, werden Frauen dazu
verurteilt, ihr Leben lang zu kochen, zu putzen, zu waschen und zu
trösten.»[1] An anderer Stelle wird Mutterschaft als «persönliche
Bürde» bezeichnet, «denn in ihrem Namen werden Frauen zur Gra

1 Schwarzer, Alice: Der «kleine Unterschied» und seine großen Folgen.
Frankfurt 1977, S. 220.

tisarbeit im Haus gezwungen und geraten so in ökonomische Abhängigkeit».[1]

Solche Analysen hatten weitreichende Auswirkungen auf das konkrete Verhalten der Frauen. Frauen zeigten sich in der Folge immer
weniger bereit, ihre eigenen Bedürfnisse und Interessen hinter die
des Mannes zu stellen. Der eigene Beruf und damit die ökonomische
Unabhängigkeit vom Mann wurde für viele Frauen zur Selbstverständlichkeit. Es entstand ein neues Selbstbewußtsein der
Frauen.

Auf die Vaterrolle bezogen bedeutete dies zuerst einmal, daß viele
Frauen darauf bestanden, selbst zu bestimmen, ob sie ein Kind haben wollten oder nicht. Das war bis dahin gar nicht so selbstverständlich, wie es manchem heute scheint. Zum einen wurde bzw.
wird den Frauen von der Gesellschaft das Recht auf Selbstbestimmung in diesem Punkt keineswegs zugestanden (§ 218!), zum anderen war es nur unter Schwierigkeiten möglich, sich als ökonomisch
abhängige Ehefrau im Hinblick auf das Kinderkriegen selbstbe-
stimmt zu verhalten. Eben das änderte sich mit der zunehmenden
ökonomischen Unabhängigkeit der Frau.

Wenn es aber Frauen auf Grund ihrer ökonomischen Unabhängigkeit prinzipiell möglich ist, Kinder auch ohne Vater alleine zu erziehen, sind die Väter endgültig überflüssig geworden. Die Väter sind
dann nur noch Erzeuger und nichts weiter.

Hinzu kam, daß auch Ehe und Familie als Institution seit Ende der
sechziger Jahre immer mehr in Frage gestellt wurden. In bestimmten
gesellschaftlichen Kreisen ist es schon seit einiger Zeit ausgesprochen unüblich geworden zu heiraten. Das schwächte die Position des
Vaters weiter. Die Rechte des nichtehelichen Vaters in bezug auf das
Kind sind minimal, da die Mutter das ausschließliche Sorgerecht hat.

Damit sind in nichtehelichen Beziehungen die einst so mächtigen
Väter endgültig entmachtet. Damit ist die Macht im Prinzip in die
Hände der Frauen übergegangen. Sie können bestimmen, ob sie das
Kind alleine oder gemeinsam mit dem Vater erziehen wollen. Wenn
sie es gemeinsam mit dem Vater erziehen wollen, sind sie daran in-
teressiert, es mit einem Partner zu tun, der sich an den Pflichten gleichermaßen beteiligt.

1 Schwarzer, a. a. O., S. 222.

Eine Freundin, die schon zwei Kinder hat und mit der ich mich vor einiger Zeit über das Kinderkriegen unterhielt, drückte das folgendermaßen aus: «Wenn ich mich heute überhaupt noch mal darauf einlassen würde, ein Kind zu bekommen, dann nur, wenn mein Freund bereit wäre, alles was anfällt, mit mir zu teilen. Ich würde jedenfalls nicht einsehen, warum ich alleine des Kindes wegen auf irgend etwas verzichten sollte, was mir wichtig ist. Wenn ich zusammen mit einem Mann ein Kind will, muß er sein Leben genauso darauf einstellen wie ich.»

Dieses «Modell» der zwischen Mann und Frau gleich verteilten Mutter- bzw. Vaterschaft ist in den letzten Jahren immer populärer geworden. Frauenbewegung, antiautoritäre Bewegung und Alternativbewegung haben die Entwicklung zu einer neuen Rollenverteilung für Mann und Frau in Gang gesetzt und am weitesten und konsequentesten vorangetrieben. Aber auch andere soziale Gruppen der Gesellschaft sind von dieser Entwicklung nicht unberührt geblieben. Sogar in gesellschaftlichen Kreisen, wo Ehe und Familie als Institution noch nicht prinzipiell in Frage gestellt werden, ist ein gewisser Druck auf die Väter zu beobachten. Auch wenn das tatsächliche Verhalten dieser Männer noch hinter der Radikalität der Verhaltensänderung der Männer in der Alternativszene zurückbleibt, sind auch hier Ansätze der Veränderung der Vaterrolle unübersehbar.

Vorhang auf für die neuen Väter! Sie sind Väter von Frauensgnaden. Sie sind gezwungen worden, sich zu verändern. Die neue Vaterrolle ist eine Reaktion der Männer auf die «neue» Macht der Frauen. Daß der Anstoß zur Veränderung nicht in erster Linie aus den Bedürfnissen der Männer kam, sondern unter Druck der Frauen, ist ein Widerspruch, der die neue Vaterrolle bestimmt. Deshalb verwundert es auch nicht, wenn die Männer Schwierigkeiten haben, damit zurechtzukommen.

2. Widersprüche – Vater und/oder Mann?

Die neue Vaterrolle steht im Widerspruch zur Rolle des Mannes in unserer Gesellschaft. Der Mann gewinnt sein Selbstbewußtsein, seine Zufriedenheit und gesellschaftliche Anerkennung in erster Linie durch seinen Beruf und andere Tätigkeiten außerhalb der Familie. Hausarbeit und Kindererziehung sind Tätigkeiten, die in unserer männerbeherrschten Gesellschaft nicht sehr hoch bewertet werden. Schon der kleine Junge erfährt, daß der Mann vor allem lernen muß, sich im feindlichen Leben *außerhalb* der Familie zu behaupten. Zufriedenheit und ein gutes Identitätsgefühl empfindet der Mann dann, wenn sein Selbstbild sich möglichst weitgehend mit dem Bild eines «richtigen» Mannes deckt. Ein «richtiger» Mann wird u. a. gemessen an seiner sozialen Position. Ein «richtiger» Mann muß beruflich erfolgreich sein. Er muß sich in der Konkurrenz behaupten können und sich immer wieder als der Stärkere profilieren.

All das gilt seit der Frauenbewegung nicht mehr in diesem absoluten Sinn. Auch die Selbstbilder von Männern haben sich verändert. Trotzdem orientiert sich der Mann noch vorrangig an dem, was außerhalb des familiären Bereichs liegt. Ein Beispiel dafür sind die Hausmänner. Auch diejenigen, die sich selbst für die neue Rolle entschieden haben, geraten in ihrer neuen Tätigkeit in eine tiefe Identitätskrise: «Wenn du ausschließlich für andere da bist, verlierst du auch deine eigene Identität. Du kannst auf nichts zeigen und sagen, darin verkörpere ich mich.»[1]

Männer sind so sehr darauf erzogen worden, etwas zu schaffen, was sich *vorzeigen* läßt, daß sie aus Hausarbeit und Kindererziehung nur unter Schwierigkeiten genug Identität beziehen können. Sie geraten in Widerspruch zu dem offensichtlich tief in der Psyche verankerten Verhaltensrepertoire der Männerrolle. Anscheinend kann der Mann nicht zugleich ein guter Vater und ein «richtiger» Mann sein. Oder anders ausgedrückt: um ein guter Vater werden zu können, muß der Mann zuerst Abschied von der alten Männerrolle nehmen. Seine Veränderung darf sich nicht nur auf das äußere Verhalten beschränken; die Veränderung muß auch im Bereich des Unbewußten vor sich gehen.

1 Schwarz-Arendt, Sonja: Beruf: Hausmann. Darmstadt 1980, S. 50.

Damit aber tut sich ein weiterer Widerspruch der neuen Vaterrolle auf. Da sich die neuen Väter nicht primär aus eigenem Antrieb bzw. eigenem Leiden verändert haben, sondern hauptsächlich auf Druck der Frauen, bleiben die Verhaltensänderungen aufgepfropft und oberflächlich. Bleibt der Druck aus, droht das alte Verhalten wieder hervorzubrechen. Das erklärt auch, warum die neuen Väter so leicht wieder in die Verhaltensweisen der alten Väter zurückfallen können.

Männer- und Vaterrolle liegen in vieler Hinsicht im Widerstreit. Damit die Väter ihrer Vaterrolle voll gerecht werden können, müssen sie zuallererst ein anderes Verhältnis zu den «weiblichen» Anteilen in sich bekommen. Sie müssen sich den Zugang zu ihren Gefühlen erschließen und in ganz anderer Weise für ihre Umgebung sensibel werden. Der Umgang mit Kindern erfordert eine Reihe von Fähigkeiten, die in unserer Gesellschaft in aller Regel eher die Frauen ausgebildet haben.

So haben etwa viele Frauen «viel mehr Sinn für die Freuden, die Berührung mit körperlichem, emotionalem und geistigem Wachstum mit sich bringt, als Männer.»[1] Sicherlich ziehen auch Männer Befriedigung aus dem Umgang mit Kindern. Dies hat allerdings Grenzen: So fällt es vielen von ihnen beispielsweise viel schwerer als Frauen, zu Neugeborenen eine intensive Beziehung zu entwickeln. Manche Väter können in der ersten Zeit kaum etwas mit ihren kleinen Kindern anfangen. Ein enges Verhältnis zu Kindern setzt voraus, daß der Vater seine Zuneigung zeigen und auch vor anderen deutlich machen kann.

Liebe kann man nur *zeigen*, wenn man ein gutes Verhältnis zu seinen *Gefühlen* hat. Gerade das ist bei Männern meistens gestört. Sie sind aufs *Funktionieren* getrimmt. Sie sind gewohnt, die Probleme rational anzugehen. Emotionalität empfinden sie dabei oft als etwas Störendes. Wenn sie eine Aufgabe erfüllen sollen, können sie diese häufig tun, ohne daß ihre Empfindungen ihnen dabei in die Quere kommen. Der Mann kann oft «weder verbal noch nonverbal das ausdrücken, was er empfindet».[2] Ihre Unfähigkeit kompensieren Männer dann da-

1 Miller, J. B.: Die Stärke weiblicher Schwäche. Zu einem neuen Verständnis der Frau. Frankfurt a. M. 1979, S. 66.
2 Canitz, Hanne-Lore, von: Muß der Vater ein Mann sein? In: Vorgänge 53/1981, S. 88.

durch, daß sie Theorien über die Dinge entwickeln und sich statt über ihre eigenen Gefühle dann über die Theorien unterhalten. Es ist leicht, die Kluft zu ermessen, die zwischen dem Mann und einem Neugeborenen besteht, das nur Emotion ist und dessen Empfindungen man nur erspüren kann.

Die hier aufgezählten Widersprüche zwischen Vater- und Männerrolle ließen sich noch durch weitere Aspekte ergänzen. Es kommt mir hier aber weniger auf eine vollständige Analyse der Männerrolle an, als vielmehr auf die Bewußtmachung der Tatsache, daß sich der Mann, wenn er ein wirklicher und kein reduzierter Vater werden will, von seinen alten Rollenzwängen befreien muß.

3. Die Chance der Veränderung

Aus dem Widerstreit zwischen neuer Vater- und alter Männerrolle ergibt sich, daß beide nur *gemeinsam* oder gar nicht verändert werden können.

Solche Veränderung aber kommt nicht von ungefähr. Veränderung ist immer das Ergebnis eines längeren Prozesses unter bestimmten Voraussetzungen.

Veränderungen durch Druck von außen zu bewirken, hat selten anhaltenden Erfolg. Der Druck, der durch die Frauenbewegung auf die Männer ausgeübt wurde, hat zwar bei den Männern den «Stein ins Rollen» gebracht. Es ist jedoch mehr als fragwürdig, wenn Veränderung nur darin besteht, daß Schuldgefühle aufgebaut werden, was bei vielen Männern als Folge der Forderungen der Frauenbewegung der Fall war und ist. Schuldgefühle blockieren den Zugang zu den wirklichen, widersprüchlichen Gefühlen und unterdrücken lediglich bestimmte als chauvinistisch bezeichnete Bedürfnisse.

Unter der Oberfläche des scheinbar veränderten Verhaltens leben sie aber weiter fort und führen dazu, daß viele Männer keinen anderen Rat wissen, als ihre Gefühle noch mehr mit dem Kopf in den «Griff» zu bekommen. Das Gegenteil dessen, was sie eigentlich erreichen wollten, tritt ein. Das Dilemma bei der Veränderung der Männerrolle ist offensichtlich: einerseits ist der Druck von außen unentbehrlich, da die Männer auf Grund ihres anerzogenen Männerbildes nicht von selbst zur Veränderung bereit sind. Andererseits kann wirkliche Veränderung nur von den Männern selbst ausgehen und setzt das Leiden an der eigenen Situation voraus.

Zwar befinden sich auch die Männer in einer Sinnkrise. Die Verabsolutierung des Leistungsprinzips macht auch den Männern zu schaffen. Viele empfinden ihre Arbeit als immer weniger befriedigend. Auch ihre Beziehungen zu Frauen sind keineswegs zufriedenstellend. Trotzdem reicht dieses Leiden an den Verhältnissen offenbar bisher nicht aus, um aus den alten Rollenstereotypen aus eigenem Antrieb ausbrechen zu wollen. Obwohl die patriarchalischen Verhältnisse auch den Mann immer mehr zerstören, hielt sich das Engagement des Mannes zur Befreiung von seinen Rollenzwängen bisher in bescheidenen Grenzen.

Ist der Mann also unentrinnbar in seinen Rollenzwängen gefangen? Blockiert die Männerrolle letztlich jede echte Veränderung der Vaterrolle? Ich glaube, daß die Befreiung des Mannes und die Veränderung der Vaterrolle trotz der hier dargestellten Widersprüche, Probleme und scheinbaren Grenzen eine reelle Chance hat. Zwar stößt die neue Vaterrolle an das enge Korsett der immer noch bestimmenden Männerrolle. Gleichzeitig ist in der Vaterrolle aber ein beachtliches emanzipatorisches Potential angelegt. Haben Männer erst einmal begonnen, sich in anderer Weise als bisher mit Kindern zu beschäftigen, dann geraten sie dadurch auch in ganz andere und ganz neue Situationen. Die neue Vaterrolle ermöglicht den Männern qualitativ neue Erfahrungen, die in der Lage sind, den Panzer der alten Männlichkeit zu sprengen.

Sich auf Kinder wirklich einzulassen bedeutet, die Gesellschaft, das eigene Leben und die eigene Person mit anderen Augen wahrzunehmen. Kinder stellen sich mit ihren Bedürfnissen quer zu den unsere Gesellschaft beherrschenden Normen und Prinzipien.

Eine wichtige Norm in unserer Gesellschaft ist z. B. die unterschiedliche Bewertung von privatem und öffentlich-beruflichem Bereich. Im Wertsystem unserer von Männern dominierten Gesellschaft gilt das Private als das Belanglose, das Aufschiebbare. Der private Bereich hat sich dem öffentlich-beruflichen Bereich unterzuordnen. Wenn beide Bereiche Ansprüche anmelden, muß die Entscheidung, welcher Bereich zurückzustehen hat, eindeutig ausfallen.

Sich auf Kinder einzulassen bringt es zwangsläufig mit sich, daß privater und öffentlich-beruflicher Bereich miteinander in Widerspruch geraten. Kinder stellen an die Väter Ansprüche, die sich mit der gängigen Prioritätensetzung nicht in Einklang bringen lassen. Nach ihr ist das Kind nach Feierabend, in der Freizeit und am Wochenende «dran». Die Bedürfnisse des Kindes zählen nicht oder haben sich zumindest unterzuordnen.

Das Kind aber kämpft für seine Bedürfnisse. Es wird weinen oder schreien, wenn der Vater es in seinen Zeitrhythmus nur passiv einfügen möchte. Es stellt sich quer. Es will der eigentliche Mittelpunkt sein. Will jetzt Liebe, Zeit und Zuneigung haben und nicht dann, wenn das «Eigentliche» getan ist.

Durch den Widerstand des Kindes wird dem Vater so immer mehr bewußt, wie widersinnig und unmenschlich seine eigene Prioritätensetzung ist. Das Kind zwingt den Vater zur Auseinandersetzung, stellt die bisherigen Orientierungen grundsätzlich in Frage und kann ihn dazu bringen, auch außerhalb der Familie, im Beruf, die bisherige Prioritätensetzung nicht mehr hinzunehmen.

Damit aber ist bei dem Vater mehr in Gang gekommen als nur eine Umstellung von Prioritäten. Das Kind hat sozusagen ein entscheidendes Merkmal seiner bisherigen Identität, die vorrangige Orientierung auf den Beruf und auf die Tätigkeiten außerhalb der Familie, ins Wanken gebracht. Indem das Kind aber diesen zentralen Punkt der männlichen Identität in Frage stellt, ermöglicht es dem Mann, sich eine ganz neue, ganz andere Identität zu schaffen.

Das Kind kann dem Mann die Augen öffnen und ihm eine neue Welt erschließen. Der Umgang mit Kindern beinhaltet für die Männer die Chance zu wirklicher Veränderung. Durch den Umgang mit Kindern macht der Mann eine Fülle von Erfahrungen, die bei ihm eine völlig neue Motivation zur Veränderung seiner Rolle schaffen können. Voraussetzung ist jedoch, daß er sich auf seine Vaterrolle wirklich einläßt. Die Chance zur Veränderung, die die neue Vaterrolle beinhaltet, kann leicht vertan werden, z. B. durch fehlende Voraussetzungen wie zu *wenig Zeit*. Wenn der Vater den ganzen Tag arbeitet und sein Kind nur abends und am Wochenende sieht, sind die Möglichkeiten für eine intensive Beschäftigung mit dem Kind eingeschränkt. Die neue Vaterrolle setzt voraus, daß Mutterschaft und Vaterschaft ein Stück weit austauschbar und gleichwertig sind. Der Vater soll in seinen Fähigkeiten und zeitlichen Möglichkeiten zur Bewäl-

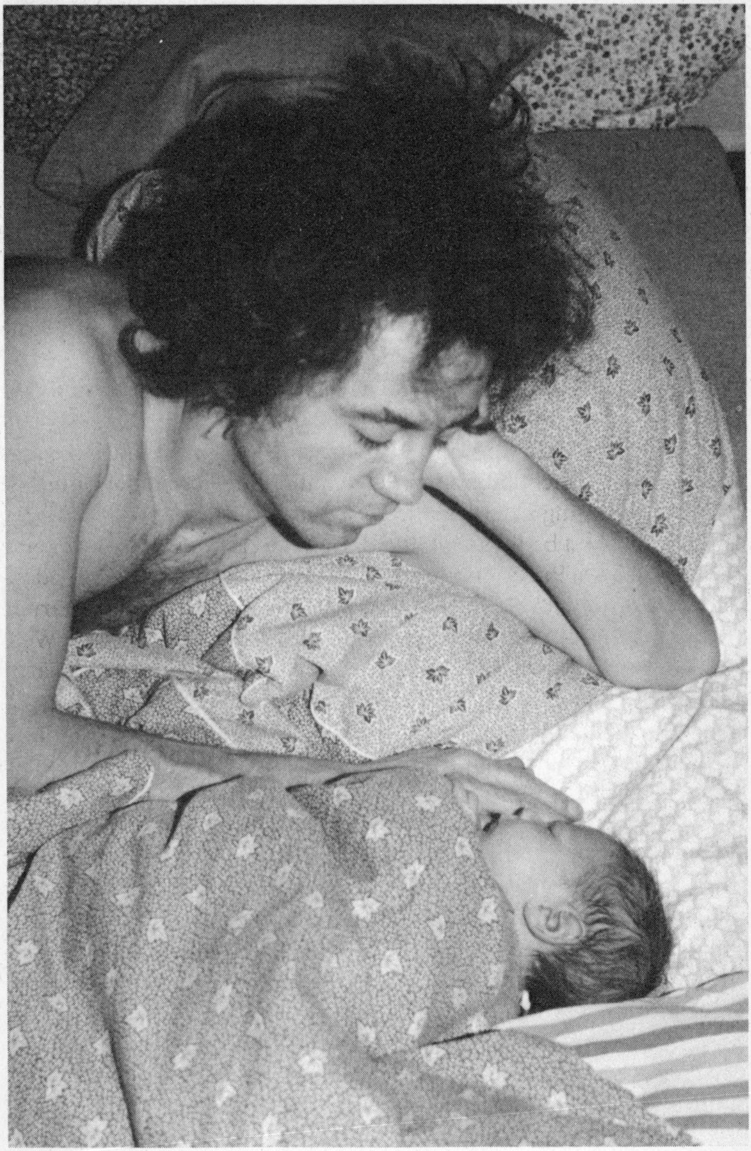

Foto: Barbara Omari

tigung des Alltags mit Kindern (Ernährung, Körperpflege, Gewohnheiten usw.) nicht hinter der Mutter zurückstehen. Er muß genauso wie die Mutter «Experte» im Umgang mit dem Kind sein. Dieser große Anspruch läßt sich nur schwer realisieren und scheitert oftmals an den ökonomischen Notwendigkeiten. In vielen Fällen bleibt dem Mann einstweilen nichts anderes übrig, als finanzielle und berufliche Nachteile in Kauf zu nehmen, wenn er seine Vaterrolle anders gestalten möchte.

Damit aber sind wir an einem weiteren wichtigen Punkt angelangt.

Neben den Erfahrungen, die über die Kinder vermittelt sind, machen die neuen Väter auch noch andere Erfahrungen, so z. B. die, in ihrer neuen Rolle gesellschaftlich benachteiligt zu sein. So kann der Mann nicht ebenso wie die Frau ein halbes Jahr bezahlten Mutterschafts- sprich Vaterschaftsurlaub machen. Der Einführung eines *Elternschaftsurlaubes*, der *beide* Elternteile im ersten halben Jahr mit einem Großteil ihres bisherigen Einkommens von der Arbeit freistellen sollte, käme eine wichtige Bedeutung zu.

Auch für den Mann wird konkret erfahrbar, was es heißt, in einer kinderfeindlichen Gesellschaft zu leben. Die Feindseligkeit, mit der Müttern in dieser Gesellschaft häufig begegnet wird, wird auch ihm zuteil. Überdies muß er noch gegen die zahlreichen Vorurteile der Gesellschaft gegenüber Vätern, die sich nicht der Norm entsprechend verhalten, ankämpfen.

Alle Väter, die nichtehelichen besonders, müssen nach wie vor gegen die Diskriminierung auf Ämtern, Gerichten, in Krankenhäusern und anderen Institutionen ankämpfen. Noch immer ist es beispielsweise nicht in allen Krankenhäusern selbstverständlich, daß die Väter während der Zeit vor, während und nach der Geburt ohne Einschränkung bei ihrer Frau bleiben können. Oder was sagt beispielsweise das Arbeitsamt dazu, wenn ein Vater eine zu lange Anfahrtszeit zur Arbeit mit der Begründung ablehnt, daß er dann zu wenig Zeit für sein Kind hätte?

Die Liste der Benachteiligungen und Diskriminierungen ließe sich fortsetzen. Unsere Gesellschaft hat an den neuen Vätern kein großes Interesse. Bislang sind es noch wenige Männer, die für die gesellschaftliche Gleichberechtigung des Vaters kämpfen. Die einzige Väterinitiative ist bisher in Berlin entstanden. Sie hat sich unter anderem zum Ziel gesetzt, die gesellschaftliche Benachteiligung der Väter öffentlich zu machen, und fordert die Gleichberechtigung der Väter. Freilich darf eine solche Initiative nicht beim Kampf für die Gleichberechtigung der Väter stehenbleiben. Sie muß auch den Prozeß der weiteren Veränderung der alten Männerrolle mit vorantreiben; ähnlich wie in der Frauenbewegung wird es erforderlich sein, daß Väter sich in Gruppen zusammenschließen. Indem Männer bzw. Väter sich über ihr eigenes, männerspezifisches Erleben untereinander verständigen, lernen sie, mit ihren Gefühlen offener umzugehen und die Rollenzwänge der Männer- bzw. Vaterrolle allmählich zu entschärfen.

Hier gibt es aber noch mehr als nur eine Hürde zu überwinden. Nicht nur die ökonomischen Zwänge stellen eine Hürde für die neuen Väter dar, sich auf die neue Vaterrolle einzulassen, sondern auch die Tendenz der Männer, aus der Verantwortlichkeit für das Kind zu flüchten. Selbst wenn Männer sich gleichermaßen wie die Frauen auf Kinder einlassen, kann es passieren, daß sich zwischen ihnen die alten, eingefahrenen Verhaltensschematas reproduzieren. Männliche und weibliche Rolle sind komplementär. Dies bedeutet, daß sie nur gemeinsam und gleichzeitig verändert werden können. Im Umgang mit Kindern haben Frauen häufig immer noch die Tendenz, sich mehr verantwortlich zu fühlen und die Männer unbewußt vom Kind fernzuhalten. Dies geschieht dadurch, daß die Frauen den Männern diese oder jene Arbeit nicht zutrauen oder stillschweigend von vornherein übernehmen. Sicherlich spielt hierbei auch das Gefühl, unentbehrlich zu sein, eine Rolle. Den Männern kommen diese Verhaltensweisen sehr entgegen, da bei ihnen sowieso, komplementär zur alten weiblichen Rolle, eine Tendenz vorhanden ist, den privaten Bereich, und damit auch die Verantwortlichkeit für das Kind, an die Frauen zu delegieren. Da es für Männer nicht selbstverständlich ist, sich gleichermaßen wie die Frauen für das Kind verantwortlich zu fühlen, bedarf es auch Veränderungen auf seiten der Frauen, damit sie den bei ihnen angelegten Tendenzen, die Verantwortung an sich zu reißen, nicht nachgeben und so den Männern am falschen Punkt entgegenkommen.

Die Chance, die die neue Vaterrolle für die Männer enthält, ist aber noch an einem weiteren Punkt gefährdet. Die neue Vaterrolle setzt eine bestimmte gesellschaftliche Stellung der Frau voraus, die sie durch ihre ökonomische Stärke in Zeiten der Vollbeschäftigung hat gewinnen können. Da wir uns seit Mitte der siebziger Jahre in zunehmendem Maß in einer Weltwirtschaftskrise befinden, ist zu befürchten, daß sich im Zuge der steigenden Arbeitslosigkeit die gesellschaftliche Stellung der Frau wieder verändern könnte. Diese Veränderung würde mit einiger Sicherheit für viele Frauen einen Zwang zur Rückkehr in den Haushalt und zu den alten Aufgabenbereichen schaffen. Ein Rückfall der Väter in ihre alte Rolle wäre dann zu befürchten.

Dies muß jedoch keine zwangsläufige Entwicklung sein. Mann und Frau könnten sich auch bei steigender Arbeitslosigkeit ihre Aufgaben teilen. Bei etwa gleichem Ausbildungsstand ist auch nicht vornherein klar, daß einer allein arbeiten geht oder daß derjenige, der arbeiten geht, unbedingt der Mann sein muß.

Es deutet sogar viel darauf hin, daß die derzeitige Wirtschaftskrise bei vielen Männern und Frauen Veränderungen eher in Richtung einer Neugestaltung der traditionellen Rollen bewirkt. Einstweilen sind die neuen Väter also noch im Kommen. Die neue Vaterschaft als Chance für die Männer zu wirklicher Veränderung ist als Chance ungebrochen. Auch wenn sie leicht vertan werden kann.

II. Vater werden oder nicht

1. Selbstbestimmung für Väter?

Selbstbestimmung für die Väter ist ein schwieriges Kapitel. Da nur die Frau die Fähigkeit hat, Kinder zu gebären, ist der Mann, wenn er Kinder haben möchte, auf die Frau angewiesen. Er selbst kann gegen den erklärten Willen der Frau nicht Vater werden.

Die Gebärfähigkeit bietet der Frau aber nicht nur die Möglichkeit, sich bewußt *gegen* ein Kind zu entscheiden, sondern auch die Chance, allein und unabhängig vom jeweiligen Partner die Entscheidung *für* ein eigenes Kind zu treffen. Da der Mann sie nicht hindern kann, ein Kind zur Welt zu bringen, auch wenn die Schwangerschaft von ihm nicht gewollt war, ist die Frau bei ihrer Entscheidung auf die Zustimmung des Mannes im Prinzip nicht angewiesen.[1]

Die Entscheidungsmacht in bezug auf das Kinderkriegen ist also – wenn man von finanziellen Zwängen absieht – fast ohne Einschränkung auf seiten der Frau. Damit ist freilich noch nicht gesagt, daß die Frau auch immer von dieser Entscheidungsmacht Gebrauch macht bzw. Gebrauch machen kann. Sicherlich gibt es eine nicht unbeträchtliche Anzahl von Frauen, die, wenn der Mann kein Kind möchte,

1 Hier kann mit einem gewissen Recht natürlich eingewendet werden, daß der Mann ja selbst durch sichere Verhütung dafür sorgen könnte, daß sein Selbstbestimmungsrecht gewahrt bleibt. Das stimmt insofern, als Männer sich in der Regel viel zu wenig um die Verhütung kümmern. Es gibt für den Mann jedoch nur zwei sichere Verhütungsmethoden: das Kondom und die Sterilisation. Da der Mann bei der Sterilisation mit großer Wahrscheinlichkeit endgültig seine Zeugungsfähigkeit verliert, ist diese Methode für ihn bei ungeklärtem Kinderwunsch nicht akzeptabel. Beim Kondom wiederum läßt sich ein gewisser Unsicherheitsfaktor nicht ausschließen. Zudem sind seine Nachteile (z. B. Verminderung des sexuellen Empfindungsvermögens) für viele Männer so gravierend, daß das Kondom für sie als ständige Verhütungsmethode nicht in Frage kommt.

ihren Kinderwunsch zurückstellen, z. B. wenn sie durch ökonomische Abhängigkeit vom Mann in ihrer Entscheidung nicht frei sind.

Daneben gibt es aber auch eine steigende Zahl von Frauen, die vor dem Hintergrund ihrer ökonomischen Unabhängigkeit vom Mann zu einem Verzicht auf ein Kind nicht mehr ohne weiteres bereit sind. Andererseits sind sie auch nicht mehr ohne weiteres bereit, dem Kinderwunsch ihres jeweiligen Partners nachzugeben, wenn sie selbst eigentlich kein Kind möchten.

Wenn die Frau sich ihrer Entscheidungsmacht in bezug auf das Kinderkriegen bewußt ist und ein Kind haben will, entsteht für den Mann eine schwierige Situation, sofern beide Unterschiedliches wollen. Er kann lediglich versuchen, ihre Entscheidung zu beeinflussen, z. B. indem er seine Beziehung zu ihr als psychisches Druckmittel einsetzt. Die Entscheidung für oder gegen ein Kind wird dann zur Entscheidung gegen oder für ihn.

Wenn der Mann nun ein Kind will und die Frau nicht, kann er Druck ausüben, indem er die Frau ständig wieder mit seinem Kinderwunsch konfrontiert und ihn als zentrale Erwartung an die Partnerschaft darstellt. In solchem Fall ist es meist für die Frau auf Dauer nicht einfach, sich dem Kinderwunsch des Mannes zu entziehen. Natürlich kann auch die (ökonomisch unabhängige) Frau versuchen, auf diese Weise den Mann zur Zustimmung zu einem Kind zu bewegen.

In beiden Fällen laufen die Partner allerdings Gefahr, mit der Verantwortung für das Kind irgendwann alleingelassen zu werden.

Da ein Kind eine tiefgreifende Veränderung der gesamten Lebensumstände mit sich bringt, ist eine echte innere Bereitschaft *beider* Partner, sich darauf einzulassen, eine wichtige Voraussetzung für die Tragfähigkeit dieser Entscheidung im Alltag.

Eine andere Möglichkeit, auf die Entscheidung der Frau für oder gegen ein Kind Einfluß zu nehmen, kann die Bereitschaft des Mannes zum Rollentausch sein.

Zusammenfassend läßt sich sagen, daß die Selbstbestimmung der Frau, wenn sie absolut gesetzt wird, die Selbstbestimmung des Mannes als Vater ausschließt.

Wie aber soll sich der Mann in dieser Situation verhalten? Soll er sich mit dem uneingeschränkten Selbstbestimmungsrecht der Frau abfinden und mit seinen genauso berechtigten Interessen zugunsten der Selbstbestimmung der Frau zurückstecken?

Da das Selbstbestimmungsrecht des Mannes nicht höher bewertet werden kann als das Selbstbestimmungsrecht der Frau, muß der Mann, wenn nur er allein ein Kind möchte, den Willen der Frau auf jeden Fall respektieren. Dasselbe muß umgekehrt aber auch für die Frau gelten. Da eine von der Frau allein getroffene Entscheidung für ein Kind einschneidende Konsequenzen für die Lebensführung und die rechtliche und finanzielle Situtation (z. B. Unterhaltspflicht) des Mannes hat, kann diese Entscheidung der Frau vom Mann nicht einfach hingenommen werden. Hinsichtlich seiner Lebensumstände muß auch das Recht des Mannes auf Selbstbestimmung gewahrt werden.

Um das Selbstbestimmungsrecht des Mannes zu wahren, schlägt der amerikanische Psychotherapeut Herb Goldberg deshalb folgendes vor:

«Für Länder, in denen die Abtreibung in das Ermessen der Frau gestellt wird, schlage ich vor, daß jedes Paar, das ein Kind haben möchte, diesen gemeinsamen Wunsch in einem Vertrag festhält. Wird solch ein Vertrag nicht abgeschlossen, so muß der Mann das Recht haben, eine Abtreibung zu verlangen, oder er muß, falls die Frau darauf besteht, das Kind auszutragen, von allen Verpflichtungen entbunden werden.»[1]

Der Realisierung dieses Vorschlages steht das bislang geltende Unterhaltsrecht in der BRD entgegen. In einem Punkt geht der Vorschlag außerdem entschieden zu weit: es darf nicht passieren, daß der Mann von seiner Partnerin die Abtreibung *verlangen* kann. Das Recht der Frau auf freie Entscheidung gerade in diesem Punkt muß gewahrt bleiben.

An dem Vorschlag von Herb Goldberg bleibt insgesamt unbefriedigend, daß das Problem der Selbstbestimmung der Väter lediglich *formal* angegangen und geregelt wird. Insofern kann man zwar sagen, daß Herb Goldberg pragmatisch das Beste aus einer für den Mann eigentlich untragbaren Situation zu machen versucht. Er arrangiert sich sozusagen mit den gegebenen, schlechten Verhältnissen.

Welche Probleme die Frage nach der Selbstbestimmung für die *Beziehung* des Mannes zur Frau mit sich bringt, klammert er jedoch aus.

1 Goldberg, Herb: Der verunsicherte Mann. Wege zu einer neuen Identität aus psychotherapeutischer Sicht. Reinbek bei Hamburg 1979, S. 127.

2. Zum Kinderwunsch von Männern

Über den Kinderwunsch von Männern weiß man bisher noch sehr wenig. Es gibt kaum empirisches Material. Auch die Männer selbst haben sich zu diesem Punkt bisher noch kaum in der Öffentlichkeit geäußert. Die wenigen Untersuchungen, die an Männern durchgeführt wurden, tragen zur Beantwortung der Frage, warum Männer Kinder wünschen, nicht allzuviel bei.[1]

Befragungen von Männern, die ich selbst in meinem Bekanntenkreis gemacht habe, haben allerdings auch nicht viel weitergeführt. Die Antworten der befragten Männer erschöpften sich meist in *rationalen* Erklärungen und Begründungen. Die eigentlichen Motive für den Kinderwunsch müssen jedoch tiefer liegen. Sie entziehen sich zum Teil dem rein rationalen Zugriff und müssen offensichtlich erst mühsam erschlossen werden.

Um hier weiterzukommen, muß man sich zunächst einmal vergegenwärtigen, welche Veränderungen sich in bezug auf den Kinderwunsch in den letzten zwanzig Jahren ergeben haben. Im Gegensatz zu früher kann sich das Paar heute meist frei entscheiden, ob es ein Kind will. Durch sichere Empfängnisverhütungsmittel und die Möglichkeit der Abtreibung sind heute Kinder nicht mehr das mehr oder weniger zwangsläufige Ergebnis einer sexuellen Beziehung von Mann und Frau, sondern zumindest der Möglichkeit nach das Ergebnis eines Wunsches. «Zu Zeiten mangelhafter und unsicherer Empfängnisverhütung erfüllte eine Schwangerschaft nur zufällig zugleich einen Wunsch.»[2]

Die Möglichkeit der freien Entscheidung birgt allerdings auch gleichzeitig den *Zwang* zu einer Entscheidung in sich.

Da Mann und Frau eine Entscheidung treffen *müssen*, müssen sie sich in ganz anderer Weise als früher mit ihrem Wunsch nach einem Kind auseinandersetzen. Der Wunsch nach einem Kind tritt dabei in Konkurrenz zu anderen Wünschen; er hat deshalb nur dann eine Chance auf Realisierung, wenn er stärker ist als die anderen Wünsche

1 Siehe hierzu etwa Rosenstiel, Lutz von: Psychologische Untersuchungen zum Geburtenrückgang in der BRD. In: Olechowski, Richard (Hg.): Geburtenrückgang. Wien-Freiburg-Basel 1980. S. 180 ff.
2 Sichtermann, Barbara: Ein Stück neuerer Weltlichkeit: der Kinderwunsch. In: Freibeuter 5/1980, S. 38.

oder wenn die anderen Wünsche schon ausreichend zu ihrem Recht gekommen sind.

Bei der traditionellen Rollenverteilung von Mann und Frau muß in erster Linie die Frau andere Wünsche zurückstecken. Da die Arbeit mit Kindern die Frau zu leisten hat, kommt der Kinderwunsch des Mannes nicht in dem Ausmaß mit seinen «anderen» Wünschen in Konflikt, wie es bei der Frau der Fall ist. Nicht zu Unrecht wurde in der Frauenbewegung von der «Sklaverei der Mutterschaft» gesprochen. Vaterschaft bringt zwar auch Einschränkungen mit sich; im Rahmen der traditionellen Rollenverteilung liegt die Last der Kinderaufzucht jedoch nahezu ausschließlich auf der Frau. Die Soziologin Elisabeth Beck-Gernsheim stellt in bezug auf Männer fest:

«Wenn sie nicht gerade eine stark berufsengagierte Frau heiraten, wenn sie statt dessen fest im Muster traditioneller Arbeitsteilung bleiben – dann ist für Männer immer noch beides vereinbar, die erfolgreiche Karriere und mehrere Kinder.»[1]

Unter diesen Bedingungen ist verständlich, daß bei Männern im Gegensatz zu Frauen nach dem ersten Kind der Wunsch nach weiteren Kindern ungebrochen weiterbestehen kann.

«Frauen zeigen dagegen tatsächlich nicht selten Symptome des Erstkind-Schocks. Obwohl sie in den Interviews angeben, ihr Baby selbstverständlich zu lieben und sich darüber zu freuen, sagen sie dennoch – dies freilich zu einem späteren Zeitpunkt des Interviews –, daß sie die Situation als Hausfrau oder Mutter ablehnen, diese Situation schlimmer finden, als sie erwartet haben, möglichst bald wieder in den früheren Beruf zurückkehren wollen, und zwar nicht, um Geld zu verdienen (obwohl dies eine angenehme Beigabe ist), sondern primär, um aus der sozialen Isolierung herauszukommen, in die man durch das Kind geraten ist, und die Abhängigkeit vom Ehepartner zu senken. Diese Abhängigkeit berührt wiederum nicht primär den finanziellen Bereich, sondern das Warten über den ganzen Tag auf den Mann. Die Männer dagegen freuen sich über das Kind und geben an, daß es ihrem Rollenverständnis entgegenkommt, abends zu Frau und Kind ‹heimzukommen›.»[2]

---

1 Beck-Gernsheim, Elisabeth: Das halbierte Leben. Männerwelt Beruf, Frauenwelt Familie. Frankfurt a. M. 1980, S. 203.
2 Rosenstiel, Lutz von, a. a. O., S. 182.

Kinderwunsch und herkömmliche Rollenverteilung sind also bei den «alten» Vätern eng miteinander verknüpft. Sie profitieren von der traditionellen Rollenverteilung insofern, als ihnen die harte Alltagsarbeit mit Kindern erspart bleibt.

Was bedeutet dies nun im Hinblick auf die neue Vaterrolle? Da die neue Vaterrolle mit der traditionellen Rollenverteilung von Mann und Frau Schluß macht, ergeben sich hinsichtlich des Kinderwunsches von Männern tiefgreifende Veränderungen. Wenn sich der Mann in gleichem oder zumindest ähnlichem Umfang wie die Frau um die Kinder kümmert, hat der Kinderwunsch für den Mann ähnlich weitreichende Folgen für die Lebensführung wie für die Frau. Damit wird die Entscheidung für ein Kind für den Mann sehr viel konfliktträchtiger und schwieriger. Oftmals führt dies dazu, daß der spontane Kinderwunsch von Männern ganz in den Hintergrund rückt. Die ursprünglich mit dem Kinderwunsch einhergehenden Gefühle und emotionalen Erwartungen weichen einer rationalen Abwägung.

Ähnlich wie die Frau ist der Mann häufig zwischen dem Wunsch nach einem Kind und seinen anderen Wünschen hin- und hergerissen. Im Unterschied aber zur Frau haben die anderen Wünsche in aller Regel beim Mann mehr Macht. Gesellschaftliche Anerkennung, Zufriedenheit, Identität und das Gefühl der Kreativität lassen sich beim Mann primär nur über die Tätigkeit im Beruf und in der Öffentlichkeit herstellen.

Zwar erlebt auch der Mann seine Zeugungsfähigkeit als eine spezifische Fähigkeit. Dieses Erleben ist aber mit dem Erleben von Schwangerschaft und Gebären bei der Frau in keiner Weise vergleichbar. Ein Kind zu zeugen bedeutet für den Mann im besten Falle eine Bestätigung seiner Männlichkeit. Schwangerschaft und Gebären dagegen bedeuten für die Frau nicht nur intensive körperliche und psychische Erfahrungen, sondern gleichzeitig auch die Erfahrung einer spezifisch weiblichen Potenz. Dies alles prägt den Kinderwunsch bei Frauen meist stärker aus als bei Männern. Die Soziologin Barbara Sichtermann schreibt in diesem Zusammenhang von einem «leiblichen Bedürfnis»[1] von Frauen nach einem Kind:

«Ich glaube, daß der Körper ein eigenes, relativ unabhängiges und gewichtiges Wort beim Zustandekommen für den Wunsch nach Fort-

1 Sichtermann, Barbara, a. a. O., S. 42.

pflanzung (...) spricht. Und daß der Einfluß von Körperbedürfnissen auf den Kinderwunsch bislang unterschätzt oder überhaupt nicht zur Kenntnis genommen worden ist.»[1]

Meine These ist, daß von einem *leiblichen* Bedürfnis von Männern nach einem Kind in diesem Sinne nicht gesprochen werden kann. Der Wunsch nach einem Kind hat viel mehr zu tun mit eigenen Kindheitserfahrungen und dem eigenen Vatervorbild. Dies wird auch in der Untersuchung der Soziologin Wilma Münkel über den Kinderwunsch von Männern belegt.[2] Ein gestörtes oder schwieriges Verhältnis zum eigenen Vater kann dazu führen, daß der Mann der Vaterrolle ablehnend gegenüber steht und keine eigenen Kinder wünscht.

Ein weiterer Punkt kommt hinzu: Der Wunsch nach einem Kind scheint beim Mann oftmals untrennbar verknüpft mit bestimmten, sozial geprägten Wünschen an das Zusammenleben mit einer Frau. Ein Kind ist für viele Männer *unbewußt* ein Symbol für Sicherheit und Fortdauer der Beziehung. Psychoanalytisch ausgedrückt könnte man auch sagen, daß der Mann im Wunsch nach einem Kind sich zugleich den Wunsch nach einer *Mutter* erfüllt.

Weitere Motive, die beim Zustandekommen des Kinderwunsches eine allerdings individuell unterschiedliche Bedeutung haben, ergeben sich z. B. daraus, daß der Mann mit der Zeugung eines Kindes sich selbst oder seiner Umwelt etwas beweisen will (seine Männlichkeit, seine Treue, die «Größe» seiner Liebe zur Partnerin, sein Verantwortungsbewußtsein, seine persönliche Reife usw.). Außerdem knüpft der Mann zahlreiche Erwartungen an das Zusammenleben mit einem Kind (Kind als Bereicherung des eigenen Lebens, Kind als Beziehungspartner usw.).

Nicht alle der hier aufgezählten Bedürfnisse, Motive und Gefühle, die bei Männern einen Kinderwunsch begründen können, sind männerspezifisch. Viele finden sich auch bei Frauen wieder. Auch der weibliche Kinderwunsch ist sozial überformt und keineswegs nur Ausdruck körperlicher Bedürfnisse. Der Kinderwunsch des Mannes ist jedoch stärker als bei der Frau partnerabhängig bzw. partnerbezo-

---

1 Sichtermann, Barbara, a. a. O., S. 42.
2 Münkel, Wilma: Bevölkerungsrückgang als Folge des veränderten generativen Handelns des Mannes. Unveröffentl. Dissertation, FU Berlin 1982.

gen. Dies findet seinen Ausdruck u. a. in der Tatsache, daß nicht wenigen Frauen die Vorstellung, allein und ohne männlichen Partner ein Kind großzuziehen, nicht abwegig ist. Im Gegenteil scheint diese Vorstellung für Frauen in den letzten Jahren ständig an «Attraktivität» zu gewinnen.

Nach vielen Gesprächen mit Männern und werdenden Vätern, die ihre Rolle nicht traditionell gestalten wollen, hat sich bei mir der Eindruck verfestigt, daß beim Zustandekommen der Entscheidung für ein Kind die jeweiligen Partnerinnen dieser Männer die treibende Kraft waren. Da der Wunsch nach einem Kind es in der Konkurrenz mit den «anderen» Wünschen des Mannes sehr schwer hat, kommt es zu einer Entscheidung für ein Kind in vielen Fällen erst dadurch, daß die Frau den Mann zu einer Entscheidung zwingt oder daß aus Mangel an klarer Entscheidungsfähigkeit die Entscheidung dann doch durch nachlässige oder unterlassene Empfängnisverhütung meist getroffen wird.

Man kann also sagen, daß die heutige Generation von neuen Vätern in vielen Fällen bei der Realisierung ihres Kinderwunsches in zweifacher Hinsicht auf Frauen angewiesen ist. Zum einen ist die Entscheidungsmacht auf Grund der Gebährfähigkeit sowieso auf seiten der Frau, zum anderen wären die meisten Männer ohne die treibende Kraft der Frauen von sich aus nicht zu einer klaren Entscheidung für ein Kind fähig. Der Kinderwunsch von Männern allgemein und speziell auch der meisten der neuen Väter, kann nur in seiner Abhängigkeit von der Frau angemessen begriffen und erklärt werden. Vielleicht ermöglicht ein klares Bewußtsein dessen den Männern ein sichereres Einschätzen der Motive ihres Kinderwunsches.

Ich halte es im übrigen nicht für ausgeschlossen, daß im Zuge einer Bewegung der neuen Väter der Kinderwunsch von Männern immer mehr aus seiner psychischen Abhängigkeit von der Frau heraustritt und sich ein in Ansätzen autonomes männliches Bedürfnis nach einem Kind konstituiert. Mit der Veränderung der Männerrolle wird sich auch das Verhältnis des Mannes zum Kind grundlegend verändern. In der Folge könnte ein zwar sozial vermitteltes, aber trotzdem mächtiges und eigenständiges Bedürfnis des Mannes nach einem Kind entstehen.

3. Das Kind und die Mann/Frau-Beziehung

Bei der Entscheidung für oder gegen ein Kind spielt immer auch die Beziehung von Mann und Frau eine gewichtige Rolle. So kann die jeweilige Situation die Entscheidung für ein Kind begünstigen, aber auch unmöglich machen.

Wenn sich Mann und Frau gemeinsam zu einem Kind entschließen, können sie diese Entscheidung nur treffen, wenn sie sicher sind, zusammenbleiben zu wollen. Umgekehrt wird ihnen die gemeinsame Entscheidung für ein Kind sehr schwerfallen, wenn nicht gar unmöglich, wenn sie die Zukunft ihrer Beziehung als ungewiß empfinden.

Dies gilt aber nicht in jedem Fall. Nicht selten rückt der Wunsch nach einem Kind gerade dann in den Vordergrund, wenn es in der Beziehung kriselt und die Gemeinsamkeit zwischen den Partnern fragwürdig geworden sind. Dem Kind käme in diesem Falle die Aufgabe zu, die Beziehung wieder zu «kitten», eine schwere Hypothek für ein Kind, die nur selten abgetragen wird.

Wichtig vor der Entscheidung für ein Kind ist also zu klären, wie man wirklich zueinander steht.

Dies ist allerdings heute oftmals nicht leicht. Da in unserer Gesellschaft die Beziehungen häufig von kürzerer Dauer und von einer größeren Unverbindlichkeit als früher geprägt sind, vielleicht auch, weil die Partner häufig möglichst viel von ihrer Autonomie behalten wollen, gerät die Ausgestaltung des Zusammenlebens zunehmend in Widerspruch zu den Anforderungen, die sich aus der Entscheidung für ein Kind ergeben.

Dies hat zur Folge, daß beide Partner auch bei einer gemeinsamen Entscheidung für ein Kind immer gleichzeitig mitbedenken sollten, ob sie die Verantwortung für ein Kind auch alleine zu tragen bereit und in der Lage sind.

Die Entscheidung für ein Kind erzwingt aber nicht nur die Klärung, wie man zueinander steht, sondern bringt, wenn das Kind zur Welt gekommen ist, auch die Gefahr mit sich, daß die Beziehung selbst zum Zwangsverhältnis wird.

«Das ‹gemeinsame› Kind mag als Beleg einer Liebe gedacht sein, aber dieser entäußerte Beleg tendiert dazu, sich zu verselbständigen. Im Kind am ehesten läßt sich ein gemeinsames Interesse postulieren und darüber eine unter Umständen fadenscheinig gewordene Verbindlichkeit aufrechterhalten. Am Ende reduzieren die Eltern in den Beziehungsdiskussionen, die sie miteinander führen, ihren eigenen Stellenwert bis hin zur Selbstverleugnung, weil sie ihre Kinder immer mitbedenken müssen bzw. sich über sie vermitteln. Anstatt sich den möglichen Brüchen ihrer Verhältnisse zu öffnen und aus diesen Einsichten eigenverantwortliche Konsequenzen zu ziehen, bleiben sie in dem Kitt stecken, den sie – ganz wörtlich – selbst erzeugt haben. Mit dem allfälligen Hinweis auf das Wohl und Wehe der Kinder tut sich ein unendlicher Kosmos der Ausreden und Apologien auf, dem nur um den Preis des schlechten Gewissens, der Selbstbeschuldigung zu entrinnen ist. Wenn also Kinder für Abhängigkeiten sorgen, dann nicht zuletzt für die Abhängigkeit der Eltern voneinander ...»[1]

Muß das, was hier als zwangsläufige Entwicklung geschildert wird, wirklich so zwangsläufig ablaufen. Die Abhängigkeiten und Zwänge, die ein Kind schafft, sind zwar objektiv. Mann/Frau sollten sie deshalb auch nicht unterschätzen. Ob diese Abhängigkeiten und Zwänge aber das Verhältnis von Mann zu Frau dermaßen umfassend und ausschließlich bestimmen müssen?

Mann/Frau müssen bereit sein, mit offeneren Formen des Zusammenlebens zu experimentieren und dürfen sich nicht ausschließlich an den alten Leitbildern von Ehe und Kleinfamilie orientieren. Neue Leitbilder könnten z. B. die verschiedenen Formen von Wohngemeinschaften sein, die trotz aller Schwierigkeiten und Probleme gerade im Hinblick auf das Zusammenleben mit Kindern eine Alternative zur Kleinfamiliensituation darstellen.

Dennoch bleibt: Indem die Beziehung von Mann und Frau durch die Beziehung zu einem Dritten, dem Kind, erweitert wird, verändert sich die Beziehung insgesamt. Die wohl tiefgreifendste Veränderung ergibt sich dadurch, daß Mann und Frau nur noch sehr wenig gemeinsame Zeit füreinander haben. Im Zentrum steht jetzt nicht mehr die Beziehung zum jeweiligen Partner, sondern die Beziehung zum Kind. Wichtiger als die Liebesbeziehung wird die Elternbeziehung. Barbara Sichtermann beschreibt dies für das Kleinkindalter folgendermaßen:

«Elterndasein tritt, zumindest partiell, an die Stelle eines sorglosen oder auch sorgenreichen, jedenfalls sich selbst genügenden Liebesle-

1 Gabbert, Klaus: Warum ich kein Vater bin. In: Gerspach, Manfred/Hufeneger, Benno: Das Väterbuch. Frankfurt a. M. 1982, S. 195.

bens. Ruth drängelt sich zwischen euch. Nicht nur morgens im Bett, auch in euren Phantasien, Hoffnungen, Ängsten. Sie schneidet sich aus der Zeit, die ihr füreinander hattet, das größte Stück für sich heraus. Sie nimmt euch die Nächte weg. Sie stiehlt euch die Augenblicke der Lautlosigkeit zwischen Nacht und Morgen, zwischen Abend und Nacht. Sie macht aus eurem gemeinsamen Essen ein Happening mit Scherben. Ihre Existenz rauht euer Leben auf: wo Ruths Vater früher deine verborgenen Wünsche erriet und erfüllte, tut er jetzt viel für dich, wenn er einmal nachts aufsteht. Und wo du ihm Gedichte vorlasest, reichts jetzt nur noch für ‹Schlaf, Kindchen, Schlaf›.

Es bleibt auch nicht aus, daß sich die interessanten, aber alltäglich oft belastenden Komplikationen eines Dreiecks einstellen: das mit Angst und Scham, List und Laune betriebene Verschieben der libidinösen Gewichte – welchem der drei möglichen Paare gehört die Stunde, der Tag, der Sommer?»[1]

Die hier beschriebene Veränderung der Beziehung von Mann und Frau sollte man keineswegs verharmlosen. Trotzdem müssen sich die beschriebenen Veränderungen nicht nur negativ und belastend auswirken. Ein Kind kann gleichzeitig nämlich auch eine Chance zur Weiterentwicklung einer Paarbeziehung darstellen. Dies gilt umso mehr, je mehr der Mann sich auch auf das Kind einläßt und seine traditionelle Vaterrolle verläßt. Das gemeinsame Erleben von Schwangerschaft und Geburt und die Fürsorge für ein Kind schaffen ein Mehr an gemeinsamer Erfahrung von Mann und Frau. Die Partnerschaft wird unter den gemeinsam bewältigten Belastungen und Freuden des Alltags mit Kindern reifer. Kinder sind nicht nur eine Last, sondern auch eine Lust. Sie verursachen nicht nur Beziehungsprobleme, sondern sie tragen auch oftmals einiges zur Lösung und positiven Bewältigung von Konflikten bei. Kinder schaffen nicht nur Abhängigkeiten und Zwänge, sondern sie sind gleichzeitig auch eine Bereicherung für das Leben zu zweit.

1 Sichtermann, Barbara: Vorsicht Kind. Eine Arbeitsplatzbeschreibung für Mütter, Väter und andere. Berlin 1982, S. 178–179.

4. Kind und Männerfreiheit

Männerfreiheit, ein Relikt aus vergangenen Zeiten ungebrochener Männerherrschaft, bedeutete beispielsweise,

○ daß der Mann frei von Haus- und Kinderarbeit war,
○ daß er über seine freie Zeit, die ihm nach der Arbeit für die Ernährung der Familie verblieb, uneingeschränkt verfügen konnte,
○ daß er, solange er die Ehe und die Versorgung von Frau und Kindern nicht in Frage stellte, mit anderen Frauen (zumindest heimlich) schlafen konnte,
○ daß er seiner Frau gegenüber keine Rechenschaft ablegen mußte, was er mit seiner Zeit außerhalb der Familie anfing,
○ daß er sich überall in der Gesellschaft (im Gegensatz zur Frau) uneingeschränkt und frei bewegen konnte.

Diese Freiheiten standen *nur* dem Mann zu, und zwar auf Grund der Tatsache, daß er der Ernährer der Familie war.

Mit der Frauenbewegung hat in den siebziger Jahren auch die Auseinandersetzung der Frauen mit den speziellen Freiheiten der Männer begonnen. Es wurde offenbar, daß die Freiheit des Mannes gleichbedeutend war mit einem Weniger an Verantwortung im Verhältnis zur Frau und zu den Kindern. Die Frauen erkannten immer deutlicher, daß die Freiheiten des Mannes Freiheiten auf Kosten der Frau sind.

Heute gibt es die Männerfreiheiten in ihrer ursprünglichen Form und Ausprägung nicht mehr. Im Verhalten und Bewußtsein der heutigen Männer finden wir aber noch genug Überreste der alten Ansprüche. Dies schlägt sich in dem geringeren Verantwortungsgefühl und -bewußtsein von Männern im Verhältnis zur Frau und in bezug auf die Kinder nieder. Obwohl viele Freiheiten, die ehemals nur Männern vorbehalten waren, heute bisweilen auch von Frauen in Anspruch genommen werden, wie z. B. die Freiheit, mit einem anderen Mann als dem eigentlichen Partner zu schlafen, oder die Freiheit, sich überall in der Gesellschaft uneingeschränkt bewegen zu können, haben die meisten Männer (auch diejenigen, die ihre Rolle verändern wollen) auch heute noch ein klares Bewußtsein von ihren Freiheiten. Dies drückt sich vor allem darin aus, daß Männer sehr viel selbstverständlicher als Frauen ihre «Rechte» wahrnehmen und auf jede Einschränkung empfindlicher reagieren als Frauen.

Nicht erst die Geburt . . .

... ihres Kindes macht die Väter von heute zu Mitdenkenden, Mitplanenden, Mithandelnden. Von Anfang an sind sie einbezogen in das Werden des jungen Lebens. Und sie nehmen ihre neue Rolle sehr ernst.

Da ist es nur zu verständlich, daß sie auch an das Später denken, an Schule, Ausbildung, Studium. An die Sicherheit für ihr Kind.

Deutlich wird dies u. a. bei der Entscheidung für oder gegen ein Kind. Obwohl Männer in bezug auf Kinder real meist sehr viel weniger Verantwortung tragen als Frauen, scheinen sie mit dieser geringeren Verantwortung häufig nur schwer zurechtzukommen. Nicht wenige Männer erleben die Entscheidung für ein Kind ganz bewußt als eine Entscheidung gegen ihre Freiheit.

«Es gibt psychologische und medizinische Untersuchungen darüber, daß junge Männer während der ersten Schwangerschaft ihre Frau oft über Kopfschmerzen, Übelkeit, Verdauungsstörungen und Rückenschmerzen klagen und außerdem Magengeschwüre entwickeln. Damit nicht genug: Werdende Väter werden offenbar signifikant häufiger als andere Männer für sexuelle Straftaten verhaftet wie zum Beispiel Belästigung von Kindern, Masturbieren in der Öffentlichkeit, versuchte Vergewaltigung und obszöne Telefonanrufe.

Die übliche Erklärung für diese Phänomene ist, daß sich der werdende Vater in diesem Streß regressiv verhält. Ich glaube aber, daß diese Symptome auch einen unbewußten Protest anzeigen können, den Wunsch vor der Verantwortung der Vaterschaft zu fliehen – Gefühle, die er sicherlich immer schon hatte, aber bis zur Schwangerschaft seiner Frau verdrängen konnte.»[1]

Ich finde es wichtig, daß sich Männer solche Gefühle eingestehen und sie nicht auf Grund eines schlechten Gewissens gegenüber der Frau verdrängen. Gerade diejenigen Männer, die ihre Vater- und Männerrolle verändern wollen, sollten solche Gefühle nicht beiseite schieben. Gerade weil sie meist rational den Zusammenhang zwischen ihren Privilegien als Mann und der Unterdrückung der Frau kennen, fällt es ihnen sehr viel schwerer, ihre gefühlsmäßigen Schwierigkeiten mit der Übernahme von Verantwortung vor sich selbst einzugestehen.

Deshalb sollte jeder Mann, der vor der Entscheidung für oder gegen ein Kind steht, herauszufinden versuchen, welchen Stellenwert für sein Wohlbefinden seine «Männerfreiheiten» haben und wie er auf die Einschränkung oder gar der Verlust dieser Freiheiten reagieren würde. Er darf sich dabei nichts vormachen: die Entscheidung für ein Kind wird sein Leben tiefgreifend verändern (selbst wenn er sich auf die alte Vaterrolle zurückzuziehen versucht).

Deshalb sollte der Mann bei dieser Entscheidung auch nicht vor-

1 Goldberg, Herb, a. a. O., S. 124.

schnell dem Druck der Frau oder seines schlechten Gewissens nachgeben. Er sollte nur von *sich* ausgehen und seine *eigenen* Gefühle
ausgiebig erforschen. Vielleicht kommt er dann zu dem Schluß, daß
die Zeit für eine solche Entscheidung noch nicht reif ist, da er mit
seiner eigenen Entwicklung noch nicht so weit ist, um eine solche Entscheidung mittragen zu können. Herb Goldberg meint, daß das Vaterwerden auch «eine der vielen Möglichkeiten des Mannes (sein
kann), sich um seine Entwicklungs- und Wachstumsmöglichkeiten zu
bringen». Daraus leitet Herb Goldberg folgende Empfehlung ab:
«Ein Kind zu zeugen sollte ein Mann sich für die Zeit aufheben, wo er
seine Phantasien ausgelebt, Beziehungen zu vielen Frauen gehabt
und sich selbst kennengelernt hat.»[1] Statt dessen könnte man auch
(etwas bescheidener) empfehlen, daß der Mann die Entscheidung für
ein Kind nur dann treffen sollte, wenn er das Gefühl hat, daß er mit
dem mit dieser Entscheidung einhergehenden Verlust von «alten
Freiheiten» umgehen kann, daß er den Verlust später weder der Frau
noch dem Kind zum Vorwurf machen wird.

5. Rationale oder emotionale Entscheidung?

Fast jeder Mann wird früher oder später in seinem Leben gezwungen,
eine Entscheidung für oder gegen ein Kind zu treffen. Oft muß diese
Entscheidung unter schwierigen Voraussetzungen gefällt werden. So
etwa, wenn die Partnerin unbeabsichtigt schwanger geworden ist und
der Mann sich sehr schnell darüber klar werden muß, ob er Vater
werden möchte oder nicht.

   Eine solche Situation verkürzt zwar den Entscheidungsprozeß ganz
erheblich – wegen der zeitlich befristeten Möglichkeit zur Abtreibung
–, sie bringt aber gleichzeitig die Gefahr mit sich, daß die Entscheidung mehr durch *äußere* Zwänge (z. B. die generelle Ablehnung einer
Abtreibung) als durch die *eigenen* Motive bestimmt wird. Da eine
solche Entscheidungssituation das Ergebnis einer mangelhaften oder
gar unterlassenen Empfängnisverhütung ist, kommt sie allerdings in
vielen Fällen nicht von ungefähr. Nicht selten geschehen «uner-

1 Goldberg, Herb, a. a. O., S. 125.

wünschte» Schwangerschaften dann, wenn die Partner sich nicht zu einer klaren, bewußten Entscheidung für oder gegen ein Kind durchringen konnten.

Da einer «unerwünschten» Schwangerschaft nicht in allen Fällen längere Auseinandersetzungen der Partner über ihren Kinderwunsch vorausgegangen sein müssen, treffen solche Schwangerschaften den Mann oft ziemlich unvorbereitet. In einer solchen Situation dürfte es dem Mann erfahrungsgemäß sehr schwerfallen, sich über seinen eigenen Kinderwunsch Klarheit zu verschaffen. Die Gefahr ist groß, daß er in eine Entscheidung einwilligt, die er später bereut und nicht wirklich mittragen kann.

Will der Mann eine solche Zwangssituation vermeiden, bleibt ihm nichts anderes übrig, als sich bereits vor Eintreten einer solchen Zwangssituation über seinen Kinderwunsch klar zu werden. Vor allem muß der Mann begreifen, daß eine lax gehandhabte Empfängnisverhütung auch bereits eine mehr oder weniger «klare» Entscheidung darstellen kann. Der Mann kann sich also letztlich nicht vor einer bewußten und klaren Entscheidung drücken.

Wenn der Mann sich nicht fähig fühlt, eine klare Entscheidung für oder gegen ein Kind zu fällen, kann dies folgende Gründe haben:

o sein Kinderwunsch ist nur sehr schwach ausgeprägt, und seine Gefühle für ein Leben mit einem Kind sind nicht eindeutig genug;

o er weiß grundsätzlich über seine eigenen Wünsche, Gefühle und Bedürfnisse zu wenig.

Gemeinsam ist beiden, daß es den betreffenden Männern unmöglich ist, eine wie auch immer *emotional* begründete Entscheidung zu treffen. Vielmehr sind sie bei ihrer Entscheidung für oder gegen ein Kind fast ausschließlich darauf angewiesen, ihre Entscheidung *rational* abzuwägen.

Männer, die nur rational entscheiden können, fühlen sich in dieser Frage häufig entscheidungsunfähig, sie sind stark verunsichert und wissen nicht, welchen Argumenten sie größeres Gewicht beimessen sollen. In der Folge neigen sie dazu, die Entscheidung solange hinauszuschieben, bis sie entweder von ihrer Frau unter Druck gesetzt werden oder einer Entscheidung durch eine «unbeabsichtigte» Schwangerschaft enthoben werden.

Männer, die nur rational entscheiden können, müssen versuchen, sich mehr Zugang zu ihren eigenen Gefühlen zu verschaffen.

Bei den folgenden Entscheidungshilfen handelt es sich um Fragen, die dem einzelnen einen besseren Zugang zu seinen Gefühlen und Motiven ermöglichen sollen. Dies geschieht in der Hoffnung, daß dadurch die Entscheidung für oder gegen ein Kind erleichtert wird. Da die Fragen auf eine Klärung der Gefühle und Motive zielen, sind sie auch denjenigen Männern zu empfehlen, die der Gedanke an ein Kind begeistert. Auch ihnen können sie helfen, sich über ihre wirklichen Motive klarer zu werden. Dies erscheint deswegen nicht überflüssig, weil auch eine gefühlsmäßig getroffene Entscheidung nicht in jedem Falle garantiert, daß der betreffende Mann später im Alltag auch wirklich hinter dieser Entscheidung stehen kann.

o Ist Dein Kinderwunsch stärker als der Deiner Frau?

o Fühlst Du Dich bei Deiner Entscheidung für oder gegen ein Kind von Deiner Frau unter Druck gesetzt?

o Hast Du die Befürchtung, daß Eure Beziehung in Frage gestellt ist, wenn Du nicht Vater werden willst?

o Willst Du ein Kind, um Deiner Frau Deine Liebe zu beweisen?

o Soll sich durch das Kind Deine Beziehung zu Deiner Frau verändern? Welche Veränderung erwartest *Du*?

o Kannst Du Dir in Deiner jetzigen Beziehung ein Kind gut vorstellen, oder hast Du Angst, daß sich durch das Kind ein Zwang zur Aufrechterhaltung Deiner Beziehung ergeben könnte?

o Hast Du Lust, mit Deiner Frau noch viele Jahre zusammen zu leben, oder bist Du in diesem Punkt unsicher oder mißtrauisch?

o Ist es Dir wichtig, daß *diese* Frau die Mutter Deines Kindes wird, oder könntest Du Dir das mit einer anderen Frau besser vorstellen?

o Kennst Du Deine Frau schon länger? Ist Euer Verhältnis in erster Linie eine leidenschaftliche Liebesbeziehung? Kannst Du Dir gemeinsam mit Deiner Frau ein Elterndasein vorstellen?

o Mußt oder willst Du Dir durch die Vaterschaft irgend etwas beweisen?

o Ist ein Kind für Dich eine wichtige Bestätigung Deiner Männlichkeit?

o Wolltest Du schon immer ein Kind – ganz unabhängig von Deiner jetzigen Beziehung? Könntest Du Dir auch vorstellen, ein Kind alleine großzuziehen?

- Falls Du früher keinen Kinderwunsch hattest: Wodurch hat sich dies verändert?
- Hast Du das Gefühl, daß Deine Entscheidung noch mehr Zeit braucht?
- Welche Deiner Männerfreiheiten sind Dir besonders wichtig? Welche siehst Du durch das Kind gefährdet?
- Empfindest Du das Kind vor allem als Einschränkung Deiner Freiheit?
- Paßt das Kind in Deine Pläne, oder hattest Du für die nächste Zeit bereits feste Pläne, die Dir unheimlich wichtig sind und die durch ein Kind gestört würden?
- Was verstehst Du unter Verantwortung für ein Kind, und fühlst Du Dich ihr gewachsen?
- Welche Befürchtungen kommen Dir, wenn Du an ein Kind denkst?

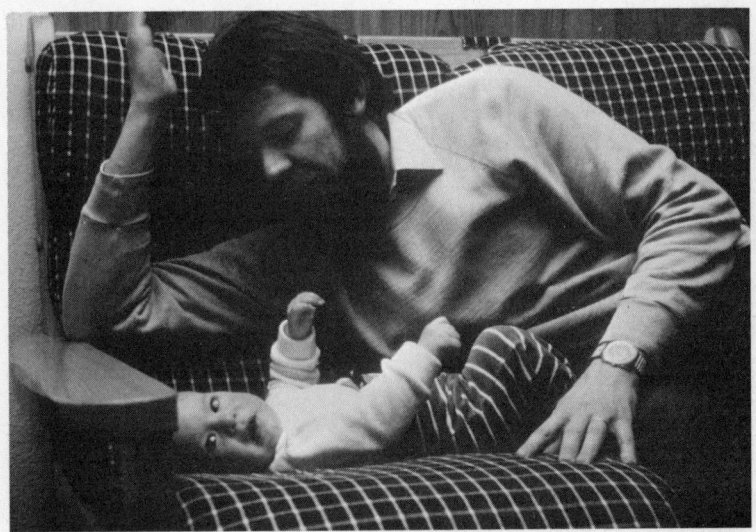

Welche spontanen Gefühle verknüpfst Du mit dem Gedanken an ein Kind?
- Welche Befürchtungen hast Du in bezug auf die Veränderung Deiner Lebenssituation durch das Kind?
- Warum willst Du unbedingt ein *eigenes* Kind?

○ Welche Wünsche konkurrieren bei Dir mit Deinem Wunsch nach einem Kind?

○ Welche Gefühle werden in Dir ausgelöst, wenn Du an das Zusammenleben mit einem Kind denkst?

○ Stellst Du Dir das Zusammenleben mit einem Kind als Bereicherung Deines bisherigen Lebens vor, oder bist Du Dir in diesem Punkt unsicher?

○ Hast Du große Lust, an der Entwicklung eines Kindes teilzunehmen?

○ Bist Du ein «Kindernarr», oder sind Dir Kinder bisher eher «fremde» Wesen?

○ Kannst Du auch mit Neugeborenen etwas anfangen oder nur mit Kindern ab einer bestimmten Altersstufe?

III. Die Zeit der Schwangerschaft

Schwangerschaft bedeutet nicht nur körperliche und psychische Veränderung für die Frau, sondern sie bringt auch eine tiefgreifende Veränderung ihrer Lebenssituation, aber auch der des Mannes mit sich.

Wie der Mann die Zeit der Schwangerschaft erlebt, hängt in erster Linie davon ab, wie sehr er am Erleben und Empfinden der Frau teilnimmt und sich auf die neue, veränderte Situation einläßt. Schon während der Schwangerschaft entscheidet sich, wie der Mann seine künftige Rolle als Vater gestalten wird. Das Vaterwerden ist ein Prozeß, der nicht erst mit der Geburt beginnt. Wenn der Mann seine Vaterrolle aktiv und bewußt gestalten will, ist die Zeit der Schwangerschaft eine Zeit neuer Erfahrungen und Erlebnisse, intensiver Gefühle und wichtiger Lernprozesse.

Voraussetzung hierfür ist allerdings, daß der Mann sein eigenes *männerspezifisches* Erleben ernst nimmt und die eigenen inneren Widersprüche, Brüche und Krisenerfahrungen nicht der Verdrängung zum Opfer fallen.

Gelingt dem Mann die Sensibilisierung gegenüber dem eigenen Erleben, hat er zugleich einen entscheidenden Schritt *weg von der alten Männerrolle* und hin auf die neue Vaterrolle gemacht.

Um hier Hilfestellung zu geben, möchte ich im folgenden Kapitel auf das männerspezifische Erleben der Schwangerschaft eingehen. Das Erleben von Frauen während der Schwangerschaft habe ich dabei bewußt nur soweit dargestellt, als dies zum besseren Verständnis der werdenden Väter notwendig ist. Wir Väter können nur dann eine wirkliche Veränderung unserer Rolle erreichen, wenn für uns die *eigenen* Gefühle *genauso wichtig* sind wie die Gefühle unserer Frauen.

Im ersten Abschnitt dieses Kapitels soll es allerdings nicht in erster Linie um das Erleben von Männern gehen, sondern vorrangig um die Frage, ob es sinnvoll ist, wegen des Kindes zusammenzuziehen, ja, ob ein Kind auch heute noch ein Grund sein kann, zu heiraten. Diejenigen, die ohnehin schon verheiratet sind oder diese Frage für sich schon geklärt haben, können diesen Abschnitt ruhig überblättern.

1. Heiraten oder Zusammenziehen?

Wenn früher ein unverheiratetes Paar ein Kind erwartete, dann war klar, daß für den Mann eine Pflicht zur Heirat bestand. Mit der Heirat verpflichtete sich der Mann zugleich, lebenslang für den Unterhalt von Frau und Kindern aufzukommen. Diese Regelung gründete sich auf die gesellschaftliche Arbeitsteilung von Mann und Frau. Da die Frau ausschließlich für Haushalt und Kinderaufzucht zuständig war und normalerweise keinen eigenen Beruf erlernt hatte oder aber den Beruf bei der Eheschließung aufgab, mußte die Versorgung beispielsweise auch im Falle einer Trennung gesichert sein.

Heute hat die Ehe als Versorgungseinrichtung für die Frau in weiten Kreisen der Mittelschicht ausgedient. Seit viele Frauen einen meist ebenso qualifizierten Beruf wie ihr jeweiliger Partner erlernt haben, besteht aus ökonomischer Sicht keine Notwendigkeit mehr zur Heirat. Immer mehr Männer leben deswegen heute auch ohne Trauschein mit ihrer Partnerin zusammen und sehen keine Notwendigkeit, ihr Zusammenleben durch den Staat juristisch «absegnen» zu lassen. Welches Verhältnis viele dieser Männer zur Institution Ehe haben, beschreibt Wolfgang Körner zutreffend mit dem folgenden Satz: «Sofern eine Frau mit mir und ich mit einer Frau zu leben gewillt sein würde, erschien mir die Ehe überflüssig, und sofern der Wille zur Gemeinsamkeit nicht (mehr) vorhanden sein würde, erschien mir die Ehe als hinderlich.»[1]

Die Beziehung von Mann und Frau wird hier also nicht als eine *ökonomische*, sondern ausschließlich als eine auf gegenseitiger *Liebe* und *Zuneigung* gegründete Gemeinschaft begriffen. Wenn diese Gemeinsamkeit erschöpft ist, gibt es folgerichtig auch keinerlei Grund

1 Körner, Wolfgang: Männliche Trennungserfahrungen. In: Jokisch, Rodrigo (Hg.): Mann-Sein. Identitätskrise des Mannes in der heutigen Zeit. Reinbek bei Hamburg 1982, S. 225.

mehr, das Zusammenleben weiter aufrechterhalten zu wollen. Wenn beide Partner ökonomisch unabhängig voneinander sind, wäre es auch unsinnig, zu fordern, daß nach einer Trennung der eine für den Unterhalt des anderen aufzukommen hätte.

So weit, so gut! Was geschieht aber, wenn in einer solchen, ausschließlich auf Liebe und Zuneigung gegründeten Gemeinschaft ein Kind zur Welt kommen soll? Gibt das nicht der Beziehung einen ganz anderen Charakter? Ist da nicht nach wie vor die Ehe die angemessenste Form für die Regelung der Beziehungsverhältnisse?

Ich habe für mich diese Fragen mit einem klaren Nein beantwortet und möchte im folgenden meine Gründe für diese Entscheidung darlegen.

Als zentrales und oft einziges Argument für die Ehe wird von den meisten Vätern, die ich kenne, angeführt, daß der nichteheliche Vater im Unterschied zum ehelichen keinerlei Rechte in bezug auf das Kind besitzt. Nur durch eine Heirat werde das gemeinsame Sorgerecht mit der Mutter möglich. Diese Argumentation ist nach der derzeitigen Rechtslage zutreffend. Trotzdem konnte und wollte ich diesen Argumenten bei meiner Entscheidung kein Gewicht beimessen. Bei genauer Betrachtung zeigt sich nämlich, daß diese Argumentation sehr vordergründig ist. Der Vater hat das durch Heirat erworbene Sorgerecht nämlich in den meisten Fällen nur so lange, wie es zu keiner Trennung bzw. Scheidung kommt. Bei einer Scheidung bzw. Trennung können nach der Entscheidung des Bundesverfassungsgerichtes Ende 1982 zwar die Eltern – im Gegensatz zu früher – jetzt auch das *gemeinsame* Sorgerecht erhalten. Dies wird aber sicherlich eher die Ausnahme bleiben. Wenn sich beide Partner im Streit trennen und sich über das Sorgerecht nicht einigen können, muß das Gericht entscheiden, welchem der beiden das Sorgerecht zugesprochen wird. Grundlage einer solchen Entscheidung soll die Beziehung des jeweiligen Partners zum Kind sein und die Frage, was «dem Wohl des Kindes» am meisten dient. Auch der Wunsch des Kindes soll normalerweise in diese Entscheidung einfließen. Wenn jeder der beiden Elternteile das Sorgerecht für sich beansprucht, müssen sie vor Gericht gegeneinander kämpfen. Der Vater hat dabei – dies beweist die Rechtssprechung der Familiengerichte – von vornherein nur sehr geringe Chancen, sich durchzusetzen. Er wird dies nur schaffen, wenn er dem Gericht einsichtig machen kann, daß er die bessere Bezugsperson für das Kind ist. Gleichzeitig muß er möglichst viele negative Fakten, die dem Gericht die Person der Mutter für die Erziehung des Kindes ungeeignet erscheinen lassen, sammeln und vortragen. Dies bedeutet in der Praxis fast immer Kampf «bis aufs Messer». Der ganze Beziehungsstreit bzw. Ehekrieg wird dabei meist noch einmal vor Gericht ausgetragen. Jeder Elternteil muß außerdem das Kind auf seiner Seite wissen. Gegebenenfalls muß er das Kind sogar gegenüber dem anderen Elternteil richtiggehend «aufhetzen», was nicht selten geschieht. Daß solche Auseinandersetzungen bei Kindern oft tiefe Spuren hinterlassen, wissen wir auf Grund vieler Beispiele.

Für mich ist ein solcher Kampf entwürdigend, und ich würde ihn schon wegen meines Kindes, das ich liebe, nicht führen wollen. Auch einem verheirateten Vater bleibt im Falle einer Trennung nichts anderes übrig, als sich mit seiner Frau zu einigen, da er unter dem Strich letztendlich auch nicht mehr «Rechte» hat als ein nichtehelicher Vater. Solange er sich mit seiner Frau darüber einig ist, daß und in welcher Form die Erziehung gemeinsam geregelt wird, spielt das Sorgerecht sowieso kaum eine Rolle. Hinsichtlich der juristischen Vertretung des Kindes nach außen gibt es im Falle nichtverheirateter Partner die Möglichkeit, sich von der Partnerin eine Vollmacht ausstellen zu lassen. Mit einer solchen Vollmacht sind nichteheliche Väter den ehelichen weitgehend gleichgestellt (siehe auch Seite 221). Es ist also eine Illusion, wenn Väter meinen, sich durch eine Heirat eine bessere Rechtsposition gegenüber der Mutter schaffen zu können. Da sie diese bessere Rechtsposition in den meisten Fällen nur nach dem Gesetz, aber nicht de facto haben, sind sie fast in derselben Lage wie nichteheliche Väter. Da auch ihnen der Zugang zum Kind nur gesichert ist, solange sie sich mit der Mutter einig sind, bringt ihnen die Heirat kaum Vorteile. Der eheliche Vater hat lediglich im Fall der Scheidung ein gesetzliches Umgangsrecht. Nach dem Gesetz ist der eheliche Vater der alleinige Sorgeberechtigte, wenn die Mutter stirbt. Ein nichtehelicher Vater kann das Sorgerecht nur über eine Entscheidung des Vormundschaftsgerichtes erhalten. Was ein Vater tun kann, um sich abzusichern, wird ab Seite 219 ausgeführt.

Ich habe mich trotz bestehender Unsicherheiten entschlossen, nicht zu heiraten. Dies u. a. auch deswegen, weil ich die Ehe prinzipiell ablehne und außerdem für die rechtliche Gleichstellung des nichtehelichen Vaters kämpfen will.

Aus den gleichen Gründen kann ich für mich auch nicht akzeptieren, was sonst noch üblicherweise an Argumenten für die Ehe von Vätern ausgeführt wird. So etwa die Beziehung sei durch ein Kind sowieso auf Dauer angelegt und von daher faktisch einer Ehe gleichgestellt. Um sich selbst und dem Kind Nachteile zu ersparen, könne man dann genauso gut auch heiraten.

Wer so argumentiert, hat gegenüber der Situation des nichtehelichen Vaters und Kindes resigniert und ist deshalb bereit, den gleichen Weg, den auch schon sein eigener Vater «gegangen» ist, wieder einzuschlagen. Ich möchte dies nicht vorwurfsvoll oder von oben herab feststellen. Dies hieße den Druck der Öffentlichkeit zu ignorieren und zu verharmlosen, dem jeder einzelne nichteheliche Vater auch heute noch ausgesetzt ist. Es macht mich aber immer wieder ärgerlich, wenn von Vätern in diesem Zusammenhang gesagt wird, daß die Ehe doch nur eine Formsache sei und eine prinzipielle Ablehnung der Ehe übertrieben wäre. Eine solche Argumentation ärgert mich deshalb, weil die betreffenden Väter meist nicht ehrlich gegen sich selbst und andere sind, indem sie sich zu ihren wirklichen Motiven, die zur Heirat geführt haben, nicht bekennen. Die wenigsten werdenden Väter, die vor der Schwangerschaft mit ihrer Partnerin schon längere Zeit ohne Trauschein zusammengelebt haben, heiraten nämlich, weil sie die Ehe befürworten. Für die meisten ist es der «stumme» Zwang der Verhältnisse, dem sie sich letztendlich fügen. Ein Vater, den ich kenne, drückte dies folgendermaßen aus:

«Die Frage, ob man heiratet oder nicht, ist so eine Art Klippe, eine Versuchung, wo man ganz leicht überredet wird, dann doch zu heiraten. Und dann kann es sein, daß man sich irgendwo wiederfindet, wo man vor ein paar Jahren gesagt hat, nein so nie. Im Moment erscheint einem der Übergang vom Nicht-Verheiratetsein zum Verheiratetsein nur als eine Formsache. Aber in Wirklichkeit ist es ein sehr entscheidender Schritt, wenn sich alles andere dazugesellt.»

Ich habe hier zu der Frage, Heirat oder nicht, bewußt persönlich und emotional Stellung bezogen, da es nach meiner Meinung für eine solche Entscheidung kaum objektive Kriterien gibt. Ich möchte den Männern, die zur Institution Ehe ein kritisches Verhältnis haben, den Rücken stärken und aufzeigen, daß der «Zwang der Verhältnisse» und die nur scheinbar rechtlich abgesicherte Stellung des verheirateten Vaters keine wirklichen Gründe für das Heiraten sind.

Eine andere Frage ist, ob Paare, die nicht heiraten wollen und vor der Schwangerschaft in verschiedenen Wohnungen gelebt haben, nun *zusammenziehen sollten*. Hier möchte ich aus verschiedenen Gründen zur gemeinsamen Wohnung raten, besser noch zum Zusammenleben von Mann und Frau in einer Wohngemeinschaft. Ich weiß aus eigener Erfahrung, daß manchen Männern eine Entscheidung für eine gemeinsame Wohnung nicht leicht fällt. Gerade diejenigen Männer, denen ihre eigene Unabhängigkeit in einer Beziehung wichtig ist, werden sich nicht ohne weiteres zu einer gemeinsamen Wohnung entschließen können. Es gibt aber eine Reihe von gewichtigen Gründen, die einen solchen Entschluß nahelegen:

o Sofern der Mann sich gleichermaßen wie die Frau um das Kind kümmern möchte, sind getrennte Wohnungen äußerst hinderlich. Die ohnehin knappe Freizeit wird noch zusätzlich durch einen hohen Organisationsaufwand eingeschränkt (man muß z. B. ständig alle Gegenstände, die für das Kind und seine Pflege benötigt werden, zwischen zwei Wohnungen hin und her transportieren).

o Solange das Kind gestillt wird, kann sich der Vater mit ihm nicht allzuweit von der Mutter entfernen und deshalb kaum etwas mit dem Kind alleine unternehmen. Dies hat zur Folge, daß er sich sowieso immer in derselben Wohnung wie die Mutter aufhalten wird, wenn er mit seinem Kind zusammensein will.

o Jeder Vater sollte sich genau überlegen, ob es gut für ihn ist, wenn er sich auf Grund der getrennten Wohnung relativ leicht aus der äußeren Verantwortung für sein Kind zurückziehen kann. Angesichts meiner eigenen, enormen Umstellungsschwierigkeiten auf die neue Lebenssituation mit meinem Sohn bin ich mir sicher, daß der Zwang zur Auseinandersetzung, der in einer gemeinsamen Wohnung eher gegeben ist, für mich im Hinblick auf meine männliche Erziehung und Bequemlichkeit äußerst wichtig war und ist. Erst dadurch, daß wir Männer den Alltagsproblemen im Umgang mit Kindern nicht mehr ausweichen können, kommen die Veränderungs- und Lernprozesse in Richtung auf eine andere Gestaltung der Männer- und Vaterrolle wirklich in Gang.

o Eine andere, neue Gestaltung der Vaterrolle setzt voraus, daß der Mann bereit ist, sein ganzes Leben auf ein Kind einzustellen. Wenn der Vater nicht genauso wie die Mutter für das Kind verfügbar ist, bleibt das nicht ohne Auswirkung auf seine Bedeutung als Beziehungsperson für das Kind. Viele Alltagssituationen mit dem Kind wird er gar nicht erleben. Wenn der Vater wesentlich weniger als die Mutter mit dem Kind vertraut ist, wird er viele Situationen im tagtäglichen Umgang (z. B. das Kind beruhigen) nicht ohne die Hilfe der Mutter bewältigen können.

o Schließlich gibt es noch rechtliche Argumente. Wenn es irgendwann, z. B. bei Tod der Mutter, um die Übertragung des Sorgerechtes gehen sollte, dann wird der Vater bei einer gemeinsamen Wohnung leichter einsichtig machen können, daß er die Versorgung und Betreuung des Kindes auch allein gewährleisten kann, da er ja schon die ganze Zeit mit dem Kind zusammengelebt hat.

Für eine gemeinsame Wohnung gibt es noch sehr viel mehr Gründe. Ich möchte lediglich deutlich machen, daß sich eine andere, neue Gestaltung der Vaterrolle nur schwer bei getrennten Wohnverhältnissen durchführen läßt. Für ältere Kinder allerdings müßte diese Frage neu diskutiert werden.

2. Der werdende Vater und seine Umgebung

Als ich vor einiger Zeit in einer kleinen Runde erzählte, daß ich Volkshochschulkuse mit werdenden Vätern durchführe, reagierten die meisten der anwesenden Männer und Frauen (unter denen sich keine Väter bzw. Mütter befanden) mit Erstaunen. Keiner konnte sich so richtig vorstellen, was in diesen Kursen wohl besprochen würde. Einige konnten sich ein spöttisches bzw. vieldeutiges Lächeln nicht verkneifen. Das überraschte mich.

Im anschließenden Gespräch wurde ich hauptsächlich mit zwei Ansichten konfrontiert:

o Vom werdenden Vater zu sprechen sei überzogen. Schließlich wäre nicht der Mann, sondern die Frau schwanger. Während der Schwangerschaft und der Geburt sei der Vater eine Randfigur, da er an dem Geschehen nicht wirklich beteiligt wäre.

o Spöttisch hätte man deshalb gelächelt, weil Mann bzw. Frau sich nicht richtig und im Ernst vorstellen könnten, daß Männer in einer Runde zusammensitzen und sich über das Kinderkriegen unterhalten.

Ich habe das Gespräch hier deswegen erwähnt, weil es mich schlagartig auf den harten Boden der Realität zurückholte. In den beiden Ansichten spiegelt sich das alte Bild des werdenden Vaters wider, das für mich durch meine intensive Beschäftigung mit den Problemen der neuen Väter schon so weit weggerückt war, daß es gar nicht mehr existent schien.

In unserer Gesellschaft gibt es den werdenden Vater allenfalls als eine Witzfigur. Dem Mann wird kein eigenes, männerspezifisches Erleben von Schwangerschaft und Geburt zugebilligt. Er kann nicht damit rechnen, daß er mit seinen Gefühlen, Erfahrungen und Schwierigkeiten wirklich ernst genommen wird. Schwangerschaft und Geburt sind nach wie vor in erster Linie Frauensache.

Der werdende Vater kann auch nicht auf anerkannte Traditionen zurückgreifen. Bei der Gestaltung seiner Rolle erfährt er kaum Unterstützung oder Hilfe von seiten der Gesellschaft. Von daher gesehen befindet er sich in einem Vakuum. Die Gesellschaft läßt den werdenden Vater mit seinen Problemen allein. Er führt ein Schattendasein, das seiner wirklichen Bedeutung während der Schwangerschaft und Geburt nicht entspricht.

Sicherlich gelten diese Aussagen heute nicht mehr für die Gesellschaft als Ganzes. Es gibt gesellschaftliche Bereiche und soziale Gruppen, wo diese Einstellungen nicht mehr so dominierend sind.

Gleichzeitig gibt es viele Anzeichen dafür, daß sich die traditionellen Positionen allmählich wandeln und sich in der Gesellschaft Schritt für Schritt ein positiveres Bild des werdenden Vaters Geltung verschafft. Auch in der fast nur von Frauen für Frauen geschriebenen Fachliteratur zu Schwangerschaft und Geburt wird die Bedeutung des werdenden Vaters durchweg hervorgehoben. Dennoch hat das an der öffentlichen Meinung kaum etwas geändert.

Nun kann man das sicherlich nicht nur der Gesellschaft anlasten. Es ist mehr als bedauerlich, daß sich werdende Väter selbst bisher kaum zu ihrem Erleben während der Schwangerschaft geäußert haben. Dies hat viele Gründe. Für die traditionelle Männerrolle ist Schwangerschaft und Geburt «Frauensache». Die werdenden Väter selbst übernehmen nur zu leicht die gleichgültige Haltung der Gesellschaft zu ihrem «Zustand». Ein weiterer Grund ist sicherlich, daß Männer im allgemeinen über «ihre Sorgen und Unzulänglichkeiten, ihre Ängste

und Unsicherheiten ... sehr schweigsam» sind.[1] Da es keine irgendwie gestaltete, positiv bestimmte und gesellschaftlich akzeptierte
Rolle des werdenden Vaters gibt, ist seine Situation durch Distanz,
Unsicherheit, Befürchtungen und Ängste gekennzeichnet. Da der
werdende Vater von seiner Umwelt nicht wirklich ernst und wichtig
genommen wird, kann er sich und sein eigenes Erleben selbst auch
nur schwerlich ernst und wichtig nehmen.

Als ich selbst werdender Vater war, bin ich mir in vielen Situationen
richtiggehend überflüssig vorgekommen. Kamen Freunde zu Besuch
oder hat sich irgend jemand nach der Schwangerschaft erkundigt, haben sich die Fragen immer auf den Zustand bzw. das Erleben meiner
Frau bezogen. Nur ganz selten wurde ich gefragt, wie ich mich in meiner Rolle fühle, ob ich mit meiner Situation zurechtkomme. Niemand
hat sich für *meine* Gefühle und die zahlreichen Schwierigkeiten inter-
essiert, die sich für mich durch die neue Situation ergeben haben.

Den meisten werdenden Vätern geht es während der Schwangerschaft ähnlich. Sie fühlen sich zurückgesetzt und haben den Eindruck,
daß der eigene Beitrag während der Schwangerschaft unbedeutend
und verzichtbar ist.

Ähnliches wie im Bekanntenkreis erlebt der werdende Vater auch
auf seiner Arbeitsstelle und nicht selten auch bei gemeinsam mit seiner schwangeren Partnerin unternommenen Arzt- bzw. Krankenhausbesuchen. Eine Ausnahme bilden hier häufig allerdings die frei-
praktizierenden Hebammen, die den werdenden Vater noch am ehesten akzeptieren, ihn bewußt einbeziehen und ihm häufig auch z. B.
während der Geburt eine eigene, aktive Rolle zuweisen.

Was die Ärzte anbetrifft (meist Männer), gibt es auch heute noch
viele Gynäkologen, die eine Teilnahme des Mannes bei den vorgeburtlichen Untersuchungen während der Schwangerschaft entweder
verweigern oder aber in keiner Weise unterstützen bzw. fördern.
Auch gibt es immer noch viele Krankenhäuser, an denen die Teilnahme des Vaters an der Geburt als notwendiges und heute leider
nicht mehr zu vermeidendes Übel angesehen wird.

Solange der werdende Vater von seiner Umgebung so wenig Unter-

1 Benard, Cheryl/Schlaffer, Edit: Der Mann auf der Straße. Über das merk-
würdige Verhalten von Männern in ganz alltäglichen Situationen. Reinbek bei
Hamburg 1980, S. 270.

stützung erfährt, muß er mit seinen Rollenunsicherheiten und
Schwierigkeiten weitgehend alleine fertig werden. Die einzigen, die
ihm hier wirklich weiterhelfen können, sind andere Väter. So wichtig
es für den werdenden Vater auch ist, daß seine Partnerin ihn in seiner
Rolle bestätigt, so wenig kann dies das Gespräch mit anderen Vätern
ersetzen. In diesen Gesprächen *nur unter Männern* kann der werdende Vater seine Rollenunsicherheit überwinden und sich Selbstbewußtsein in seiner Rolle aneignen, da er in seinen Gefühlsäußerungen
nicht durch die Anwesenheit von Frauen gehemmt wird.

3. Sexualität

Die Probleme mit der eigenen Rolle als werdender Vater und die
gleichgültige bis negative Haltung der Gesellschaft ihm gegenüber
sind nicht die einzigen Veränderungen, auf die sich ein werdender
Vater während der Schwangerschaft einstellen muß. Auch die Beziehung von Mann und Frau ist während der Schwangerschaft zahlreichen, z. T. tiefgreifenden Veränderungen unterworfen. Sexualität ist
hierbei nur ein Aspekt. Der positiven Verarbeitung und Bewältigung
der sexuellen Probleme kommt aber eine Schlüsselrolle bei der Verarbeitung und Bewältigung der Beziehungsprobleme zu.
    Wenn hier aus Gründen der Klarheit einerseits die Sexualität und
andererseits die Veränderungen in der Beziehung in verschiedenen
Abschnitten abgehandelt werden, bedeutet dies keineswegs, daß Sexualität nicht in engem Zusammenhang mit der ganzen Beziehungs-
problematik gesehen wird.
    Über Sexualität in der Schwangerschaft lassen sich nicht viele all-
gemeingültige Aussagen machen. Das individuelle Erleben ist zu verschieden. Dies deckt sich auch mit den Ergebnissen der meisten Untersuchungen, die es zur Sexualität in der Schwangerschaft gibt. Deshalb will ich die werdenden Väter selbst zu Wort kommen lassen.
    Die körperlichen Veränderungen der Frau, die die Schwanger-
schaft mit sich bringt, können sich auf das sexuelle Empfinden des
Mannes in sehr unterschiedlicher Weise auswirken. Ein großer Teil
der Männer ist geradezu fasziniert davon, wenn Brüste und Bauch der
Frau allmählich immer größer werden. Sie finden die großen Brüste

und den dicken Bauch erotisch und sexuell stimulierend. Dies kommt in den folgenden Schilderungen von Männern zum Ausdruck:

«... am tollsten fand ich den runden Bauch von F., auch zum Schmusen ... also diese ganze Form von Weiblichkeit, diese ganzen runden Formen ... ich versteh gar nicht, wie Leute so was häßlich finden können ...»[1]

«Während der Schwangerschaft wurde unsere Sexualität viel intensiver, schon durch die dauernde Konzentration auf die körperlichen Veränderungen. Ich fand A. in keinem Moment sexuell unattraktiv. Im Gegenteil, je größer die Brüste und der Bauch wurden, um so größer wurde meine Lust auf sie.»

Diese Aussagen gelten aber nicht für alle Männer. Die körperlichen Veränderungen der Frau können bei Männern auch genau die gegenteiligen Gefühle hervorrufen:

«Ich kam mit den körperlichen Veränderungen von V. nicht klar. Ich wünschte mir eigentlich die ganze Zeit, daß V.'s Körper möglichst schnell wieder so werden sollte wie vor der Schwangerschaft. Ich hatte auch keine Lust mehr, mit V. zu schlafen. Das alles hat mich ziemlich belastet.»

«Ob ich Lust habe, mit einer Frau zu schlafen oder nicht, hängt bei mir ziemlich stark davon ab, ob die Frau einem bestimmten Wunschbild entspricht oder nicht. Als dann T. immer dicker wurde und diesem Wunschbild immer weniger entsprach, fühlte ich mich richtig von ihr bedrängt und wollte am liebsten auch körperlich von ihr Abstand haben.»

Männer werden in der Schwangerschaft aber nicht nur mit den körperlichen Veränderungen der Frau konfrontiert, sondern die sexuellen Empfindungen und Bedürfnisse der Frau verändern sich meist ebenfalls. Manche Frauen haben in den ersten und in den letzten drei Monaten kein Bedürfnis mehr nach sexuellem Kontakt. Bei anderen Frauen nimmt dieses Bedürfnis erst gegen Ende der Schwangerschaft ab. Wieder andere entwickeln zu bestimmten Zeiten der Schwangerschaft ein besonders ausgeprägtes Bedürfnis, mit

1 Engel, Klaus: Zur Krisenerfahrung männlicher Identität beim Vaterwerden. Unveröffentl. Diplomarbeit. Berlin, WS 1981/82, S. 24–28.

ihrem Partner zu schlafen. Es gibt aber auch Frauen, deren sexuelle Bedürfnisse sich durch die Schwangerschaft nicht verändern.

Nicht nur die sexuellen Bedürfnisse der Frau, auch die Art und Weise ihres sexuellen Empfindens insgesamt kann sich verändern. Ein Vater schildert dies folgendermaßen: «Probleme hatte ich ... damit, daß F. eine andere Art von Sinnlichkeit entwickelte ... daß sie so lieb war, was ich gar nicht von ihr kannte ...»[1]

Manche Frauen haben zwar noch das Bedürfnis nach sexueller Befriedigung, sie möchten aber nicht mehr, daß der Mann in sie eindringt, sondern nur noch durch Streicheln oder mit dem Mund befriedigt werden. Viele Frauen entwickeln ein intensives und ausgeprägtes Bedürfnis nach Zärtlichkeit, wovon sich Männer mitunter bedrängt und überfordert fühlen. Bei Paaren, die sich vor der Schwangerschaft heftig, wild, ungestüm und aggressiv liebten, kommen die Männer mit dem veränderten Empfinden ihrer Partnerinnen meist nicht so ohne weiteres klar. Dies gilt auch in dem Fall, wo die Frauen weiterhin gerne haben, wenn ihr Partner in sie eindringt.

Wenn man bedenkt, daß das heftige und aggressive Moment in der Sexualität für viele Männer eine besondere Rolle spielt, kann man sich vorstellen, daß manchen Männern die Umstellung auf die neue Situation nicht so ohne weiteres gelingt. Ein Vater drückt seine Probleme so aus:

«Ich hatte dauernd das Gefühl, daß ich mich unheimlich beherrschen und zusammenreißen mußte. So konnte ich die Sexualität gar nicht mehr richtig genießen, weil ich mich in meinen Reaktionen ständig mit dem Kopf bremsen mußte.»

Daß der Mann seine sexuelle Spontaneität zurückstellen muß, kann auch dann notwendig sein, wenn bestimmte Stellungen beim Geschlechtsverkehr durch die Schwangerschaft nicht mehr möglich sind. Dies kann durch den dicken Bauch bedingt sein oder auch dadurch, daß der Mann in bestimmten Stellungen zu tief eindringt, was für die Frau schmerzhaft ist. Nicht jeder Mann findet die noch möglichen Positionen auch noch lustvoll, wenn auch der Zwang, sich etwas Neues auszudenken, spannende neue Möglichkeiten eröffnen kann.

Ein weiterer Punkt, der Männer in ihrer sexuellen Spontaneität oft-

1 Engel, Klaus, a. a. O., S. 24.

mals einschränkt, sind Ängste, die sich auf das Eindringen in die Vagina beziehen. Sie befürchteten beispielsweise, daß sie das Kind verletzen oder der Mutter weh tun könnten: «Ich hatte die ganze Zeit die Befürchtung, daß mich das Baby spüren oder daß ich ihm Schaden zufügen könnte, wenn wir zusammen geschlafen haben. Dieser Gedanke hemmte mich sehr.»

Um solche Ängste zu überwinden, ist es nicht nur wichtig zu wissen, daß das Kind im Uterus so sicher geschützt ist, daß ihm sexueller Verkehr keinen Schaden zufügen kann, sondern es ist auch wichtig, daß die Frau den Mann immer wieder ermuntert – wenn sie selbst es will –, trotz dieser oft irrationalen Ängste in sie einzudringen. Nur indem der werdende Vater erfährt, daß solche Ängste unbegründet sind, kann er sie überwinden.

Männer entwickeln während der Schwangerschaft oft nicht nur Ängste, die sich auf das Kind im Bauch beziehen, sondern es kann ihnen auch die Intensität des Begehrens der Frau und der überweibliche Körper Angst machen. Daß Frauen während der Schwangerschaft oft ein besonderes Bedürfnis nach Nähe haben und die Beziehung sich in vielen Fällen intensiviert, verstärkt diese Ängste noch. Der Mann fürchtet sich dann davor, sich selbst zu verlieren und von der Frau «verschlungen» zu werden. Ein Vater schildert das so:

«Da hab ich mich manchmal so geklammert gefühlt, so vereinnahmt ... da bin ich wohl manchmal auf Distanz gegangen ... da hab ich eher abgewehrt ... gegen dieses Fließende, keine Konturen mehr spüren können ... ich hatte das Gefühl, beim Vögeln so in sie reingezogen zu werden, und das hat mir Angst gemacht ... so lieb und so nah, das wollte ich nicht ... ich hab ihr nicht gegeben, was sie gebraucht hat ... hab eher so mit Rückzug reagiert oder rumgenölt ....»[1]

Die Angst, daß die eigenen Ich-Grenzen verschwimmen und die Frau den Mann «verschlingt», ist keine Angst, die nur auf die Schwangerschaft beschränkt ist. Sie tritt nur durch die veränderte Situation deutlicher in den Vordergrund und wird sehr viel bewußter erlebt. Dies gilt freilich auch für die anderen hier geschilderten Schwierigkeiten von Männern mit der Sexualität. Ganz allgemein läßt sich sagen, daß während der Schwangerschaft «die Fähigkeit oder Unfähigkeit,

1 Engel, Klaus, a. a. O., S. 25.

Sexualität zum befriedigenden Erlebnis beider Partner werden zu lassen»[1], deutlicher als sonst hervortritt.

Dies zeigt sich auch bei den Schwierigkeiten, die Männer haben, mit ihren Frauen/Freundinnen offen über ihr sexuelles Erleben und Empfinden zu sprechen. Angesichts der vielen Veränderungen, auf die sich Mann und Frau während der Schwangerschaft einstellen müssen, ist Offenheit in sexuellen Fragen jedoch besonders wichtig. Das offene Gespräch beider Partner ist in vielen Fällen der einzige Weg, um die Probleme und Schwierigkeiten angemessen zu bewältigen. So wird ein Mann kaum Verständnis für die veränderte Sexualität der Frau aufbringen können, wenn er mit ihr nicht offen auch über sein eigenes sexuelles Erleben sprechen kann. Und nur so kann die emotionale Bindung zwischen ihnen erhalten bleiben.

Was Männer am ehesten daran hindert, offen über ihre Sexualität zu reden, ist ihr Rollenverständnis als Mann und die damit verknüpfte Angst, durch Offenheit Schwäche zu zeigen und verletzbar zu sein. Da es vielen Männern leichter fällt, mit anderen Männern über ihre sexuellen Probleme zu sprechen, sollten sie diese Möglichkeit nutzen, um ihre Situation zu klären. Das Gespräch mit der Partnerin können solche Gespräche freilich nicht ersetzen, aber doch immerhin leichter machen.

Voraussetzung für solche Gespräche ist allerdings, daß Männer ihr sexuelles Erleben und ihre Gefühle nicht verdrängen oder gar unter dem Gesichtspunkt zensieren, was ihrer Meinung nach ein werdender Vater empfinden *sollte*. Männer sollten sich gerade ihre von der Umgebung oder von ihnen selbst als negativ beurteilten Gefühle offen eingestehen. Nur so können sie ein positives Verhältnis zu ihrer eigenen, inneren Widersprüchlichkeit gewinnen und sich selbst besser kennenlernen.

1 Vogt-Hägerbäumer, Barbara: Schwangerschaft ist eine Erfahrung, die die Frau, den Mann und die Gesellschaft angeht, Reinbek bei Hamburg 1977. S. 35.

4. Widersprüchliche Gefühle

Die Schwangerschaft ist für den werdenen Vater eine Zeit der intensiven Gefühle. Gegensätzliches existiert nebeneinander. Mal dominiert der eine Gefühlszustand, mal der andere. Bestimmte Gefühlszustände stehen dabei besonders im Vordergrund.

Angst vor Veränderungen

Viele Männer erleben die Entscheidung *für* ein Kind als eine Entscheidung *gegen* ihre Freiheit. Dahinter steckt die Angst vor den Veränderungen, die durch ein Kind im Leben eines Mannes bewirkt werden. Diese Angst läßt viele Männer auch in der Schwangerschaft nicht los. Dies gilt nicht selten auch dann, wenn Männer die Entscheidung für ein Kind bewußt getroffen haben und gedacht hatten, daß diese Frage für sie geklärt wäre:

«In letzter Zeit überkommt mich öfter das Gefühl, daß ich irgendwie zu kurz komme oder etwas verpasse, wenn ich mich auf die Beziehung zu dem Kind einlasse. Mir ist klar, daß ganz bestimmte Sachen für mich dann nicht mehr möglich sind. Ich kann z. B. über meine Zeit nicht mehr so frei verfügen. Ich kann nicht einfach so sagen, an dem oder dem Wochenende fahre ich weg, oder ich nehme an dieser oder jener Veranstaltung teil. Das ist nicht mehr drin. Das erlebe ich schon als eine massive Einschränkung, daß ich mich dann jedesmal mit meiner Freundin darüber einigen muß und ich nicht mehr einfach machen kann, was ich will.

Oder neulich haben mich zwei Freunde gefragt, ob ich im nächsten Jahr zum Segeln mitkomme. Da kann ich jetzt nicht mehr einfach so sagen, ja, da habe ich Lust dazu, in meinen Zeitplan paßt das rein, und dann der Inge mitteilen, im nächsten Jahr gehe ich mit Fritz und Paul vier Wochen segeln und fertig. Das erlebe ich schon als eine ganz massive Einschränkung. ... Oder wenn ich daran denke, daß ich abends nicht mehr weggehen kann, wann ich will, oder am Sonntagmorgen nicht mehr gemütlich im Bett liegen ...»

Zu den hier beschriebenen Ängsten kommen bei manchen Vätern noch andere hinzu, die sich auf die Verantwortung für den Unterhalt des Kindes und der Frau (bei verheirateten Vätern) beziehen. Bei den neuen Vätern sind diese Ängste allerdings meist nicht so ausgeprägt, weil die Verpflichtung zur Ernährung der «Familie» nicht mehr auf ihnen allein lastet, sondern auch die Frau ihren Teil dazu beiträgt.

Es kommt nicht von ungefähr, daß die hier beschriebenen Ängste und Befürchtungen gerade in der Schwangerschaft immer wieder massiv aufbrechen. Viele Männer erleben die Schwangerschaft nämlich u. a. als eine Zeit, die mehr oder weniger große Einschränkungen mit sich bringt. Ihre eigenen Bedürfnisse müssen zumindest teilweise hinter die Bedürfnisse der Frau zurücktreten. Auch wenn die Schwangerschaft komplikationslos verläuft, muß der werdende Vater sich in vielerlei Hinsicht umstellen und von liebgewordenen Gewohnheiten Abschied nehmen. Die sich durch die Schwangerschaft verändernden sexuellen Interessen der Frau haben unter Umständen zur Folge, daß der Mann seine sexuellen Bedürfnisse vollkommen zurückstellen muß. Auch das Bedürfnis vieler Schwangeren nach Ruhe und eine Tendenz zum Rückzug in die eigenen vier Wände, verbunden mit den Erwartungen der Frau nach verstärkter emotionaler Unterstützung, fordern vom Mann die Zurückstellung eigener Bedürfnisse.

So kann es eigentlich nicht verwundern, wenn die bei den meisten Männern ohnehin vorhandenen Ängste vor dem Verlust der eigenen Unabhängigkeit sie während der Schwangerschaft zeitweise vorrangig beschäftigen. Verstärkt wird die Fixierung auf diese Angst noch dadurch, daß werdende Väter oftmals keine Möglichkeit sehen, mit ihren Frauen über diese Ängste zu sprechen. Solche Ängste werden von Frauen oft als prinzipielle Infragestellung des gemeinsamen Entschlusses für ein Kind erlebt. Das empfinden viele Frauen schon deshalb als sehr bedrohlich, weil die geringere Bereitschaft des Mannes zur Übernahme von Verantwortung für das Kind von der Gesellschaft durchaus akzeptiert wird und ein Vater deshalb keine große Mißbilligung befürchten muß, wenn er sich aus der Verantwortung für das Kind zurückzieht. Auch erlebt die Frau die Schwangerschaft nach Ablauf der ersten Monate als etwas Unaufhaltsames, was auch bei ihr mit bestimmten Ängsten verknüpft ist. Die Ängste des Mannes wirken dann verstärkend. Sie machen der Frau überdies drastisch klar, daß die Situation des Mannes mit ihrer nicht vergleichbar ist. Diese Erkenntnis mobilisiert bei manchen Frauen die ganze Wut, die sich bei ihnen wegen der gesellschaftlichen Privilegien des Mannes angestaut hat. Angesichts dieser Sachlage ist es nicht verwunderlich, daß es für viele Männer sehr schwierig ist, mit ihrer Frau über ihre Ängste vor Einschränkungen durch das Kind zu sprechen. Die Folge ist, daß Männer diese Ängste mit sich selbst ausmachen müssen und ein Teil dessen, was sie innerlich sehr beschäftigt, aus der Beziehung ausgeklammert bleibt.

Vorfreude

Obwohl die Angst bei manchen Vätern ein sehr dominierender Gefühlszustand sein kann, schließt sie die Freude auf das Kind und die Freude über das intensive Zusammensein mit der Frau während der Schwangerschaft keineswegs aus; bei den meisten Männern existieren vielmehr beide Gefühlszustände nebeneinander. Bei manchen Vätern steht die Freude auf das Kind und das schöne Gefühl des intensiven Zusammenseins mit der Partnerin sogar derart im Vordergrund, daß die Angst vor den durch das Kind zu erwartenden Veränderungen ziemlich in den Hintergrund rückt.

Welcher Gefühlszustand bei werdenden Vätern jeweils dominiert, scheint im übrigen nicht unwesentlich davon abzuhängen, wie sich die Beziehung von Mann und Frau während der Schwangerschaft gestaltet. Da die Beziehung des werdenden Vaters zum Kind im Bauch hauptsächlich über die Mutter vermittelt wird, kann sich Vorfreude auf das Kind oftmals nur dann entwickeln, wenn zwischen Mann und Frau eine enge emotionale Bindung besteht und der Mann alle psychischen und körperlichen Veränderungen der Frau bewußt miterlebt. Je zärtlicher, intensiver und euphorischer sich das Zusammensein während der Schwangerschaft gestaltet, um so mehr wird die Freude auf das Kind im Vordergrund stehen. Bei manchen werdenden Vätern kann man sogar den Eindruck gewinnen, daß die Freude auf das Kind eigentlich gar keine eigenständige Freude ist, sondern mehr das Ergebnis des schönen und intensiven Zusammenseins mit der Partnerin. Der Mann gerät sozusagen in den Sog der Euphorie der Frau, läßt sich mitreißen und anstecken und kann sich so auch viel mehr auf das Kind freuen, das der eigentliche Grund für diese schöne Zeit ist.

An der Freude des werdenden Vaters fällt aber nicht nur auf, daß sie manchmal wenig eigenständig ist, sondern auch, daß die Freude häufig mit bestimmten, männerspezifischen Vorstellungen verknüpft ist. Wenn Männer sich auf Kinder freuen, stellen sie sich oft vor, mit ihnen herumzutoben und viel zu unternehmen, was Spaß macht. In ihrer Vorstellung sind Kinder also meist nicht Säuglinge, sondern durchweg ältere Kinder, mit denen man schon reden und Hand in Hand spazieren gehen kann. Männerspezifisch sind diese Vorstellungen deshalb, weil sie das Verhältnis vieler Männer zu Säuglingen getreu dem alten Vaterbild widerspiegeln.

Die traditionelle Männer- und Vaterrolle macht es Männern nicht nur unmöglich, eine Beziehung zu Säuglingen zu entwickeln, sondern sie klammert auch den Alltag und die Pflege und Betreuung von Kindern aus. Der Vater ist nur für besondere Situationen wie Spielen, Spaziergänge und ähnliches zuständig.

Die hier im Zusammenhang mit der Freude auf Kinder beschriebenen Vorstellungen sind aber keineswegs auf die alten Väter beschränkt, sondern sie finden sich auch bei vielen werdenden Vätern wieder, die ihre Vaterrolle anders gestalten wollen. Es bleibt zu hoffen, daß sich diese Vorstellungen bei den neuen Vätern allmählich dadurch verändern, daß sie im Umgang mit Säuglingen neue und andere Erfahrungen machen und lernen, daß auch die Beziehung zu einem Säugling spannend, faszinierend und lustvoll sein kann.

Gebärneid

Der Mann wird durch die Schwangerschaft mit der Gebärfähigkeit der Frau konfrontiert. Er erlebt, daß die Frau etwas kann, was er nicht kann und nie können wird. So wird er nie ein Kind in sich wachsen und strampeln spüren. Auch jene energiegeladene Euphorie, die viele Schwangere ausstrahlen und auskosten, kann er höchstens in seiner Vorstellung nachzuempfinden versuchen.

Je mehr der Mann am Erleben der Frau teilnimmt und sich auf die Schwangerschaft einläßt, um so eher wird sich bei ihm das Gefühl einstellen, daß ihm als Mann etwas Schönes und Aufregendes, eine zentrale existentielle Erfahrung, verwehrt bleibt. Dieser Neid auf die Gebärfähigkeit der Frau muß ihm dabei keineswegs selbst bewußt sein, wird in seinen Reaktionen aber trotzdem deutlich. So demonstrieren etwa die häufigen Bevormundungsversuche von Vätern im Hinblick auf den Ablauf der Geburt unübersehbar, wie groß bei ihnen der Neid sein muß, wenn sie derartig krampfhaft versuchen, die Überlegenen zu sein.

Zahlreiche Untersuchungen belegen «Schwangerschaftsbeschwerden» von vielen werdenden Vätern, die u. a. als Ausdruck des Gebärneides interpretiert worden sind. Die Väter leiden unter physischen Symptomen wie «Appetitverlust, Zahnschmerzen, Übelkeit und Erbrechen» und auch unter psychischen Symptomen wie «Depression, Spannung, Schlaflosigkeit und sogar Stottern»[1]. Als Ausdruck von Gebärneid sind diese Symptome deswegen interpretiert worden, weil sie in manchem den Schwangerschaftsbeschwerden von Frauen ähneln und von einer starken Identifikation mit dem Erleben der Frau zeugen. Gleichzeitig sind diese Symptome Ausdruck einer Rivalität zu der Frau, die den Mann unbewußt dazu treibt, auch einen eigenständigen «sichtbaren Beitrag» zu Schwangerschaft und Geburt zu leisten.[2] Manche Psychologen gehen sogar so weit, in diesen Symptomen eine moderne Version des Couvade (Männerkindbett) zu sehen. Bei manchen «primitiven» Völkern legt sich der Vater ins Wochenbett, windet sich in scheinbaren Wehen, und es werden an ihm zahlreiche, teilweise schmerzhafte Rituale vollzogen.

Der entscheidende Grund, warum viele werdende Väter in unserer Gesellschaft jedoch gar keinen Neid zu empfinden scheinen, liegt darin, daß in unserer partriarchalischen Gesellschaft die biologischen Fähigkeiten der Frau zu Schwächen und Unzulänglichkeiten umgedeutet wurden. Das führte dazu, daß der Mann während der Schwangerschaft die Überlegenheit der Frau zwar wahrnimmt und sie insgeheim um ihre Gebärfähigkeit beneidet, aber diese Erkenntnis dann alsbald wieder dadurch zu entschärfen versucht, daß er um so rigider an seinem bisherigen männlichen Selbst- und Weltbild von der Unterlegenheit der Frau festhält und allerhand Anstrengungen unternimmt, um sich seine vermeintliche Überlegenheit immer wieder zu beweisen. Es spricht manches dafür, daß der Mann damit auf der individuellen Ebene einen kulturellen und gesellschaftlichen Prozeß wiederholt, der sehr weit zurückliegt:

1 Parke, Ross D.: Erziehung durch den Vater. Stuttgart 1982, S. 23.
2 Buddeberg, C.: Die Schwangerschaft: Reifungskrise für Frau und Mann. In: Schweizerische Rundschau für Medizin (Praxis) 67/1978, S. 6 und Bräutigam, Walter: Gebärneid. In: Psyche 3/1976, S. 312 ff.

«Der Mann war stets eifersüchtig auf die Fähigkeit der Frau, Kinder zu gebären und zu menstruieren. Aus diesem Grund aber gab er sich auch nicht damit zufrieden, diese Möglichkeiten, über die er nicht verfügte, nur in Unzulänglichkeiten umzudeuten, sondern er umstellte sie mit zusätzlich behindernden Ritualen und belegte sie mit Tabus, die in vielen Fällen einer Strafe gleichen.»[1]

Auch wenn dies sicherlich eine spekulative Aussage ist, gewinnt sie doch dadurch Bestätigung, daß der Neid auf die Gebärfähigkeit bei denjenigen Männern am offensten zutage tritt, für die das klassische männliche Selbst- und Weltbild seine Selbstverständlichkeit verloren hat. Je mehr der Mann bestimmte weibliche Eigenschaften bewußt als Stärken erlebt und als etwas, was Frauen Männern voraushaben, um so offener wird er auch gegenüber der Faszination, die die Gebärfähigkeit auf Männer ausüben kann. So gesehen ist der Zugang zu den eigenen Neidgefühlen gerade für die neuen Väter wichtig, um ein neues und anderes Verhältnis zur eigenen Männlichkeit zu bekommen und um nicht dauernd zwanghaft die eigene «Schwäche» überkompensieren zu müssen.

Ob der Mann will oder nicht, er wird sich damit abfinden müssen, daß es einen Bereich gibt, in dem er nicht das «Sagen» hat und den er sich nur mit Unterstützung der Frau erschließen kann. Als einzige Alternative zu dieser Haltung bleibt ihm lediglich die Verdrängung. Mit der Verdrängung kann sich der Mann zwar gegen die Infragestellung seiner bisherigen männlichen Identität schützen. Sie verbaut ihm aber gleichzeitig die Möglichkeit des Miterlebens der Schwangerschaft und die Möglichkeit einer anderen Gestaltung der Vaterrolle. Wenn der Mann sich beide Chancen nicht verbauen will, darf er sich der Krisenerfahrung, die die Schwangerschaft immer auch für den Mann bedeutet, nicht verschließen.

1 Montagu, Ashley: The Natural Superiority of Women. New York 1953. Zit. nach Hoffmann, R.: Mythos Frau. Das gefährliche Geschlecht. Frankfurt a. M. 1978, S. 34. Siehe hierzu auch Bräutigam, Walter, a. a. O., S. 222.

5. Die Schwierigkeit, eine Beziehung zu dem Kind im Bauch der Mutter herzustellen

«Fast alle Männer berichten von einem Gefühl des ‹Draußenseins›, der Abgeschnittenheit von der sinnlichen Erfahrung des entstehenden Lebens, vor allem in den ersten Monaten, des Ausgeschlossenseins von der wachsenden Einheit Mutter-Kind.»[1]

Das Kind im Bauch der Mutter ist dem Mann zumindest in den ersten paar Monaten der Schwangerschaft sehr fern und fremd. Seine Beziehung zum Kind läuft über den Kopf, und sein Gefühlszustand ist eher durch Gleichgültigkeit als durch Mitfühlen-Können bestimmt. Selbst wenn der Mann sich auf das Kind freut und sich das Kind immer schon gewünscht hat, ist damit noch nicht gesagt, daß es ihm so ohne weiteres gelingt, eine emotionale Beziehung zum Kind im Bauch der Mutter anzuknüpfen.

Da der Mann im Unterschied zur Frau das Kind nicht in sich wachsen spürt und auch keine körperlichen Veränderungen erfährt, ist er darauf angewiesen, von außen, über die Frau, einen Zugang zum Kind zu gewinnen. Deshalb ist sein Verhältnis zum Kind auch sehr viel distanzierter als das seiner Frau. Das kann für ihn zum Problem werden:

Ihn verunsichert sein distanziertes Empfinden. Vielleicht macht er sich insgeheim Vorwürfe, daß er so wenig empfindet. Manche Väter erwarten, daß sie schon sehr früh ein intensives Gefühl zum Kind entwickeln müßten. Sie sind dann von sich selbst enttäuscht, wenn sich solche Gefühle nicht sofort einstellen.

Schuldgefühle können noch verstärkt werden, wenn die Frau hohe Erwartungen an das Mitempfinden und Miterleben des werdenden Vaters stellt. Dies ist bei sehr vielen Frauen der Fall. Sie erwarten vom Mann, daß er genauso oder ähnlich intensiv wie sie empfindet, und wollen möglichst viele ihrer Empfindungen mit dem Mann teilen. Da die meisten Männer diesen Erwartungen nicht entsprechen können, sind die Frauen manchmal bitter enttäuscht und reagieren mit Vorhaltungen. Da die Männer aber ihr Empfinden nicht willensmäßig steuern können, reagieren sie auf solche Vorhaltungen nur hilflos. Ihre eigenen, meist ohnehin schon vorhandenen Schuldgefühle werden verstärkt.

1 Engel, Klaus, a. a. O., S. 23.

Ein weiterer Punkt kommt hinzu: Da es bis zur Geburt meist noch lange dauert und das Kind für den werdenden Vater noch gar nicht real und konkret ist, zeigt er oftmals nur wenig Initiative, wenn es um konkrete Vorbereitungen geht. Wenn die Frau die Initiative ergreift, macht der Mann zwar mit, er ergreift aber von sich aus kaum Initiative, um einen eigenständigen Beitrag zu leisten. Wenn die Frau z. B. die Termine zu gemeinsamen Vorbereitungskursen vereinbart hat, machen zwar die meisten Männer bereitwillig mit; viele von ihnen hätten aber zu diesem Zeitpunkt noch nicht die Initiative ergriffen.

Dadurch, daß die Frau auf Grund der Ferne des Mannes zum Kind in die Rolle des Hauptverantwortlichen und des Initiators gedrängt wird, kommt es nicht selten zu Konflikten zwischen den Partnern. Die Enttäuschung der Frau ist vor allem dann besonders groß, wenn sie sich vorgestellt hatte, daß die anfallenden Arbeiten zwischen den Partnern gleich aufgeteilt würden.

Männer können ihr Verhalten und ihre Ansprüche nur über den Kopf regulieren; ihre Gefühle können damit aber nicht Schritt halten. Die Beziehung des werdenden Vaters zum Kind wird weitgehend über die Mutter vermittelt. Wenn sich die Beziehung zur Mutter schwierig gestaltet, wird die Beziehung des werdenden Vaters zum Kind noch schwieriger. Das kann zu einem Teufelskreis führen: Indem die Frau die mangelnde Anteilnahme und das geringe Mitempfinden des Mannes zum Konfliktpunkt in der Paarbeziehung macht und sich emotional distanziert, erschwert sie dem Mann erst recht, eine Beziehung zum Kind zu entwickeln.

Ich meine, daß Frauen akzeptieren sollten, daß es dem Vater anfangs sehr schwerfallen wird, ein Verhältnis zu seinem Kind aufzubauen. Die Erfahrung lehrt, daß mit fortschreitender Schwangerschaft die emotionale Distanz der meisten werdenden Väter immer geringer wird. Eine Hilfe ist, den werdenden Vater so weit es geht an dem Wachsen des Kindes und seinen verschiedenen Lebensäußerungen teilnehmen zu lassen. Die Ultraschalluntersuchungen und die Anwesenheit beim Abhören der kindlichen Herztöne sind für den werdenden Vater besonders wichtig. Wenn er die Herztöne seines Kindes zum ersten Mal hört oder sein Kind zum ersten Mal auf dem Bildschirm des Ultraschallgerätes in Umrissen sieht, wird seine Vaterschaft für ihn konkreter, greifbarer und vorstellbarer:

«... der Ultraschall ... war ein ganz einschneidendes Erlebnis ... (ich) konnte die Umrisse von 'nem Menschen sehen und das Herz schlagen (hören) ... das war so 'n Höhepunkt von visuellem Kontakt ... ich war total aus dem Häuschen ... dann die Kindsbewegungen und die Herztöne, da fühlte ich mich nicht mehr so weit außenstehend ...»[1]

Noch näher kommt den meisten Vätern ihr Kind, wenn sie spüren und sehen können, wie es sich bewegt. Wenn der Bauch der Frau mit fortschreitender Schwangerschaft immer dicker wird und das Kind größer, kann der werdende Vater mit Hilfe der Hebamme oder des Arztes tasten, wie das Kind liegt. Durch die Bauchdecke der Mutter hindurch kann er dann mit einiger Übung je nach Lage die verschiedenen Gliedmaßen des Kindes erspüren und streicheln. So wird es auch ihm nach und nach möglich, seine Distanz zu überwinden und zum ungeborenen Kind allmählich eine immer stärkere emotionale Beziehung zu entwickeln.

Wenn er auch dann noch immer nicht ein ähnlich intensives Verhältnis zu seinem Kind hat wie die schwangere Mutter, sollte sich der werdende Vater keine Schuldgefühle einreden lassen. Er muß seine größere Distanz als Ausdruck seines männerspezifischen Erlebens begreifen und darauf vertrauen, daß seine Beziehung zu seinem Kind nach und nach immer größer werden wird.

6. Veränderungen in der Paarbeziehung

Das Ausmaß der Veränderungen in dieser Zeit hängt auch davon ab, wie sich die Beziehung *vor* der Schwangerschaft gestaltet hat. Den meisten Veränderungen werden die Paare ausgesetzt sein, bei denen beide Partner vor der Schwangerschaft sehr auf ihrer Unabhängigkeit in ihrem eigenen Lebensbereich bestanden haben.

Für sie entsteht durch die Schwangerschaft ein anderes «Grundgefühl». Die Beziehung wird als sehr viel verpflichtender erlebt als vorher. Ein Vater drückte dies mit dem Satz aus, daß er sich jetzt mehr «an die Kandare» genommen fühlte. Der durch das Kind gegebene

1 Engel, Klaus, a. a. O., S. 22.

Zwang, die Beziehung als langfristig zu begreifen, wirft seine Schatten voraus.

In der Folge setzen sich beide Partner sehr viel *intensiver* auseinander als vorher. Das kann z. B. dazu führen, daß bestimmte Verhaltensweisen oder Eigenschaften des Partners, die als störend empfunden werden, denen man aber vorher ausweichen konnte, nicht mehr toleriert werden können. Angesichts der Vorstellung, daß die Beziehung jetzt auf Dauer angelegt ist, kann darüber nicht mehr hinweggesehen werden. Deshalb werden die Auseinandersetzungen jetzt oft nicht nur intensiver, sondern auch härter und konsequenter.

Auseinandersetzungen werden aber auch unausweichlicher, da die Partner viele Entscheidungen gemeinsam treffen und viele Probleme und auch schwierige Situationen gemeinsam bewältigen müssen. Auch die künftige Arbeits- und Rollenverteilung zwischen Mann und Frau kann ein Punkt sein, der unausweichlich zu Auseinandersetzungen führt, wenn beide Partner nicht ähnliche Vorstellungen haben. In vielen Fällen wird es die Frau sein, die ihre Vorstellungen von einer anderen, neuen Rollenverteilung dem Mann nahezubringen versucht, da es *ihr* Leben ist, das sich nach der alten Vater-Mutter-Rolle ganz entscheidend ändern müßte.

Gleichzeitig mit der Zunahme der Intensität und Konsequenz in den Auseinandersetzungen stellt sich meist aber auch Unsicherheit darüber ein, inwieweit in diesen Auseinandersetzungen überhaupt noch Raum für Lösungen liegt. Bei Paaren, die auf Unabhängigkeit Wert legen, wurden Auseinandersetzungen *vor* der Schwangerschaft oft in dem Bewußtsein geführt, daß man sich bei negativem Ausgang ja trennen könne. Das sieht bei der Schwangerschaft für viele anders aus. Die Trennung ist nicht mehr so leicht möglich. Das bedeutet, daß die Bereitschaft, zurückzustecken, zwangsläufig größer werden muß. Wie weit aber kann der einzelne bei seinen Bedürfnissen und Interessen zurückstecken, ohne sich selbst aufzugeben? Gerade die Männer, die die neue Vaterrolle ausfüllen wollen, laufen dabei Gefahr, weniger nach ihren eigenen *Bedürfnissen* zu gehen, sondern sich statt dessen nur noch durch eigene oder fremde *Ansprüche* bestimmen zu lassen.

Eine weitere Veränderung besteht in der größeren *Nähe* zwischen den Partnern, die sich während der Schwangerschaft einstellt. Viele

Frauen haben gerade während der Schwangerschaft ein besonderes Bedürfnis nach Nähe. Dieses Bedürfnis nach Nähe muß bei der Frau nicht unbedingt einhergehen mit gesteigerten sexuellen Bedürfnissen, sondern kann sich auch darin äußern, daß die Frau einfach nur sehr viel und sehr intensiv und nahe mit dem Mann zusammensein möchte.

Dieses Bedürfnis nach Nähe löst bei manchen Männern die Angst aus, daß ihre Ich-Grenzen verschwimmen und sie von der Frau «verschlungen» werden. Für den Mann stellt sich dabei das Problem, wieviel Nähe er zulassen kann, ohne sich bedroht zu fühlen. Manche Männer müssen sich kaum abgrenzen; sie genießen die größere Nähe zu ihrer Partnerin, die ihren eigenen Bedürfnissen entgegenkommt: «Ich habe es sehr genossen, daß ich während der Schwangerschaft das Gefühl hatte, eingebunden zu sein. Daß sich zwischen uns ein so intensives Zusammengehörigkeitsgefühl hergestellt hat, wie nie vorher ... Ich hatte auch nie Angst, daß die Beziehung zu eng werden könnte.»

Wenn ein Mann sich von soviel Nähe aber bedrängt und vereinnahmt fühlt, kann dies in der Beziehung ein nicht zu unterschätzender Konfliktpunkt werden. Da der Mann an der Schwangerschaft verständlicherweise nur über die Frau teilnehmen kann, wird eine distanzierte Beziehung echte Probleme aufwerfen. Um das zu verhindern, muß der Mann offen mit seiner Partnerin über seine Empfindungen sprechen. Wenn ihm das schwerfällt, sollte er darüber zunächst einmal mit anderen Männern oder werdenden Vätern sprechen, um die gegenüber seiner Frau bestehenden Hemmungen abzubauen. Das gilt auch für den Fall, wenn der Mann mit den emotionalen Veränderungen, die er bei der Frau wahrnimmt, nicht klarkommt. «Eine werdende Mutter ist besonders empfindlich gegenüber jeder Andeutung, daß irgend etwas nicht so sei, wie es sein sollte.»[1] Für Männer stellt sich das Problem, wie sie mit der größeren Ängstlichkeit und Empfindsamkeit der Schwangeren umgehen. Sie müssen dabei aufpassen, daß sie nicht in ihre alte Männerrolle zurückfallen und die «Schwäche» der Frau nur ihre vermeintliche Stärke zu bestätigen scheint. Für die Frau ist es in erster Linie wichtig, daß sie sich über ihre Ängste aussprechen

---

1 Kitzinger, Sheila: Natürliche Geburt. Ein Buch für Mütter und Väter. München 1980, S. 75.

kann und daß sie das Gefühl hat, daß der Mann sie versteht und sie sich in allen Situationen auf seine Unterstützung verlassen kann:

«... eine Frau ... mag noch so gut informiert sein und noch so viel Selbstvertrauen haben, so wird sie dennoch verletzbarer und empfindsamer sein als sonst – sie entwickelt gegenüber Häßlichkeit und Grausamkeit leichter ein Gefühl des Abscheus und der Übelkeit und ist durch Schönheit und Zärtlichkeit bereitwilliger zu beeindrukken.»[1]

Bei Frauen, deren Schwangerschaft ohne körperliche Beschwerden verläuft und die eine positive Einstellung zu den durch die Schwangerschaft bedingten körperlichen Veränderungen haben, treten meist auch keine sexuellen Probleme auf. Da der Mann mit seinen Bedürfnissen relativ wenig zurückstecken muß, kommt es auch seltener vor, daß der Mann auf das Kind im Bauch eifersüchtig ist; er kann auf die positiven emotionalen Veränderungen der Frau meist gut eingehen.

Sehr belastend kann es für Männer sein, wenn es der Frau über längere Zeit während der Schwangerschaft körperlich und psychisch schlechtgeht. Ein Vater berichtet:

«O. geht es schon von Anfang der Schwangerschaft nicht besonders gut. Sie muß sehr oft erbrechen und fühlt sich körperlich dauernd sehr müde. Dementsprechend ist sie oft sehr niedergeschlagen und hat auch öfter ziemlich miese Laune.

Anfangs konnte ich noch ganz gut darauf einsteigen. Aber mittlerweile habe ich ständig das Gefühl, daß ich zu kurz komme. Ich kann nicht dauernd nur geben, sondern möchte mich auch mal wieder anlehnen können und betüteln lassen.

... Gerade jetzt ist mir so richtig bewußt geworden, wie abhängig ich von der emotionalen Zuwendung meiner Freundin bin und wie sehr ich innerlich aus dem Gleichgewicht gerate, wenn ich zu wenig Wärme und Zärtlichkeit bekomme.»

Wenn man bedenkt, wie abhängig viele Männer von der emotionalen Unterstützung und Stabilisierung durch ihre Partnerinnen sind, dann kann man ermessen, was es für Männer bedeuten kann, wenn sie dies in ihrer Beziehung für eine längere Zeit nicht mehr erwarten können.

Die Frauenbewegung behauptet immer wieder, der Mann sei ohne

1 Kitzinger, Sheila, a. a. O., S. 65.

weibliche Zuwendung überlebensunfähig. Wenn ich das auch nicht in dieser extremen Aussage unterstreichen will, ist es sicher eine Tatsache, daß Männern das Zurückstellen eigener Bedürfnisse sehr viel schwerer fällt als Frauen, die durch ihre weibliche Sozialisation eher auf Zurückstecken und Sich-Aufopfern «getrimmt» sind.

Gerade im Umgang mit Neugeborenen ist die Fähigkeit, eigene Bedürfnisse zurückstellen zu können, in vielen Situationen unentbehrlich. Männer müssen hier also Verhaltensweisen lernen, die zwar in ihrer Männersozialisation nicht vorgesehen waren, für einen Vater aber unentbehrlich sind.

So gesehen sind viele der Probleme, die sich in der Schwangerschaft ergeben, für den Mann ein wichtiges Vortraining für die spätere Vaterrolle. Vieles, was der Mann an Lernprozessen und -krisen während der Schwangerschaft durchmacht, sind notwendige und unentbehrliche Prozesse, in deren Verlauf der Mann allmählich zum Vater wird. Wie alle wirklichen Veränderungsprozesse läuft auch dieser nicht ohne Schmerzen ab. Da er viel lernen muß, hat es auch für ihn durchaus einen Sinn, daß die Schwangerschaft neun Monate dauert. Eigentlich ist diese Zeit noch viel zu kurz.

7. Zur Rolle des werdenden Vaters

Da der Mann von der Gesellschaft und seiner Umgebung in keiner Weise in seiner Vaterwerdung unterstützt wird, ist es für ihn nicht einfach, seine Frau zu unterstützen. Wichtig wäre für den werdenden Vater nicht nur, daß seine Bemühungen und Anstrengungen, sein «Beitrag» zur Schwangerschaft, von seiner Umgebung anerkannt werden, sondern auch, daß er in seiner Umgebung für seine Probleme und Erfahrungen ein offenes Ohr findet und emotional unterstützt wird.

Ich habe weiter vorne vorgeschlagen, daß werdende Väter sich in Gruppen zusammenschließen, um ihre Probleme gemeinsam zu besprechen. Ich persönlich habe von solchen Gruppen viel profitiert und möchte jedem werdenden Vater die Teilnahme sehr empfehlen. Wie man solche Gruppen selbst initiieren und das Gespräch unter Männern in Gang bringen kann, soll im nächsten Kapitel näher ausgeführt werden. Natürlich muß es sich dabei nicht unbedingt um Selbsthilfegruppen handeln, sondern sie können auch im Rahmen von Geburtsvorbereitungskursen angeboten werden. Bisher wird allerdings in den üblichen Geburtsvorbereitungskursen das männerspezifische Erleben kaum berücksichtigt. Im besten Falle wird der Mann durch solche Kurse lediglich darauf vorbereitet, wie er die Frau bei der Geburt unterstützen kann. Dies ist zwar auch sehr wichtig, reicht aber nicht aus.

Die Unterstützung des werdenden Vaters müßte neben dem Gespräch über seine männerspezifischen Probleme auch noch *konkrete* Hilfen bei Gestaltung *seiner* Rolle umfassen. Manche werdenden Väter wissen z. B. nicht, wie sie überhaupt an der Schwangerschaft «teilnehmen» und was sie konkret zur Unterstützung ihrer Frau tun können. Folgende Möglichkeiten sehe ich:

○ *Gemeinsame Besuche beim Frauenarzt(ärztin)* sind nicht nur wichtig, weil die Anwesenheit des werdenden Vaters beim Abhören der kindlichen Herztöne und bei der Ultraschalluntersuchung entscheidende Schritte für den Aufbau einer emotionalen Beziehung zum Kind im Bauch der Mutter darstellen. Wichtig sind die gemeinsamen Besuche auch, weil der werdende Vater Informationen über den Verlauf der Schwangerschaft erhält und selbst Fragen stellen kann. Es wird ihm dann viel leichter fallen, an dem Erleben der Frau Anteil zu nehmen.

Für viele Männer sind Besuche beim Frauenarzt allerdings keine einfache Sache. Sie haben das Gefühl, sich in Frauenangelegenheiten einzumischen und kommen sich oft überflüssig vor. Manchen erscheint es insgeheim auch unmännlich, sich derartig um Frauensachen zu kümmern.

Da Männer dazu neigen, die Gesprächsführung an sich zu reißen, kommen sie oftmals mit ihrer Rolle bei solchen Besuchen nicht klar. Wenn sie ihre Frau nicht bevormunden wollen, wissen sie nicht, wie sie sich einbringen sollen. Es besteht leicht die Gefahr, daß sie, entgegen ihrer Absicht, anstelle der Frau Fragen stellen und sprechen. Um nicht in solche Verhaltensweisen zu verfallen, sollten Männer sich auf diejenigen Themen beschränken, die für sie von speziellem Interesse sind, und alles andere der Frau überlassen.

○ Dem Mann wird das Miterleben der Schwangerschaft erleichtert, wenn er möglichst *viel freie Zeit* hat und auch mit außerhäuslichen Anforderungen nicht zu sehr belastet ist. Zum gemeinsamen Erleben der Schwangerschaft gehört das offene und entspannte Gespräch unbedingt dazu, das nur in einer Atmosphäre möglich ist, in der der Mann zeitlich und psychisch durch andere Aufgaben nicht überlastet ist. Auch die gemeinsamen Vorbereitungen (Einkäufe, Säuglingspflegekurse usw.) erfordern viel Zeit, wenn sie beiden Partnern Spaß machen und nicht nur als eine zusätzliche Belastung empfunden werden sollen. Genug freie Zeit braucht der Mann auch, wenn er der Frau bestimmte, körperlich anstrengende Arbeiten abnehmen will. Beide Partner sollten im übrigen während der Schwangerschaft möglichst viel gemeinsam unternehmen, um die letzte Zeit, die sie noch alleine (ohne Kind) verbringen können, wirklich zu genießen und die Nähe und das intensive Zusammensein, die die Schwangerschaft mit sich bringt, auszukosten.

o Wenn die Frau auf Grund der Schwangerschaft aufgehört hat zu rauchen, sollte auch der Mann das *Rauchen aufgeben*, um sie zu unterstützen. Viele schwangere Frauen empfinden das Rauchen ohnehin als sehr störend.

o Eine weitere konkrete Unterstützung besteht darin, daß der Mann das tägliche *Einölen* und *Massieren* des Bauches der Frau (zur Vermeidung von Schwangerschaftsstreifen) übernimmt. Damit tut er nicht nur seiner Partnerin etwas Gutes, sondern es schafft auch mehr körperliche Nähe zwischen beiden Partnern. Gleichzeitig kann der Mann dabei spüren, wie das Kind allmählich wächst, sich bewegt und immer mehr konkrete Gestalt annimmt.

o Im ersten Drittel der Schwangerschaft kann der Mann die Frau dadurch unterstützen, daß er morgens als *erster aufsteht* und ein kleines Vorfrühstück ans Bett bringt. Wenn die Frau vor dem Aufstehen schon eine Kleinigkeit ißt, kann die morgendliche Übelkeit verhindert werden. Gleichzeitig ist dies eine gute Vorübung für die Zeit, wenn das Kind da ist.

Diese Hilfen sollte der werdende Vater nicht als Pflichtübungen oder -pensum ansehen. Sie sollen ihm auch Spaß machen! Wenn er zu dem einen oder anderen Vorschlag keine Lust hat, sollte er sich nicht dazu zwingen.

IV. Vorbereitung auf die Geburt und die Zeit danach

Nimmt man das männerspezifische Erleben von Schwangerschaft, Geburt und der Zeit danach wirklich ernst, so ergibt sich als zwangsläufige Konsequenz, daß werdende Väter ebenso wie werdende Mütter einer speziellen Vorbereitung bedürfen. Wenn der Vater sich in ähnlicher Weise wie die Mutter um das Kind kümmern soll, muß er auch in ähnlicher Weise auf diese Situation vorbereitet sein. Da sich auf Grund der unterschiedlichen gesellschaftlichen Rollen von Mann und Frau für beide teilweise unterschiedliche Probleme bei der Verarbeitung und Bewältigung des Vater- bzw. Mutterwerdens ergeben, reicht eine *gemeinsame* Vorbereitung von Mann und Frau auf die Geburt und die Zeit danach *nicht* aus.

Wenn Männer ihre Vaterrolle nicht im traditionellen Sinne gestalten wollen, reicht es nicht, wenn sie genauso wie die Mutter über Säuglingspflege Bescheid wissen und angeleitet werden, wie sie die Frau bei der Geburt praktisch unterstützen können. Die Vorbereitung auf die Geburt und Zeit danach muß vielmehr bei Männern die Sensibilisierung für ihre eigenen Gefühle und die Rollenzwänge der alten Männerrolle mit einschließen.

Daß der werdende Vater für sich die Notwendigkeit für eine männerspezifische Vorbereitung auf die Geburt und die Zeit danach sieht, ist allerdings nicht selbstverständlich. Für viele Väter ist es schon ein sehr großer Schritt, überhaupt an einem Vorbereitungskurs gemeinsam mit der Frau teilzunehmen. Die Bereitschaft zu einer speziellen Vorbereitung für werdende Väter setzt darüber hinaus den Wunsch zu einer anderen, neuen Gestaltung der Vaterrolle voraus.

Nun kann es durchaus sein, daß der werdende Vater zwar die Bereitschaft zu einer Neugestaltung seiner Rolle hat, aber für sich nicht die Notwendigkeit sieht, an einer speziellen Vorbereitungsgruppe für Väter teilzunehmen, da er keinen Widerspruch zwischen neuer Vater-

und alter Männerrolle erlebt. Spezielle Vorbereitungsgruppen für Väter sind auch für diese Männer keineswegs überflüssig, da ein wichtiger Schwerpunkt sowieso das männerspezifische Erleben von Schwangerschaft und Geburt sein sollte und es nicht nur – nicht einmal primär – um die Befreiung des Mannes gehen sollte.

Im folgenden soll zunächst auf die Möglichkeiten der Vorbereitung gemeinsam mit der Frau eingegangen werden. Zur Vorbereitung auf die Geburt gehört ferner die Abklärung der Frage, ob beide Partner eine Haus- oder eine Krankenhausgeburt möchten. Auch in dieser Frage soll Entscheidungshilfe gegeben werden. Daran sollen sich Überlegungen zur eigenen Gestaltung der Vaterrolle anschließen und Möglichkeiten der Bildung von Vätergruppen aufgezeigt werden.

1. Vorbereitungskurse für Mann und Frau
von Dr. med. Jürgen Alt

Dem werdenden Vater wird es schwerfallen, die tiefe Sehnsucht einer Frau nach einem Kind zu begreifen und zu würdigen. Sicher sehnt auch ein Mann sich nach Kindern, aber doch anders, denn es ist die Frau, die das Erlebnis hat, ein Kind in ihrem Körper zu tragen, es zu gebären und zu stillen. Der Mann, der nicht nur passiv an diesem Geschehen teilhaben will, ist aufgefordert, sich ebenfalls zu verändern, wenn auch seine Veränderungen mehr als Antwort auf das «Wunder» erfolgen, das sich in seiner Frau vollzieht, als daß sie aus ihm selbst herauskommen. Ohne diese «emotionale Beteiligung» an der Schwangerschaft würde der Mann sein Teilnahme an gemeinsamen Vorbereitungskursen sicher als enttäuschend empfinden, da im wesentlichen nur vermittelt wird, wie der Mann seiner Frau eventuell helfen kann, nicht aber wie er mit seinen eigenen Problemen und Ängsten fertig werden soll.

Sinn gemeinsamer Geburtsvorbereitung kann nur sein, daß auch der Vater in seinem neuen Rollenbewußtsein bestärkt und in das gesamte Geschehen von Schwangerschaft, Geburt und der Phase danach aktiv einbezogen wird. Dabei sollten seine Bedürfnisse und Emotionen nicht außer Acht gelassen werden, ja, die Kurse sollten von den werdenden Vätern – wenn sie sich nicht extra in Vätergruppen zusammenfinden – stärker dazu benutzt werden, eigene Gefühle anzusprechen.

Es wird vielfach übersehen, daß es nicht allein um die Vorbereitung auf eine *Entbindung* geht, die ja ein sehr kurzes – wenn auch sehr wichtiges – Ereignis im Leben einer Frau darstellt, sondern um die *Geburt eines Kindes* und die Entstehung einer Familie, was für Vater und Mutter gleichermaßen wichtig ist.

Aufgabe erfahrener Geburtsvorbereiter/innen muß es sein, das Paar, besonders aber die teilnehmenden Männer dazu zu ermuntern, eigene Fragestellungen anzubringen, und den Vätern das Gefühl zu vermitteln, nicht nur dazugenommen worden zu sein, sondern eigene wichtige Vaterfunktionen zu erfüllen und in ihrer neuen Vaterrolle ernst genommen zu werden. Die gemeinsam zu erlebende Geburt setzt sicher eine – wie auch immer geartete – gemeinsame Vorbereitung voraus, die aber auch eine Auseinandersetzung mit den eigenen Gefühlen und eigenem Rollenverständnis beinhalten sollte. Viele Männer werden das Bedürfnis haben, sich aktiv an geburtsvorbereitenden Maßnahmen zu beteiligen. Was kann ein werdender *Vater* von einem Schwangerschaftskurs erwarten?

Im Prinzip sollten Entspannungsübungen, Grundübungen des autogenen Trainings, psychologisch rhythmisierte Atemübungen, Aufklärung über die normalen Geburtsvorgänge (mit Anschauungsmaterial), die Diskussion von Fragen über den Geburtsablauf sowie Gruppengespräche über die mit der Schwangerschaft und Geburt zusammenhängenden Probleme zum Kursprogramm gehören. Auch die Eltern-Kind-Beziehung, die physiologischen und psychologischen Aspekte des Stillens, des Haut- und Körperkontaktes zwischen Mutter und Kind und auch zwischen Vater und Kind sollten im Interesse positiver frühkindlicher Entwicklung erörtert werden. Dies geht über die reine Vorbereitung auf das Ereignis Geburt sicher hinaus, aber schließlich erschöpft sich die Aufgabe der werdenden Eltern nicht damit, ein Kind zu bekommen, sondern darin, es anzunehmen, es zu begreifen und seine Entwicklung zu fördern, was für Vater und Mutter gleichermaßen gilt. Oftmals wird zu den Kursen ein Arzt für einen Vortrag über die Geburt eingeladen. Dem Gespräch in der Gruppe bzw. mit der Kursleiterin oder dem Arzt, das auch bis zu Ängsten, Befürchtungen oder Ärgernissen vorstoßen sollte, ist aber ungleich größere Bedeutung beizumessen.

Nur dadurch lernt man, daß auch andere Kursteilnehmer Ängste haben und nur durch das gemeinsame Gespräch lassen sich eventuelle Befürchtungen, falsche Vorstellungen, Vorurteile und Informationslücken beseitigen.

Für Geburtenvorbereitungskurse gibt es in der Bundesrepublik Deutschland kein einheitliches Konzept, zu unterschiedlich sind die «Schulen», die Kursleiterinnen ausbilden, und zu unterschiedlich sind die Erfahrungen der Lehrenden. Es gibt auch keine geschützte Berufsbezeichnung «Geburtsvorbereiterin», sondern im Grunde kann jeder, der es sich zutraut und über Spezialkenntnisse verfügt, einen Geburtsvorbereitungskurs anbieten und durchführen. So sind es Krankengymnastinnen, Turnlehrerinnen, Hebammen oder Sozialarbeiter, die solche Kurse durchführen. Das werdende Elternpaar hat dementsprechend die Qual der Wahl oder sucht sich die regional am günstigsten gelegene Möglichkeit aus. Die meisten Kurse beruhen auf der Basis des Read'schen Gedankenguts.

Der englische Gynäkologe und Geburtshelfer *Grantly Dick-Read*[1] hat in den dreißiger Jahren als erster den bis dahin wenig beachteten Zusammenhang von Angst, Spannung und Schmerz (siehe Abbildung) klar herausgearbeitet und die Beseitigung der Angst sowie geistige, emotionale und körperliche Beruhigung und Entspannung in den Mittelpunkt seiner Überlegung gestellt. Es soll dabei zu einer bewußten Entspannung kommen, wodurch die Wehen besser verarbeitet werden können.

Eine unvorbereitete Frau reagiert mit Angst und Schrecken, wenn Wehen auf sie zukommen. Sie verfügt über keine wirksame Reaktion, mit der sie die starken Empfindungen während der Wehe verdrängen könnte. Als normale Reaktion auf die Kontraktionen reagiert eine unvorbereitete Frau mit Anspannung und Verkrampfung des Körpers. Während sich die Gebärmutter zusammenzieht, spannt sie auch den Rest des Körpers an. Das aber ist genau die falsche Reaktion, weil Anspannung die Schmerzempfindung erhöht.

Wenn eine Frau vor den Kontraktionen und während der Kontraktionen Angst empfindet, widersetzt sie sich unbewußt der Geburt des Kindes, sie verstärkt dadurch ihre Verkrampfung und die Spannung

1 Dick-Read, Grantly: Mutter werden ohne Schmerz. Hamburg 1977.

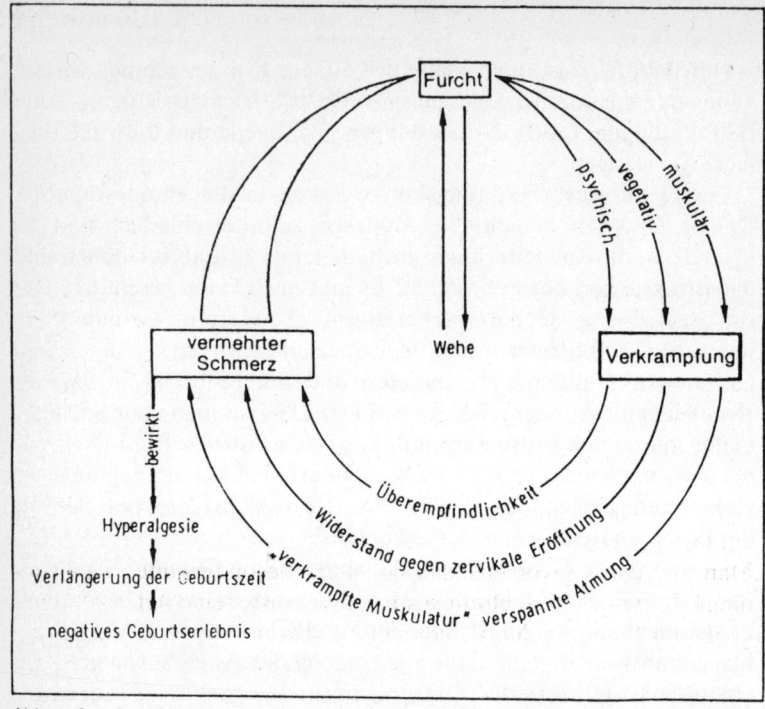

Abb. 1: Das Furcht-Verkrampfungs-Hyperalgesie-Syndrom – modifiziert nach dem Angst-Spannungs-Schmerz-Syndrom nach Read

der Gebärmutter und arbeitet somit den Kontraktionen regelrecht entgegen.

Das Fehlen der harmonischen Zusammenarbeit der Muskeln verursacht damit die größten Beschwerden unter der Geburt. Eine vorbereitete Frau hat hingegen nach Read gelernt, die Kontraktionen nicht als Schmerz anzusehen, sondern als starke Empfindung, durch die der Gebärmuttermund eröffnet wird und die die Geburt voranbringt. Sie weiß, daß sie auf starke Kontraktionen mit bewußter Entspannung und richtiger Atmung reagieren muß. Dabei bedeutet bewußte Entspannung nicht einfach Passivität. Da die Gebärmutterkontraktionen selbst nicht kontrollierbar sind, muß erlernt werden, andere Muskeln im Körper aktiv zu spannen und zu entspannen. Dabei muß besonders die Beckenbodenmuskulatur trainiert werden, denn es sind gerade diese Muskeln, die sich am ehesten verkrampfen und die die stärkste Kontrolle verlangen. Genauso, wie man Spannung und Entspannung bewußt kontrollieren kann, läßt sich die Atmung trainieren. Das Geheimnis des richtigen Atmens besteht nach Read in bewußter Regelung sowohl des Ein- wie des Ausatmens. Niemand kann körperliche oder geistige Höchstleistungen vollbringen, wenn er nicht richtig atmet. Das richtige Atmen während der Geburt soll nicht nur der Gebärmutter helfen, das Kind hinauszubefördern, sondern es soll auch das Kind während des Geborenwerdens durch vermehrte Sauerstoffzufuhr in guter Verfassung erhalten. Intensiver Unterricht über die Physiologie der Atmung sowie der Anatomie der Gebärmutter usw. unterstützen die Read'sche Lehre.

Die *Russische Schule* betrachtet dagegen die schmerzlose Geburt als ein durch intensive Schulung und geistige Arbeit erreichbares Ziel. Man ging dabei davon aus, daß sich durch besonders intensives Training bestimmter Muskelreflexe und Atemmuster eine Art künstliches «Hirnzentrum» für den Geburtsablauf schaffen lasse, das dann die Geburt sozusagen automatisch steuert und weitgehend schmerzlos ablaufen läßt. Diese Methode wurde in Frankreich mit Entspannungsübungen im Sinne Reads kombiniert. Hier bezog man außerdem den Mann erstmals in die Vorbereitung mit ein. In der Bundesrepublik werden zur Zeit Partnerkurse ebenfalls häufig als sog. «Lamaze»-Kurse angeboten, zurückgehend auf den französischen Geburtshelfer und Begründer der «Psychoprophylaxe», *Fernand Lamaze*. Zum besseren Verständnis möchte ich auf die Grundlagen der Lamaze-Methode eingehen. Basierend auf der Pawlow'schen Reflex-Theorie[1] sollen durch intensives Erlernen bestimmter, je nach Ge-

1 Bei dem berühmten Pawlow'schen Versuch (J. P. Pawlow 1849–1936) wurde einem Hund gleichzeitig mit dem Ertönen einer Glocke Fressen angeboten und der Speichelfluß gemessen. Nach einer bestimmten Trainingszeit wurde nur das Klingelzeichen ohne Nahrungsangebot ausgelöst und ebenfalls der Speichelfluß gemessen. Auf Grund des erlernten Reflexes: Klingelzeichen bedeutet Fressen, reagierte der Hund wiederum mit Speichelsekretion, womit bewiesen war, daß es durch Lernprozesse *bedingte* Reflexe gibt, die sich bei entsprechendem Training ausbilden lassen.

burtsfortschritt differenter Atemmuster, diese im «Ernstfall» sozusagen automatisch auf Grund eines gebahnten oder bedingten Reflexes durchgeführt werden. Dadurch soll es zu einer weitgehenden Schmerzausschaltung kommen. Dem Mann wird dabei die Rolle des aufmerksamen Beobachters und Wehenkontrolleurs zugedacht, der mit seiner Frau atmet, korrigierend eingreift und hilft. Zwar ist dieses Reflexmodell sehr einprägsam, wenn auch unbewiesen, und es wird dem komplexen Vorgang Geburt sicherlich nicht gerecht. Eine psychologisch rhythmisierte Atmung, die dem eigenen Rhythmus der Frau angepaßt und nicht aufgezwungen ist, ist sicherlich physiologischer und kann von der Frau eventuell mit Hilfe des Mannes auch besser durchgehalten werden (s. Kapitel «Geburt»). Hat der Mann in einer Partnerschaft die dominierende Rolle übernommen, so besteht oft auch die Gefahr, daß er sich so intensiv an Vorbereitung und Geburt beteiligt, daß er – wie Sheila Kitzinger es ausdrückt – zum «Geburtstrainer» für seine Frau wird, sich einen nahezu perfekten Sachverstand über alles, was mit Schwangerschaft und Geburt zu tun hat, aneignet und damit seiner Frau das Gefühl gibt, sie müsse ihm eine großartige Leistung vorführen. Hat sich ein solches Paar nach Lamaze vorbereitet, wird der Mann versuchen, die erlernten Atemtechniken auf «Biegen und Brechen» mit seiner Frau durchzuführen. Ist sie dann unter dem starken emotionalen Druck der Wehen nicht imstande durchzuhalten, kann es leicht zur Katastrophe kommen, auch in der Beziehung des Paares, da die Frau das Gefühl haben wird, versagt zu haben. Andere Formen der psychologischen Geburtsvorbereitung werden vielfach versucht, bzw. werden in Geburtsvorbereitungskursen, je nach Ausrichtung der Kursleiter, eingebracht. Um nur einiges zu nennen, seien hier *Hypnose, verhaltenstherapeutische* Verfahren, *autogenes Training* und *Yoga*-Übungen angeführt. Wiederum aus Frankreich kommt neuerdings eine Bewegung, die auf alle bewußten Geburtsvorbereitungsmaßnahmen verzichten will und im Vertrauen auf die Natürlichkeit des Geburtsvorganges auf das richtige «Instinktverhalten» der Frauen unter der Geburt baut.

Der Sinn vorgeburtlicher Übungsverfahren sollte prinzipiell nicht so sehr darin bestehen, Geburtstechniken oder raffinierte Ablenkungsverfahren zu vermitteln (durch die das Geburtserlebnis unter Umständen stark negativ beeinträchtigt werden kann), sondern die Vorbereitung sollte den gemeinsamen Erfahrungen des Paares Rechnung tragen und das gefühlvolle Miteinander fördern. So ist die *Methode*, nach der Väter und Mütter gemeinsam vorbereitet werden, sicher nicht das allein Entscheidende, sondern die *emotionale* Beteiligung des Mannes an der Schwangerschaft seiner Frau.

2. Vaterschaftsanerkennung Ja oder Nein?

Diese Frage stellt sich in aller Regel lediglich für *nichteheliche* Väter. Natürlich kann auch der eheliche Vater seine Vaterschaft anfechten, dies ist aber ein kompliziertes Verfahren, und die Voraussetzungen hierfür werden selten gegeben sein. Die Probleme des ehelichen Vaters mit der Vaterschaft sollen deswegen hier ausgeklammert bleiben.

Bei den folgenden Überlegungen wird davon ausgegangen, daß der nichteheliche Vater wirklich der Kindsvater ist und daß darüber bei ihm keine Zweifel bestehen. Was ein Mann machen kann, wenn er fälschlicherweise als Vater angegeben wurde, soll hier nicht ausgeführt werden. Auf jeden Fall sollte ein solcher «Vater» einen Rechtsanwalt aufsuchen und sich beraten lassen.

Wenn der nichteheliche Vater, der sich seiner Vaterschaft sicher ist, die Vaterschaft nicht anerkennen möchte, dann ist dies nur möglich, wenn er sich mit seiner Freundin darüber einig ist, daß sie den Namen des Kindsvaters auf gar keinen Fall gegenüber den Behörden preisgibt. Die Mutter ist grundsätzlich nicht verpflichtet, gegenüber den Behörden den Namen des Vaters zu nennen. Nennt sie den Namen des Vaters nicht, riskiert sie jedoch eine Reihe von *Nachteilen*, die schwer ins Gewicht fallen können.

Der Bundesgerichtshof hat in einem am 14. 1. 1982 veröffentlichten Grundsatzurteil entschieden, daß die Mutter es sich in einem solchen Fall «in der Regel gefallen lassen»[1] müsse, daß ihr ein *Amtspfleger* zugewiesen wird. Wenn die Mutter um eine Amtspflegschaft herumkommen möchte, muß sie dem Vormundschaftsgericht bzw. dem Jugendamt gegenüber aufzeigen können, «daß die Aufrechterhaltung der Pflegschaft dem Wohl des Kindes abträglich ist».[1] Dies dürfte in

1 Aktenzeichen IV B 2B 783/81

aller Regel nicht einfach sein und wird in den meisten Fällen zu einem komplizierten Verfahren mit sehr unsicherem Ausgang führen.

Nachteile können der Mutter auch dann entstehen, wenn sie Sozialhilfeempfängerin ist oder *Sozialhilfe* beantragen möchte. Angesichts des massiven Spardruckes im Bereich der Sozialhilfe haben die Träger der Sozialhilfe aber ein großes Interesse, «vermeidbare» Ausgaben nicht zu tätigen. Konkret würde dies für Mütter, die den Vater nicht angeben wollen, bedeuten, daß sie selbst zum Kostenersatz herangezogen werden können.

Aber nicht nur die Mutter hat Nachteile, wenn sie den Vater nicht angibt. Die Nichtanerkennung der Vaterschaft bringt auch für den nichtehelichen Vater eine Reihe von Nachteilen mit sich, die er sich genau überlegen sollte. Der schwerwiegendste Nachteil besteht in der Tatsache, daß der nichteheliche Vater nicht in der Öffentlichkeit als Vater auftreten kann. In bezug auf das Kind ist er völlig rechtlos.

Demgegenüber hat der nichteheliche Vater, der die Vaterschaft anerkennt, doch einige Möglichkeiten, als Kindsvater in der Öffentlichkeit und gegenüber Behörden aufzutreten. Zwischen dem nichtehelichen Vater und dem Kind wird durch die Anerkennung von Vaterschaft ein Verwandtschaftsverhältnis begründet. Außerdem kann dem Vater unter bestimmten Voraussetzungen ein Besuchsrecht vom Vormundschaftsgericht zugesprochen werden. Falls die Mutter sterben sollte, kann er das Sorgerecht bekommen. Dies ist nahezu unmöglich, wenn der Vater die Vaterschaft nicht anerkennt, da eine der Voraussetzungen für die Übertragung des Sorgerechtes in einem solchen Falle die Vaterschaftsanerkennung ist (Näheres siehe S. 217).

Der einzige *Vorteil*, den die Nichtanerkennung der Vaterschaft mit sich bringt, ergibt sich daraus, daß der Vater dem Kind gegenüber nicht zu Unterhalt verpflichtet ist. Man kann sicherlich darüber streiten, ob eine moralische Verpflichtung zum Unterhalt besteht. Selbstverständlich kann der Vater, der seine Vaterschaft nicht anerkannt hat, auch freiwillig Unterhalt bezahlen. Dann stellt sich allerdings die Frage, warum er nicht die Vaterschaft anerkennt.

Da der Vater die Nichtanerkennung seiner Vaterschaft nur dann durchhalten kann, wenn seine Freundin bereit ist, die aufgezählten Nachteile in Kauf zu nehmen, macht er sich von dem Wohlwollen seiner

1 Siehe hierzu: päd. extra Schularbeit 5/1982, S. 11.

Freundin abhängig. Wenn sie ihn später doch als Vater angibt, werden die Unterhaltszahlungen rückwirkend fällig. Damit kann sie ihn massiv unter Druck setzen. Dies dürfte eine auf die Dauer nicht zu unterschätzende psychische Belastung für den nichtehelichen Vater darstellen.

Die hier aufgezählten Vor- und Nachteile der Nichtanerkennung der Vaterschaft sollten meiner Meinung nach nicht die hauptsächlichen Entscheidungskriterien in dieser Frage sein. Jeder werdende Vater sollte die Entscheidung in dieser Frage in erster Linie davon abhängig machen, wieviel er selbst mit dem Kind zu tun haben will.

Für den Vater, der die Vaterschaft anerkennen möchte, ist es wichtig zu wissen, wie dies konkret vor sich geht. Um eine Amtspflegschaft für das Kind von vornherein zu vermeiden, empfiehlt es sich, die Anerkennung der Vaterschaft zusammen mit dem Antrag der Mutter auf Aufhebung der Amtspflegschaft schon *vor der Geburt* vorzunehmen. Einem Antrag auf Nichteintreten einer Amtspflegschaft wird in der Regel stattgegeben, wenn der Vater die Vaterschaft anerkannt hat.

Am besten geht der Vater gemeinsam mit der Mutter zum zuständigen *Jugendamt* und gibt dort die Vaterschaftserklärung ab. Der Vater kann eine solche Erklärung auch beim Notar oder direkt beim Vormundschaftsgericht abgeben. Die Vaterschaftserklärung ist «nur wirksam, wenn sie öffentlich beurkundet wird».[1] Formal muß dieser Erklärung auch das (ungeborene) Kind zustimmen. Die Zustimmung des Kindes geschieht durch die Mutter oder einen gesetzlichen Vertreter (z. B. das Jugendamt) und muß ebenso öffentlich beurkundet werden. Bei Abgabe der Vaterschaftserklärung sollte der Vater allerdings darauf achten, was er außer der Vaterschaftserklärung noch alles unterschreibt. So ist es z. B. in Berliner Jugendämtern üblich, daß solche Erklärungen noch einen zusätzlichen Passus enthalten, den man leicht übersieht und durch den sich der Vater zur Bezahlung des *Regelunterhaltes* verpflichtet, auch wenn er von seiner finanziellen Situation her eigentlich gar keinen oder nur einen geringen Unterhalt zu zahlen hätte. Der Anspruch auf Regelunterhalt wird durch diese Unterschrift einklagbar und läuft sich bei Zahlungsunfähigkeit zu einem Schuldenberg auf.

1 Ihara, Toni / Warner, Ralph / Dzierna, Hans-Martin: Ehe ohne Trauschein. Ein Rechtsratgeber. Reinbek bei Hamburg 1990, S. 98

Deshalb sollte der Vater bei der Unterschrift unter die Vaterschaftserklärung sorgfältig darauf achten, was er noch unterschreibt
und zusätzliche Erklärungen über den Unterhalt vor der Unterschrift
ausstreichen, wenn er über weniger als 1000 DM bis 1100 DM im Mo-
nat als Einkommen verfügt. Wenn der Vater versehentlich doch unterschrieben hat, kann er innerhalb einer Dreimonatsfrist dagegen
klagen.

Wer die Auseinandersetzungen mit dem Jugendamt um die Regel-
unterhaltsfrage vermeiden will, kann die Vaterschaftserklärung auch
– wie oben erwähnt – bei einem Notar abgeben.

3. Haus- oder Klinikgeburt?

Auch bei dieser Frage gibt es eine männerspezifische Argumenta-
tions- und Sichtweise.

In Väterkursen fiel mir auf, daß Männer häufig sehr viel entschie-
dener für die Hausgeburt eintraten als ihre Frauen. Während die
Frauen sich meist nicht so sicher waren, ob sie sich eine Hausgeburt
zutrauen konnten oder nicht, war dies für Männer oft keine Frage.
Die meisten Männer hatten zahlreiche Argumente bereit, mit denen
sie ihre Entscheidung im Detail begründen konnten.

Obwohl die Aussagen der Männer in den Vaterkursen nicht ohne
weiteres auf alle Väter in unserer Gesellschaft übertragen werden
können, kann man doch daraus schließen, daß die Hausgeburt den
Bedürfnissen von Vätern in besonderer Weise entspricht.

Läßt sich der Mann auf das Erlebnis von Schwangerschaft und Geburt wirklich ein, dann möchte er dabei auch eine aktive Rolle spielen
und nicht zum passiven Teilnehmer verdammt sein. Genau dies aber
befürchten viele Männer – gewiß nicht zu Unrecht – bei einer Krankenhausgeburt:

«Ich finde eine Hausgeburt deshalb für mich sehr gut, weil ich da eine
aktive Rolle übernehmen kann, außer der Hebamme, die die fachli-
chen Sachen macht, steht mir kein Arzt, keine Krankenschwester oder
sonst wer im Wege. Im Krankenhaus bist du in der Regel zur Passivität
verurteilt, da darfst du meist nur dabeistehen und mehr auch nicht.»[1]

1 Seck-Agthe, Monika/Maiwurm, Bärbel: Neun Monate. München 1981.
S. 65.

In manchen Krankenhäusern darf der Vater auch heute noch aus hygienischen oder räumlichen Gründen erst dann in den Kreissaal, wenn die letzte Phase der Geburt unmittelbar bevorsteht; andere Krankenhäuser sind großzügiger und schließen den Vater lediglich von den Vorbereitungen seiner Frau auf die Geburt (wie Rasieren, Einlauf usw.) aus. In einigen Krankenhäusern bekommt der Vater zudem vom Krankenhauspersonal vermittelt, daß er nichts weiter sei als eine zusätzliche Belastung, die heute leider nicht mehr vermieden werden könne.

Natürlich gibt es auch viele Krankenhäuser, in denen der Vater gern gesehen ist und in denen seine Anwesenheit und emotionale Unterstützung während der Geburt geschätzt und gefördert wird. Dennoch besteht die Hilfestellung, die der Vater während der Geburt leisten kann, auch hier meist in seiner bloßen Anwesenheit. Der Vater darf zwar mitfühlen und miterleben und seine Frau/Freundin emotional unterstützen, aber alles andere muß er dem Krankenhauspersonal überlassen und sich möglichst reibungslos in vorgegebene Handlungsabläufe einfügen. Hinzu kommt, daß der Vater nach der Geburt in der Klinik häufig Schwierigkeiten hat, wie die Mutter von Anfang an ein Verhältnis zu dem Kind aufzubauen. Wenn die Mutter nach der Geburt noch mehrere Tage im Krankenhaus bleibt, wird der Vater von Mutter und Kind getrennt und fühlt sich häufig aus dem Verhältnis von Mutter und Kind ausgeschlossen und auf die Rolle des Besuchers reduziert:

«Ich habe einen Horror, wenn ich mir vorstelle, nach der Geburt nach Hause gehen zu müssen. Einerseits bei der Geburt anwesend zu sein und ein intensives Zusammengehörigkeitsgefühl mit meiner Freundin und dem Kind zu erleben, und dann bekommt sie das Kind, und ich kann alleine nach Hause gehen. Ich kann mir vorstellen, daß ich dann richtig Trennungsängste von dem Kind bekomme. Das Kind muß bei der Mutter bleiben, obwohl es doch genauso zum Vater gehört wie zur Mutter.

Auch kann ich mir schwer vorstellen, wenn sie nach einer Woche nach Hause kommt und im Umgang mit dem Kind schon einen entscheidenden Vorsprung hat, daß ich es dann schaffe, zu einer gleichberechtigten Rolle zu kommen und nicht auf die alte Vaterrolle zurückgeworfen werde. Wo sie eh durch die Schwangerschaft und die Geburt schon einen entscheidenden Vorsprung im Verhältnis zum Kind hat, muß ich dann erleben, wie sie mir beim Windeln über die

Schulter schaut und mich wie eine übermächtige Mutter kontrolliert und mir am Ende dann doch alles aus der Hand nimmt, weil sie es eh besser kann als ich.»

Was sich hier in aller Deutlichkeit artikuliert, ist Ausdruck eines neuen Vaterbewußtseins. Der Vater möchte in der Beziehung zu dem Kind nicht in die «zweite Reihe» zurücktreten, sondern besteht auf einer gleichberechtigten Beziehung. Sicherlich ist dieser Wunsch nicht bei allen Vätern so ausgeprägt. Viele sind auch mit erheblich weniger zufrieden. Aber selbst die Väter, die nicht unbedingt eine in jeder Hinsicht gleichberechtigte Beziehung anstreben, wollen die Trennung von ihrem Kind nach der Geburt nicht mehr akzeptieren. Sie wollen ohne die in Krankenhäusern üblichen Beschränkungen, wie z. B. Besuchszeitregelung, weißer Kittel oder gar Mundschutz, ihr Kind in ihre Arme schließen können. Sie wollen es bestaunen, sich darüber freuen und zu ihm zärtlich sein, wann immer es ihnen in den Sinn kommt, und verspüren keinerlei Lust, sich über ihre spontanen Bedürfnisse mit dem Krankenhauspersonal auseinandersetzen zu müssen.

Da immer wieder betont wird, daß gerade die ersten Stunden und Tage besonders wichtig für die Entstehung der Mutter-Kind-Beziehung sind, gibt es keinen Grund daran zu zweifeln, daß diese Zeit nicht ebenso bedeutend – wenn nicht gar bedeutender – für die Vater-Kind-Beziehung ist. Da es der Vater in seiner Beziehung zum Kind ohnehin schwerer hat als die Mutter, die das Kind neun Monate im Bauch trägt und durch das Stillen mit ihm weiter auch körperlich eng verbunden bleibt, ist er besonders darauf angewiesen, in ungestörter Intimität seinen eigenen Kontakt zu seinem Kind aufzubauen. Denn die Vater-Kind-Beziehung ist gegen Störungen von außen anfälliger als die Mutter-Kind-Beziehung. Väter sind anfangs vorsichtiger und unsicherer. Erst allmählich stellt sich eine gewisse Selbstverständlichkeit und Sicherheit ein.

Das alles erklärt, warum gerade Väter der Krankenhausgeburt sehr reserviert gegenüberstehen. Hinzu kommen noch viele andere Punkte, die gegen eine Krankenhausgeburt sprechen, die aber nicht nur die Väter, sondern auch die Mütter betreffen. Krankenhausgeburt bedeutet auch heute noch in den meisten Krankenhäusern, daß die ganze Apparatur der hochtechnisierten Geburtshilfe oftmals auch dann zur Anwendung kommt, wenn sie vom Geburtsverlauf her gar nicht erforderlich ist. Krankenhaus bedeutet weiterhin Kreißsaalatmosphäre und die Unterordnung von individuellen Vorstellungen und Wünschen unter die in dem jeweiligen Krankenhaus üblichen Vorgehensweisen.

Da muß dann damit gerechnet werden, daß bei der Frau beispielsweise nur deswegen ein Dammschnitt gemacht wird, weil das in dem jeweiligen Krankenhaus so üblich ist. Oder daß das Kind unmittelbar nach einer normal verlaufenen Geburt von Mutter und Vater getrennt wird, um es zu messen, zu wiegen und ärztlich zu untersuchen, was in den meisten Fällen aus medizinischer Sicht auch noch später durchgeführt werden könnte. Im Unterschied zur Hausgeburt besteht im Krankenhaus, von der Unterbringung als Privatpatient einmal abgesehen, im allgemeinen nicht die Möglichkeit, sich die Hebamme und den Arzt selbst auszusuchen und vorher näher kennenzulernen. Daß diese Möglichkeit nicht gegeben ist, verstärkt nicht nur bei vielen Eltern das Gefühl, dem Krankenhausapparat ausgeliefert zu sein, sondern kann auch entscheidend die Atmosphäre bestimmen, in der die Geburt stattfindet.

Über das Für und Wider von Haus- und Klinikgeburt wurde in den letzten Jahren engagiert in der Öffentlichkeit diskutiert. Hierüber gibt es mittlerweile eine sehr umfangreiche Literatur. Es erscheint deshalb unsinnig, die ganze Diskussion noch einmal in allen Einzelheiten zu wiederholen.

Das Risiko einer *Hausgeburt* sollte allerdings weder unter- noch überschätzt werden. Auch eine Krankenhausgeburt ist keineswegs so sicher, wie immer suggeriert wird. «Viele Komplikationen werden erst durch die Krankenhausroutine verursacht (Medikamente, Liegen etc.).»[1] Andererseits ist bei unerwartet auftretenden Komplikationen im Krankenhaus alles vorhanden, um sofort einzugreifen.

In den Geburtsvorbereitungskursen habe ich erlebt, daß einzelne Männer den Aspekt der Sicherheit bei ihrer Entscheidung für Haus- oder Klinikgeburt ziemlich in den Hintergrund stellten, weil für sie die anderen hier aufgezählten Punkte viel mehr im Vordergrund standen. Manchmal versuchten sie ihre Partnerin richtiggehend zu über-

1 Wilberg, Gerlinde M.: Zeit für uns. Ein Buch über Schwangerschaft, Geburt und Kind. Frankfurt a. M. 1981, S. 97.

reden, sich auf eine Hausgeburt einzulassen, obwohl diese sich im Krankenhaus am sichersten fühlte und für sie eine Hausgeburt eigentlich nicht in Frage kam.

Diese Entscheidung kann nicht von einem Partner allein gefällt werden. So sehr der Mann sich eine Hausgeburt auch wünschen mag, er sollte sich davor hüten, seine Partnerin zu überreden. Da bei der Hausgeburt sehr viel davon abhängt, ob sich die Frau der Situation gewachsen fühlt und sich eine Geburt zu Hause zutraut, muß dies bei der Entscheidung den Ausschlag geben, wenn der Mann auch seine Interessen einbringen sollte.

Als Kompromiß zwischen Haus- und Klinikgeburt bietet sich die *ambulante Geburt* an. Lediglich die Geburt selbst findet im Krankenhaus statt. Mutter und Kind verlassen nach einer Ruhepause noch am selben Tag die Klinik. Die ambulante Geburt entspricht, da sie im Krankenhaus stattfindet, den Sicherheitsbedürfnissen vieler Eltern. Für den Vater besteht der Vorteil der ambulanten Geburt darin, daß er nach der Geburt nicht von Mutter und Kind getrennt wird, sondern alle drei *gemeinsam* nach Hause zurückkehren. Wenn Mutter und Kind allerdings unmittelbar nach der Geburt das Krankenhaus verlassen, muß eine entsprechende Nachbetreuung der Frau und des Kindes durch eine Hebamme (Wochenbettpflege) gewährleistet sein. Auch wird es – ähnlich wie bei der Hausgeburt – notwendig sein, daß der Vater in den ersten Wochen zu Hause bleibt, Mutter und Kind versorgt und die Hausarbeit übernimmt. Da aber auch die ambulante Geburt meist im Krankenhaus stattfindet, gelten die meisten der oben aufgezählten Nachteile der Krankenhausgeburt auch für sie. Sie ist deshalb keine wirkliche Alternative zur Hausgeburt. Nicht alle Krankenhäuser sind außerdem bereit, ambulante Geburten durchzuführen. Freilich sind auch die Möglichkeiten zur Hausgeburt beschränkt, da es heute immer weniger niedergelassene Hebammen gibt. Manche werdenden Eltern, die eigentlich gerne eine Hausgeburt machen möchten, sind deshalb gezwungen, gegen ihren Willen ins Krankenhaus zu gehen.

Wenn sich die werdenden Eltern – aus welchen Gründen auch immer – für eine Geburt im Krankenhaus entscheiden, ist es für sie sehr wichtig, das Krankenhaus sorgfältig auszusuchen. Insbesondere in Großstädten gibt es meist sehr viele Krankenhäuser mit geburtshilflichen

Abteilungen. Sinnvoll ist deshalb, sich bei den einzelnen Krankenhäusern vorher zu erkundigen, wie Geburtshilfe dort abläuft.

Zu diesem Zweck sieht man sich das Krankenhaus am besten genau
an, auch – sofern möglich – den Kreißsaal. Der werdende Vater sollte
bei solchen Besuchen vor allem darauf achten, ob das betreffende
Krankenhaus seinen speziellen Vorstellungen, Interessen und Erwartungen gerecht wird oder ob ihm lediglich eine passive Beobachter-
und Besucherrolle zugebilligt wird.

Ich habe im folgenden Fragen aufgelistet, die für den werdenden
Vater von speziellem Interesse sind; welche Gesichtspunkte die werdenden Eltern außerdem bei der Wahl eines Krankenhauses berück-
sichtigen sollten, können sie der einschlägigen Literatur entnehmen.

o Dürfen Väter von der Aufnahme an bis zum Ende der Geburt ununterbrochen bei ihrer Frau sein (also auch bei der *Vorbereitung*
auf die Geburt)? Wird dies an dem betreffenden Krankenhaus ein-
heitlich geregelt, oder ist eine spezielle Absprache mit dem jeweiligen Arzt bzw. der Hebamme notwendig?

o Mit welchen Argumenten werden die jeweiligen Regelungen
begründet?

o Welche Unterstützung des Vaters für die Mutter während der Geburt ist in dem betreffenden Krankenhaus üblich? Was darf der Vater und was nicht? Darf er z. B. das Kind nach der Geburt selbst baden?

o Hast Du den Eindruck, daß die Ärzte bzw. Hebammen Euch *beide*
ansprechen bei den Vorgesprächen, oder übergehen sie Dich als
Vater? Registrieren sie Dich als eigenständige Person mit eigenen
Fragen und Problemen, oder betrachten sie Väter nur als gedul-
dete zusätzliche Belastung?

o Wird der Vater in die Entscheidungen der Ärzte bzw. Hebammen
während der Geburt mit einbezogen?

o Bemüht man sich in den Vorbereitungsgesprächen, auch Dich auf
Deine spezielle Rolle vorzubereiten?

o Werden in dem Krankenhaus auch Kaiserschnittgeburten mit Epidural-Anästhesie gemacht? Darfst Du auch bei einer solchen Kai-
serschnittgeburt dabeisein (im Operationssaal)?[1]

1 Bei der Epidural-Anästhesie «Rückenmarkspritze» wird das Betäubungs-
mittel entweder durch eine kleine Öffnung im Kreuzbein (Kandal-Anästhe-

o Wie ist die Besuchszeit für den Vater geregelt? Hat der Vater *jederzeit* Zugang zu Mutter und Kind? Welche Begründungen werden
für vorhandene Regelungen angeführt? Darf der Vater sein Kind
windeln und baden? Muß er einen weißen Kittel tragen?

o Kann der Vater auch nach einer schwierigen Geburt das Kind (sofern gesund) sofort in den Arm nehmen? Würde es in dem betreffenden Krankenhaus befürwortet, wenn der Vater das Kind, für
den Fall, daß die Mutter noch länger im Krankenhaus bleiben
muß und nicht stillen kann, nach Hause nimmt und alleine versorgt (Reaktionen auf diese Frage testen – sehr aufschlußreich!)?

4. Was ein angehender Vater alles wissen muß

Viele werdende Väter sind, wenn sie an die Geburt und die Zeit danach
denken, verunsichert und wissen nicht richtig, wie sie den Ansprüchen,
die an sie gestellt werden, gerecht werden sollen. Sie fühlen sich oft
schlecht oder zumindest nicht ausreichend vorbereitet und können sich
weder die Geburt noch die Zeit danach richtig vorstellen.

In diesem Abschnitt gehe ich vor allem darauf ein, was ein Vater
über die Zeit *nach der Geburt* wissen sollte und welche konkreten
Vorbereitungen er dafür auch schon vor der Geburt treffen kann. Was
der werdende Vater über die Geburt selbst wissen muß, um im Krankenhaus den Ärzten, Hebammen und Schwestern nicht hilflos ausgeliefert zu sein, und welche Möglichkeiten der praktischen Unterstützung der Frau es für ihn bei der Geburt gibt, folgt dann im nächsten
Kapitel.

Für den werdenden Vater ist es wichtig, möglichst gut vorbereitet
zu sein, um seine Unsicherheit zum einen zu überwinden, aber auch,
um später nicht von seiner Frau in allen Fragen der Babypflege total

sie) oder zwischen zwei Wirbel im Lendenbereich (Peridural-Anästhesie) ge-
spritzt. Die Folge ist, daß die ganze untere Körperhälfte, etwa bis zur Höhe
des Zwerchfells, gefühllos wird. Das Bewußtsein der Frau wird meist nicht
beeinflußt. Wichtig ist jedoch, daß sich Frau und Mann auch genau über die
Nebenwirkungen und Gegenindikationen informieren. Zu den Vorteilen von
Kaiserschnittgeburten in Epidural-Anästhesie siehe den Abschnitt «Was man
vorher wissen muß, um sich behaupten zu können».

abhängig zu sein. Für viele werdende Väter liegt eine große Versuchung zur Bequemlichkeit darin, der Frau alle Vorbereitungen zu überlassen, ihr gehen diese Vorbereitungen meist auch sehr viel leichter von der Hand. Zudem haben die werdenden Mütter dafür meist auch mehr Zeit, weil sie zumindest die letzten sechs Wochen vor der Geburt nicht mehr im Beruf arbeiten (Mutterschaftsurlaub).

Doch selbst wenn der werdende Vater weniger Zeit hat und es ihm auch nicht leichtfällt, sollte er sich um die Vorbereitungen kümmern. Da sein Zugang zum Kind in der ersten Zeit nach der Geburt vor allem über die Beteiligung an der *Pflege* laufen wird, ist seine Einbeziehung in die Vorbereitungen die Voraussetzung dafür, daß er überhaupt eine nähere Beziehung zu seinem Kind entwickeln kann.

Wenn der werdende Vater nicht richtig auf die Zeit nach der Geburt vorbereitet ist, ist die Verteilung der Rollen von Mann und Frau nach der Geburt häufig von vornherein festgelegt: die Frau ist dann in erster Linie für das Kind zuständig. Schon bei der Beteiligung an der Vorbereitung entscheidet sich also meist, wie die Rollenverteilung nach der Geburt sein wird und ob der Vater sich in ähnlicher Weise wie die Mutter bei der Betreuung des Kindes engagiert. Hausgeburt und ambulante Geburt sind im übrigen nur möglich, wenn der Vater in der Lage ist, das Kind von Anfang an auch alleine zu versorgen.

Was muß der werdende Vater konkret wissen? Zur Vorbereitung auf die Zeit nach der Geburt werden von Volkshochschulen, von staatlichen Fürsorgeeinrichtungen und freien Trägern im sozialen Bereich (z. B. DRK, Wohlfahrtsverbände) sogenannte *Säuglingspflegekurse* angeboten. Ziel dieser Kurse ist, die werdenden Eltern mit der Säuglingspflege vertraut zu machen. Die werdenden Eltern können in solchen Kursen beispielsweise an einer Puppe üben, wie man Säuglinge badet und windelt, oder sie können lernen, auf was man bei der Ernährung des Säuglings achten muß.

Ich habe seinerzeit auch einen solchen Kurs besucht. Ich hatte aber einige Schwierigkeiten mit dem dort vermittelten Wissen. Bei der Säuglingspflege, wie sie in solchen Kursen häufig propagiert wird und wie sie auch in den meisten Büchern (Leitfäden, Ratgeber usw.) dargestellt wird, steht nämlich *Hygiene* ganz oben. Jeder Umgang mit dem Kind wird den Erfordernissen der Hygiene untergeordnet.

«Die Inhalte der zur Säuglingspflege empfohlenen Prozeduren setzen die Körperfremdheit, ja -feindlichkeit der Aufklärungsform fort.

Die Regeln und Verfahrensvorschriften, die unsere Leitfäden aufstellen, sind in ihrer großen Anzahl Vermeidungsrituale (ob die Autoren das nun wollen und wissen oder nicht), sie unterbinden eine spontane Körperbeziehung zwischen Neugeborenen und Erwachsenen. Eine scheinbar notwendige Verrichtung reiht sich an die andere, ein Ritual ans nächste. Es sieht fast so aus, als dürfe man nicht zur Besinnung kommen, als dürfe kein freier Raum, keine freie Zeit entstehen zwischen Kind und Erwachsenem: Die beiden könnten einander kennenlernen. Jedes Luftloch, jede offene Sekunde wird sofort mit einer Prozedur gestopft.»[1]

In den herkömmlichen Säuglingspflegekursen wird aber nicht nur allzuleicht die Spontaneität im Umgang mit dem Kind ausgetrieben, sondern zugleich Angst gemacht, von den Ratschlägen der Experten abzuweichen und andere Wege als die von der «Babyindustrie» und den derzeit gültigen Lehrmeinungen der Schulmedizin vorgezeichneten zu beschreiten. Nun sollte man gewiß nicht mit einem Säugling verantwortungslos experimentieren. Ist es jedoch nötig, daß eine Mutter beispielsweise vor dem Stillen unbedingt die Brust desinfiziert, wie es in solchen Kursen oft als unabdingbar dargestellt wird, oder ist diese Maßnahme nicht eher unsinnig, überflüssig oder gar schädlich? Sind die Einmal-Plastikwindeln wirklich so unproblematisch für die Haut eines jeden Säuglings? Solche Fragen stellen sich viele Kursteilnehmer; sie erhalten meist keine zufriedenstellende Antwort, weil sie damit die in den herkömmlichen Leitfäden zur Säuglingspflege propagierten, scheinbar wissenschaftlich fundierten Maßnahmen in Zweifel ziehen.

Was kann der werdende Vater nun tun? Selbst wenn die herkömmlichen Säuglingspflegekurse nur unter Einschränkung empfohlen werden können, ist ein Besuch sinnvoll. Erstens bieten sie Gelegenheit, mit anderen werdenden Eltern ins Gespräch zu kommen, zweitens sind diese Kurse gerade für Väter eine gute Möglichkeit, einen ersten Zugang zur Säuglingspflege zu bekommen, was durch die Lektüre allein nicht möglich ist. Zusätzlich sollte man, um die dort gebotenen Informationen zurechtzurücken, einen der folgenden Ratgeber lesen, denen ein anderes Verständnis von Säuglingspflege zugrunde liegt:

1 Sichtermann, Barbara: Leben mit einem Neugeborenen. Ein Buch über das erste halbe Jahr. Frankfurt/Main 1981, S. 13.

Barbara Sichtermann, Leben mit einem Neugeborenen. Ein Buch über das erste halbe Jahr. Frankfurt/Main 1981. (Fischer Taschenbuch)

Regina Hilsberg, Christel Scheilke, Bernhard Schön, Schwangerschaft, Geburt und erstes Lebensjahr. Ein Begleiter für werdende Eltern. Reinbek bei Hamburg 1988. (rororo Taschenbuch)

Angelika Blume, Andere Umstände. Eine Orientierungshilfe für Vorsorge, Geburtsvorbereitung und Geburt. Reinbek bei Hamburg 1989 (siehe vor allem S. 212 ff). (rororo Taschenbuch)

In dem Buch von Barbara Sichtermann werden nicht nur praktische Tips gegeben, sondern auch die Probleme erörtert, die sich für die Eltern bei der Umstellung auf die neue Situation ergeben.

Zahlreiche, sehr gute Hinweise zur Säuglingspflege enthält auch das Buch von Angelika Blume, in dem ein kompletter Vorbereitungskurs abgedruckt ist.

Am umfassendsten ist das Buch von Regina Hilsberg, Christel Scheilke und Bernhard Schön. Hier sind fast alle denkbaren Aspekte des Kinderkriegens dargestellt. So werden Schwangerschaft, Geburt und die Zeit danach nicht nur aus der Mütterperspektive, sondern auch aus Vätersicht beleuchtet. Sehr hilfreich ist eine Ausstattungsliste notwendiger und unnötiger Dinge für das Leben mit Baby und ein eigenes Kapitel über Gesundheit und Krankheit mit vielen praktischen Hinweisen. Ein Register mit Stichworten erleichtert die Benutzbarkeit und ermöglicht das Auffinden einzelner Aspekte und Informationen, was bei der dargebotenen Informationsfülle aber auch unentbehrlich ist.

Nach der Lektüre des Buches von Barbara Sichtermann hatte ich meine Angst, später dem täglichen Umgang mit meinem Kind nicht gewachsen zu sein, fast ganz verloren. Im Gegensatz zu den herkömmlichen Leitfäden, die immer betonen, was man alles falsch machen kann, vermittelt dieser Ratgeber Zutrauen in die eigenen Fähigkeiten.

Im übrigen haben die meisten Eltern sicherlich Freunde oder Bekannte, die auch Säuglinge haben oder hatten, und können ihnen ihre Erfahrungen mitteilen. Die Kontakte mit anderen Eltern sind sowieso durch nichts zu ersetzen; deren Erfahrungen sind genauso wertvoll wie der Rat von Experten.

Um sich darüber klar zu werden, was er denn nun schon alles über die Zeit nach der Geburt weiß, habe ich für den werdenden Vater eine Checkliste von Fragen zusammengestellt, die außerdem Hinweise enthalten, was bei der Vorbereitung alles zu beachten ist:

○ Sind genug Windeln da? Creme, Puder und Reinigungsöl? Wo ist das alles verstaut? Wo muß das Kind (vor allem beim Windeln) eingecremt werden? Welches ist der günstigste Zeitpunkt zum Windeln (z. B. vor oder nach dem Trinken)? Wie oft?

○ Was kann man tun, wenn ein Baby wund wird? Wie verhütet man Wundwerden?

○ Gibt es eine Wickelmöglichkeit (Kommode o. ä.)? Ist es dort warm genug? Sind die Lichtverhältnisse gut?

○ Gibt es eine Bademöglichkeit (Wanne o. ä.)? Ist es dort warm genug?

○ Weißt Du, auf was Du beim Baden eines Säuglings achten mußt? Wie Du ihn am besten hältst?

○ Ist schon geklärt, ob das Kind gestillt wird oder ob es mit der Flasche ernährt wird?

○ Wenn das Kind gestillt wird: Gibt es eine Pumpe zum Abpumpen der Muttermilch? Genügend Flaschen zum Aufbewahren der Muttermilch? Ist auch alles für die Flaschenernährung vorbereitet, falls es mit dem Stillen nicht klappt? Sind mehrere Teesauger und Teeflaschen vorhanden?

○ Wenn das Kind nicht gestillt wird: Ist alles für die Flaschenernährung vorbereitet?

○ Ist Fencheltee für das Kind und Stillteemischung für die Mutter vorhanden?

○ Weißt Du, welche Kleidungsstücke an dem Baby in welcher Reihenfolge angezogen werden müssen? Wo sind sie aufbewahrt?

○ Wo soll das Kind schlafen? Korb? Wiege? Kann es geschaukelt werden?

○ An was solltest Du denken, wenn das Kind anhaltend schreit?

○ Was kannst Du gegen Bauchweh tun? Woran erkennst Du Bauchweh? Sind Tropfen im Haushalt, wenn das Kind Blähungen hat (z. B. Carminativum Hetterich oder Babynos)? Welche Möglichkeiten gibt es bei Verstopfungen?

○ Welche Möglichkeiten sind vorgesehen, um das Kind zu transportieren (Tragetasche, Kinderwagen, Tragetuch usw.)? Ist das Tragetuch o. ä. auch für Dich groß genug?

o Habt Ihr gemeinsam besprochen, wie Ihr nachher die Haushaltsführung am besten organisiert? Wer macht was? Welches sind Deine Aufgaben? Habt Ihr auch schon mit Bekannten und Freunden darüber gesprochen, ob sie bereit sind, Euch in schwierigen Situationen zu unterstützen?

o Ist schon alles für die Geburt vorbereitet? Wo liegen die einzelnen Utensilien?

o Hast Du mindestens *einen* Ratgeber für den Umgang mit Neugeborenen durchgelesen? Weißt Du ähnlich viel wie Deine Frau? Fühlst Du Dich der Zeit nach der Geburt gewachsen? In welchen Punkten bist Du unsicher? Welche Fragen sind offen?

5. Was für ein Vater werde ich sein?

Daß werdende Väter sich bewußt für eine bestimmte Gestaltung ihrer Vaterrolle entscheiden, ist nicht selbstverständlich. Viele machen sich darüber wenig Gedanken. Wenn sie überhaupt darüber nachdenken, entwickeln sie zwar bestimmte Vorstellungen, wollen aber oftmals nicht wahrhaben, daß die Verwirklichung dieser Vorstellungen auch konkrete (und einschneidende) Schritte erforderlich macht. Wenn ein Vater z. B. eine im Verhältnis zur Mutter gleichberechtigte Beziehung zum Kind haben möchte, dann muß er hierfür auch die konkreten Voraussetzungen schaffen, genauso viel Zeit mit dem Kind verbringen wie die Mutter. Dies bedeutet in der Konsequenz, daß er nur noch halbtags arbeiten kann.

Viele werdende Väter machen sich schlicht etwas vor. Weil sie vorher nicht genau die notwendigen Schritte durchdenken, die eine Veränderung mit sich bringt, sitzen sie der Illusion auf, daß sich ihre Vorstellungen über die Vaterrolle nahezu bruchlos mit ihrer bisherigen Lebenspraxis vereinbaren lassen. Erst nach der Geburt erkennen sie dann ihren Irrtum: «Ich hatte letztlich eine Menge idealistische Flausen im Kopf, würde ich heute (nach der Geburt; Anm. des Verf.) sagen. Ich bin da so rangegangen: Ich habe mir gedacht, klar, zwei, drei Wochen oder auch ein bißchen länger nach der Geburt arbeite ich gar nicht, erledige das Notwendigste und kümmere mich nur um Sigi und Lina. Aber danach pendelt sich das wieder ein. Da ist es möglich, daß ich mein Büro weitermache, daß ich mit der Wohngemeinschaft wieder was zusammen mache, usw. ... Das ist alles ganz anders gewesen. Da hat der Rhythmus von Lina uns bestimmt in einem Maße, wie ich mir das vorher nie gedacht habe.»[1]

Daß werdende Väter häufig solche «idealistischen Flausen» im Kopf haben, ist kein Zufall. Solche «Flausen» sind in vielen Fällen das Ergebnis männerspezifischer Verdrängung und Verleugnung; welche einschneidenden Konsequenzen sich aus der Entscheidung für eine andere Gestaltung der Vaterrolle ergeben, wollen viele Väter nicht wahrhaben, weil dadurch ihre bisherige Lebenspraxis und Identität radikal in Frage gestellt wird. Sie wollen sich «vorbeimogeln», solange es irgendwie geht. Dies geschieht natürlich nicht bewußt, sondern ist Produkt unbewußter Abwehrmechanismen.

Wenn der Vater seine Lebensgestaltung nach der Geburt des Kindes nicht dem blinden Zufall überlassen möchte, kommt er nicht umhin, eine bewußte Entscheidung für eine bestimmte Vaterrolle zu treffen und die erforderlichen Schritte konsequent in die Wege zu leiten.

Überdies hat auch seine Frau ein Recht darauf, ihre eigene Lebensgestaltung nach der Geburt konkret zu planen und muß wissen, woran sie ist.

Um eine Entscheidung in dieser Frage treffen zu können, muß der werdende Vater sich zunächst einmal die verschiedenen Möglichkeiten der Gestaltung der Vaterrolle ungeschminkt und mit allen Konsequenzen vor Augen führen:

o Wenn er nach der Geburt des Kindes weiterhin voll mit mindestens acht Stunden pro Tag in seinem Beruf arbeitet, hat er nur wenig Spielraum, um seine Vaterrolle anders als in der traditionellen Art und Weise zu gestalten. Er wird zum Feierabendvater. Seine Frau wird auf die traditionelle Muterrolle festgenagelt. Im Rahmen seiner beschränkten zeitlichen Möglichkeiten kann der Vater nur in geringem Umfang zur Säuglingspflege beitragen. Gelegentliches Wickeln und das abendliche Baden des Kindes sind Möglichkeiten, die dem Vater verbleiben. Außerdem kann er die Mutter durch Beteiligung an der Haushaltsführung entlasten. Dies setzt aber voraus, daß er einen Beruf hat, der nicht mehr als acht Stunden Arbeitszeit erfordert, und daß

1 Seck-Agthe, Monika/Maiwurm, Bärbel, a. a. O., S. 63.

er alle über den Beruf hinausgehenden Engagements und Interessen konsequent aufgibt.

o Wenn der Vater außer dem Acht-Stunden-Arbeitstag noch andere Verpflichtungen hat, die noch zusätzlich Zeit erfordern, wird sein Beitrag so minimal, daß er keine spürbare Entlastung für die Mutter ist und seine Beziehung zum Kind sich kaum mehr von der Beziehung der alten Väter zu ihren Kindern unterscheidet.

Dem Feierabendvater bleibt also, wenn er seine Vaterrolle wenigstens ansatzweise umgestalten will, nur die eine Möglichkeit, daß er alle anderen Interessen und Engagements neben seinem Beruf total aufgibt und sich in seiner freien Zeit ausschließlich oder zumindest nahezu ausschließlich auf das Kind konzentriert. Auch in diesem Falle wird er sehr wenig vom Alltag des Kindes mitbekommen. Gleichzeitig wird seine Frau zum Experten im Umgang mit dem Kind. Die Möglichkeit zu eigener Berufstätigkeit wird für sie gar nicht mehr oder nur in sehr geringem Umfange bestehen.

o Sehr viel mehr Möglichkeiten zur Veränderung des traditionellen Rollengefüges ergeben sich, wenn der Vater seine Arbeitszeit verkürzt. Schon eine 30-Stunden-Stelle bietet erheblich bessere Möglichkeiten.

o Wenn eine Reduzierung ausgeschlossen ist, gibt es vielleicht die Möglichkeit, daß der Vater sich für eine bestimmte Zeit vor und nach der Geburt beurlauben läßt. Eine solche Beurlaubung könnte auf mehrere Monate ausgedehnt werden, wenn das Paar vorher den Lebensunterhalt für diese Monate angespart hat. Nach dieser Zeit wäre zwar die alte Rollenverteilung wiederhergestellt. Trotzdem hätte eine solche Regelung den Vorteil, daß in den besonders anstrengenden ersten Monaten die Arbeit mit dem Kind zwischen Mann und Frau gleichmäßig aufgeteilt werden kann.

o Für Väter, denen es auf eine gleichberechtigte Beziehung zu ihrem Kind ankommt, dürfte diese Regelung allerdings nur akzeptabel sein, wenn es wirklich keine andere Möglichkeit gibt. Eine gleichberechtigte Beziehung ist nur dann zu verwirklichen, wenn die traditionelle Rollenverteilung vollkommen aufgehoben wird. Dies ist der Fall, wenn die Rollen für eine bestimmte Zeit getauscht werden oder wenn beide Partner halbtags arbeiten gehen und die anfallende Arbeit gleich aufgeteilt wird. Den Rollentausch halte ich dabei für die schlechtere Lösung. Der Mann übernimmt hier die Rolle der Hausfrau und Mutter. Die Probleme der alten Rollenverteilung bleiben bestehen. Nur daß der Mann jetzt in der Situation der Frau ist und sie in der Situation des Mannes. Wenn Mann und Frau nach der Geburt des Kindes halbtags arbeiten wollen, müssen sie das bereits ab Beginn der Schwangerschaft vorbereiten, da es häufig Schwierigkeiten gibt. Oft scheitern solche Versuche daran, daß die Arbeitgeber nicht bereit sind, zuzustimmen. In diesem Falle könnten sie nur die alte Stelle aufgeben und sich eine neue suchen. Dies dürfte aber in der derzeitigen Situation (Arbeitslosigkeit) für viele schwierig werden.

Wenn ein Mann seine Ganztagsstelle in eine halbe Stelle umwandeln will, muß er selbst von seinem Vorhaben überzeugt sein und alles daran setzen, die vorhandenen Widerstände zu überwinden. Er muß dabei nicht nur selbst vom Karrieredenken Abschied nehmen und bei der Befriedigung durch seinen Beruf Abstriche machen, sondern auch gegen die Vorurteile des jeweiligen Arbeitgebers kämpfen. Halbtagsarbeit wird in aller Regel Frauen sehr viel unproblematischer zugebilligt als Männern. Dem Mann wird dabei oft unterstellt, daß es ihm an dem nötigen Leistungswillen und der nötigen Leistungsbereitschaft fehlt.

Der werdende Vater hat aber nicht nur Schwierigkeiten und Widerstände zu überwinden, die sich von außen her ergeben, sondern auch innere Widerstände, die sich aus seinem eigenen Rollenverhältnis ergeben. Letztere sind manchmal entscheidender, wenn es um die Umstellung auf Halbtagsarbeit geht. Manchmal stellt er die Schwierigkeiten von außen nur deswegen als unüberwindbar dar, weil er in seinem Innersten nicht wirklich seine Berufssituation verändern will. Subjektiv mag er dabei von der Richtigkeit seiner Argumentation durchaus überzeugt sein. Wenn ihn seine Frau dann unter Druck setzt, zeigt sich aber nicht selten, daß eine Veränderung doch möglich ist, obwohl dies vorher absolut unmöglich schien.

Damit soll nicht gesagt werden, daß eine Veränderung der Berufssituation immer möglich wäre. Aber in manchen Fällen scheitert sie sicherlich lediglich daran, daß der Mann nicht wirklich hinter der Entscheidung steht und deshalb von der Unmöglichkeit einer solchen Veränderung überzeugt ist, ohne es vorher wirklich mit aller Energie versucht zu haben.

Bei den ganzen Überlegungen über andere Gestaltung der Vaterrolle ist eines klar: eine solche Umgestaltung geht in vielen Fällen mit materiellen Einschränkungen einher. Nicht nur, daß dem Paar früher zwei volle Gehälter zur Verfügung standen, auch das Einkommen, das der Mann in voller Berufstätigkeit allein erzielen kann, ist nicht selten erheblich höher, als das, was beide Partner zusammen halbtags verdienen.

Der werdende Vater sollte alle diese Gesichtspunkte *gemeinsam* mit seiner Partnerin besprechen. Obwohl er sich unabhängig von seiner Partnerin zunächst über seine Bereitschaft zur Veränderung seiner Situation klarwerden sollte, kann seine Entscheidung für eine Umgestaltung der Vaterrolle nur das Ergebnis gemeinsamer Überlegungen und Auseinandersetzungen sein. Die Frau muß dabei meist die Entscheidungsprozesse in Hinblick auf eine andere Gestaltung der Vaterrolle vorantreiben. Wenn beide gleichermaßen für Kind, Haushalt und Verdienst sorgen wollen, ist es sinnvoll, miteinander auch über die genaue Aufgabenverteilung nach der Geburt zu sprechen und im einzelnen festzulegen, welche Aufgaben jeder nachher bei der Betreuung des Kindes und der Haushaltsführung übernimmt. Nur so lassen sich spätere Konflikte vermeiden.

6. Bildung von Vätergruppen
Praktische Hilfen – Schwierigkeiten – Beispiele

Vätergruppen können sowohl Geburtsvorbereitungsgruppen als auch Selbsterfahrungs- und Männeremanzipationsgruppen sein. Sie bieten Vätern die Möglichkeit, ihre konkreten Erfahrungen als Väter auszutauschen und ein neues Selbstbewußtsein als Vater zu entwickeln. Daneben könnten Vätergruppen über die öffentliche Thematisierung der Benachteiligungen und Diskriminierungen von Vätern einen Beitrag zur Veränderung der gesellschaftlichen Situation leisten.

Männer schließen sich zu Vätergruppen vor allem als Vorbereitungsgruppen für die Geburt und die Zeit danach zusammen. Aus einer solchen Vorbereitungsgruppe kann dann allerdings leicht eine Männer- und Väteremanzipationsgruppe werden.

Wenn werdende Väter davon überzeugt sind, daß für sie eine männerspezifische Vorbereitung auf die Geburt und die Zeit danach notwendig ist, und sie das Bedürfnis haben, ohne Anwesenheit von

Frauen über ihr Erleben mit anderen werdenden Vätern zu sprechen, stellt sich für sie als erstes die Frage, was sie unternehmen müssen, um eine solche Gruppe zu gründen. Hier gibt es mehrere Möglichkeiten:

○ Zunächst einmal kannst Du Dich im Bekanntenkreis erkundigen, ob auch andere werdende Väter ein Interesse an einer solchen Gruppe haben.

○ Wenn auf diese Weise nicht genug Männer zusammenkommen, kannst Du eine Anzeige in der Alternativpresse oder auch in einer Tageszeitung aufgeben.

○ Du kannst in bestimmten Kneipen oder bei einem Frauenarzt/ärztin einen Zettel aushängen, in dem das Vorhaben vorgestellt wird.

○ Günstig ist, wenn es bereits eine Gruppe von schwangeren Frauen gibt. Ich kenne eine ganze Reihe von Vätergruppen, die über eine Schwangerengruppe zusammengefunden haben.

○ Du kannst aber auch an die örtliche Volkshochschule herantreten und sie bitten, einen Kurs einzurichten.

○ Auch die Mann/Frau-Vorbereitungsgruppen bieten genug Gelegenheit, andere Väter kennenzulernen und sie für die Idee einer Vätergruppe zu gewinnen.

Eine Vätergruppe zu gründen ist nicht besonders schwierig. Schwieriger ist das, was nach der Gründung kommt. Hier hat man(n) nicht nur mit den Problemen zu kämpfen, die bei jeder Selbsterfahrungsgruppe auftreten. Zusätzliche Probleme ergeben sich daraus, daß es sich um eine *reine Männergruppe* handelt.

Gleich zu Anfang werden die Männer mit ihren eigenen Schwierigkeiten konfrontiert, anderen über ihr Innenleben zu berichten: «Ja, wir Männer können über uns schon abstrakt, logisch und bisweilen dialektisch reden, und je eloquenter wir reden, desto weiter entfernen wir uns von uns selbst.»[1]

Männer unterhalten sich lange und angeregt über Geburtsmedizin, Ultraschall, Für und Wider von Krankenhaus- und Hausgeburt und dergleichen und vermeiden damit, über sich und ihre Gefühle zu sprechen. Wenn diese Sachthemen erschöpft sind, kommt es nicht selten zu langen Pausen. Die Gruppe scheint blockiert. Scheinbar hat man(n) sich dann nichts mehr zu sagen.

1 Vollmar, Klausbernd: Mann-Werden. Ein Traum. Verwirrende Assoziationen und Gedanken. In: Jokisch, Rodrigo (Hg.), a. a. O., S. 193.

An manchen Abenden ist es uns erst am Ende eines langen Abends gelungen, einander näherzukommen und Gefühle mitzuteilen. Oft brauchten wir mindestens sechs Abende, bis wir so miteinander vertraut waren, daß eine gewisse Offenheit möglich wurde. Auch in dieser Phase tritt jedoch meist eine andere Problematik in den Vordergrund: die Konkurrenz untereinander wird offensichtlich. Der angelernte Zwang zur Bestätigung des eigenen Mann-Seins läßt sich nicht so einfach abschütteln. Vieles, was der Mann mit Vehemenz vertritt, dient nur der eigenen Selbstdarstellung. Konkurrenz ist selbst dann im Spiel, wenn es darum geht, seine Gefühle mitzuteilen. Wer es am besten kann, beherrscht am besten die für diese Gruppe adäquate Form der Selbstdarstellung.

Wenn in der Gruppe erkannt wird, welcher «Film» da abläuft, kann die Situation produktiv angewendet werden. In der Gruppe beginnt dann ein Prozeß der Emotionalisierung, der den direkten Ausdruck von Gefühlen erleichtert. Der Gruppenprozeß bewegt sich auf seinen Höhepunkt zu. Sympathien und Antipathien werden offensichtlich. Der eine oder andere verläßt die Gruppe.

Wenn die Gruppe diese Phase durchlebt hat, drängt sie oft zu Taten. Die Mitteilung von Gefühlen tritt wieder ein Stück weit in den Hintergrund. Man hat jetzt mehr das Bedürfnis, etwas gemeinsam zu unternehmen. Gemeinsame Unternehmungen können der Aufbau eines Babyladens und andere Aktivitäten nach außen sein.

Der hier geschilderte idealtypische Verlauf einer Vätergruppe muß nicht für jede Gruppe zutreffen. Manchmal wird es vielleicht alles andere als idealtypisch verlaufen.

Zu den dargestellten Schwierigkeiten können zahlreiche andere hinzukommen, so z. B. die Schwierigkeit, für den jeweiligen Abend ein Thema zu finden. Oder die Schwierigkeit, beim Verfolgen eines Themas genug Raum für die Erzählungen über aktuelle Ereignisse und Erlebnisse zu lassen und trotzdem das Thema nicht zu verlieren. Erzählungen darüber, was der einzelne zwischen den Gruppenterminen erlebt hat, sind für alle in der Gruppe sehr wichtig. Gleichzeitig ist es aber im Hinblick auf die Vorbereitung auf die Geburt und die Zeit danach wichtig, daß bestimmte Themen gezielt bei einzelnen Treffen angesprochen werden.

Um diesen und anderen Problemen der Gruppenarbeit nicht hilflos ausgeliefert zu sein, habe ich den folgenden Regelkatalog für Vätergruppen ausgearbeitet. Der Regelkatalog ähnelt in vielen Punkten dem Regelkatalog, der für Frauengesprächsgruppen empfohlen wurde:

1. Die Gruppe sollte höchstens aus neun bis zehn, jedoch nicht weniger als sechs Männern bestehen. Rechnet anfangs ruhig mit zwei Männern mehr, da immer welche im Laufe der Zeit wegbleiben.

2. Nach den ersten zwei Treffs sollten keine neuen Männer mehr dazukommen. Sonst müssen die Gruppenprozesse immer wieder von vorne beginnen, und die Gruppe wird sich schwertun, den erreichten Grad von Offenheit untereinander zu erhalten.

3. Die Gruppe sollte sich mindestens einmal in der Woche treffen. Bei längeren Abständen zwischen den einzelnen Treffs hat die Gruppe eine zu lange Anlaufzeit, und es ist oftmals schwierig, an das Geschehen auf dem letzten Treff wieder anzuknüpfen.

4. Jeder sollte regelmäßig kommen. Bei unregelmäßiger Teilnahme wird der Gruppenprozeß oft empfindlich gestört. Auch das Erzählen über den letzten Treff hilft meist nicht weiter. Außerdem kann es für die Gruppenmitglieder ausgesprochen ärgerlich sein, wenn ein Thema ständig wieder besprochen wird, nur weil immer jemand gefehlt hat.

5. In der Gruppe gibt es keinen ständigen Leiter. Grundsätzlich handelt es sich um eine selbstorganisierte Gruppe. Es ist der Gruppeninitiative nicht förderlich und führt zu Konkurrenz unter den Gruppenmitgliedern, wenn es einen Leiter gibt. Die Verantwortung wird nur allzu leicht an ihn delegiert. Falls eine Gruppe nicht ohne Gesprächsleiter klarkommt, sollte jeder mal an die Reihe kommen.

6. Die Gruppe sollte für jeden Treff ein Thema bestimmen und darauf achten, daß nicht vom Thema abgewichen wird, wenn «heiße Eisen» zur Sprache kommen. Am Anfang eines jeden Gruppenabends sollte allerdings genug Raum sein, um sich gegenseitig die neuesten Ereignisse und Erlebnisse zu berichten. Manchmal ergibt sich dadurch schon ein Thema.

7. Wenn ein Thema bestimmt ist, soll jeder reihum etwas dazu sagen. Vorher können Fragen zu diesem Thema bestimmt werden, zu denen der einzelne von seinen persönlichen Erfahrungen her Stellung nehmen soll. Dabei muß man allerdings darauf achten, daß niemand gezwungen werden darf, Stellung zu beziehen. Was

und wieviel der einzelne von sich erzählen möchte, bestimmt er allein. Während einer solchen Runde dürfen lediglich Verständnisfragen gestellt werden. Erst nachdem jeder etwas gesagt hat, soll das Gespräch in der Gruppe beginnen; so ist gewährleistet, daß das Gruppengeschehen nicht nur von den «Vielrednern» beherrscht wird.

8. Im Mittelpunkt des Gruppengespräches sollen *Gefühle* stehen und nicht äußere Sachverhalte. Da Männer das Äußern von Gefühlen besonders schwerfällt und sie bevorzugt auf Sachthemen oder Gespräche über andere ausweichen, hängt von der Einhaltung dieser Regel viel ab. Äußere Sachverhalte gewinnen ihre Bedeutung für den einzelnen daraus, daß sich mit ihnen Gefühle und Empfindungen verknüpfen. Deshalb sollte ständig nachgefragt werden, was die jeweiligen Sachverhalte für den einzelnen *gefühlsmäßig* bedeuten und wie der einzelne die geschilderten Situationen *empfunden* hat. Kein Gruppenmitglied darf aber zu einer Stellungnahme gezwungen werden.

9. Gefühle sollen *direkt* geäußert werden. Grundsätzlich ist es möglich, Gefühle indirekt oder direkt zu äußern. Ein Beispiel für indirekten Ausdruck von Gefühlen: «Lach nicht so!» Der direkte Ausdruck des gleichen Gefühls könnte so lauten: «Dein Lachen verunsichert mich!» Voraussetzung für den direkten Ausdruck von Gefühlen ist, daß man sich selbst über seinen Gefühlszustand im klaren ist. Der direkte Ausdruck von Gefühlen erleichtert das Sprechen über Gefühle. Die Kommunikation untereinander verbessert sich.

10. Gespräche sollen in der «Ich-Form» geführt werden. Statt «Man ist unzufrieden, wenn ...» sollte der einzelne lieber sagen: «Ich bin unzufrieden, daß ...» Verallgemeinerungen machen das Gespräch nicht nur unpersönlich, sondern sie dienen oftmals dazu, die persönlichen Erfahrungen zu verschleiern oder sich hinter anderen zu verschanzen. Hier hilft die Frage: «Gilt das auch für Dich?» oder «Kannst Du dazu ein Beispiel bringen?»

11. Voraussetzung eines offenen Gespräches ist es, daß jeder die Gefühle des anderen akzeptiert und der andere nicht damit rechnen muß, wegen seiner Gefühle abgelehnt zu werden. Das Bemühen soll darauf gerichtet sein, den anderen immer besser zu verstehen. Dies schließt nicht aus, daß man den anderen mit seinen eigenen,

abweichenden Gefühlen konfrontiert und ihm mitteilt, daß es einem schwerfällt, die Gefühle des anderen zu verstehen und zu
akzeptieren.

12. Störungen haben Vorrang. Störungen zwischen Gruppenmitgliedern können vielfältiger Art sein. Z. B. können bestimmte Gruppenmitglieder das Gespräch an sich reißen oder durch ihre Art der
Gesprächsführung andere Gruppenmitglieder vollkommen abblocken. Oder das Thema geht manchem entweder zu nahe oder
es ist zu weit weg von ihm.

Störungen können das Gespräch in einer Gruppe so blockieren,
daß nichts mehr läuft. Deshalb muß ihre Klärung Vorrang vor der
Verfolgung des jeweiligen Themas haben. Wenn ein Gruppenmitglied bei sich eine Störung festgestellt hat, dann sollte er dies der
Gruppe mitteilen.

Wenn man die Störung selbst noch nicht benennen kann, aber
ein Unbehagen verspürt, kann man auch eine Runde zum Thema
«Wie fühle ich mich im Moment in dieser Gruppe?» vorschlagen.

Wenn man bemerkt, wie das Gespräch allmählich versandet,
ohne daß man die Ursache dafür benennen könnte, empfiehlt sich
eine Runde mit der Fragestellung «Warum fällt es mir so schwer,
mich in der Gruppe einzubringen?»

Solches Reflektieren über den Gesprächsverlauf nennt man
Metakommunikation. Die Fähigkeit zur Metakommunikation ist
für die Gruppenarbeit eine unerläßliche Voraussetzung. Jede
Gruppe muß diese Fähigkeit Schritt für Schritt erlernen, weil
sonst der Gruppenprozeß stagniert und eine produktive Entwicklung der Gruppe verhindert wird.

Wenn Gruppen Schwierigkeiten mit der Metakommunikation
haben, können sie auch die in dem Buch ‹*Anleitung zum sozialen
Lernen*› abgedruckten Metakommunikationspapiere 1, 2 und 3
benutzen.[1]

Die Einhaltung dieser Regeln ist eine wichtige Voraussetzung für
das Gelingen des Gruppenprozesses. Vätergruppen sind aber nicht
nur Selbsterfahrungsgruppen, sondern in ihnen soll darüber hinaus
gezielt auf die Geburt und die Zeit danach hingearbeitet werden.

1 Schwäbisch, Lutz/Siems, Martin: Anleitung zum sozialen Lernen für
Paare, Gruppen und Erzieher. Reinbek bei Hamburg 1974, S. 250 ff.

Zur Erleichterung der Themenfindung und Strukturierung von Gesprächen habe ich verschiedene Fragenkataloge zusammengestellt. Ob bestimmte Fragen ausgewählt werden, zu denen sich jeder äußern soll, oder ob alle Fragen der Reihe nach in mehreren Gesprächsrunden durchgegangen werden, muß jede Gruppe selbst entscheiden. Die Fragen sollen lediglich Hilfen für den Einstieg sein. Wenn in der Gruppe das Gespräch gut in Gang gekommen ist, sollte man sie weglegen und für das Gespräch höchstens den einen oder anderen Punkt im Kopf behalten.

Natürlich kann eine Gruppe auch gänzlich ohne Fragenkataloge auskommen.

1. Treff: Persönliche Vorstellung.
Jeder soll den anderen einen Eindruck davon vermitteln, was in seinem Leben besonders wichtig ist.

– Darstellung der Motivation und der Erwartungen in bezug auf die Vätergruppe (Gesprächsrunde)
– Diskussion über das weitere gemeinsame Vorgehen
– Gemeinsames Durchsprechen der Regeln für Vätergruppen

Es kann vorkommen, daß die Teilnehmer sehr wenig oder keine Erwartungen äußern, die die Thematisierung des eigenen *Erlebens* betreffen. Auch wenn die Erwartungen vieler Teilnehmer scheinbar mehr auf den Austausch von Sachinformation zielen, sollte man sich nicht abhalten lassen, auch die Themen zu besprechen, die auf das männerspezifische Erleben zielen. Daß nur Sachthemen erwartet werden, hängt mit der männlichen Schwierigkeit zusammen, Gefühle zu äußern.

Um sich besser kennenzulernen ist es sinnvoll, im Anschluß an die Gruppenabende etwas gemeinsam zu unternehmen (z. B. Kneipe).

2. Treff: Thema «Kinderwunsch»
Fragen:

– Ging der Kinderwunsch von Dir aus? War es eine unbeabsichtigte Schwangerschaft?
– Wie hast Du Dich gefühlt, als die Entscheidung gefallen war? Welche Erwartungen? Freude? Skepsis? Distanz? Befürchtungen?
– Hattest bzw. hast Du in bezug auf das Kind die gleichen Gefühle wie Deine Frau?

- Sind Dir bzw. Deiner Frau manchmal Zweifel an Eurer Entscheidung gekommen?
- Würde Deine Frau das Kind auch ohne Dich bekommen wollen? Ist ihr wichtig, daß das Kind gerade Dich als Vater hat?

3. *Treff:* Thema «Vorbereitung auf die Geburt und die Zeit danach» Jeder soll die Literatur mitbringen, die er zur Vorbereitung bisher gelesen hat, und den anderen kurz mitteilen, was er von den einzelnen Büchern hält.

Fragen:

- Haben Du und Deine Frau schon eine Entscheidung getroffen, ob ihr eine Haus- oder eine Krankenhausgeburt machen wollt? Gründe? In welchem Krankenhaus? Warum? Bei Hausgeburt: Mit welcher Hebamme? Erfahrungen?
- Hast Du schon bestimmte Krankenhäuser besucht? Welche Erfahrungen? Wie hast Du Dich als Vater bei solchen Krankenhausbesuchen gefühlt?
- Hast du Fragen aus dem hier abgedruckten Fragebogen für Väter beim Krankenhausbesuch gestellt? Wie waren Deine Erfahrungen?
- Hast Du Dich außer durch Bücherlesen auf die Geburt sonst noch vorbereitet?
- Fühlst Du Dich ausreichend vorbereitet? In welcher Hinsicht bist Du noch unsicher?

4. *Treff:* Thema «Situation des werdenden Vaters»
Fragen:

- Hast du das Gefühl, daß Deine Teilnahme an der Schwangerschaft für Deine Frau wichtig ist? Wird Dein Bemühen von ihr und Deiner Umgebung anerkannt?
- Hat sich das Verhalten Deiner Frau durch die Schwangerschaft verändert?
- Kannst Du das Erleben der Schwangerschaft bei Deiner Frau gut nachvollziehen?
- Wenn nicht, wo liegen Deine Probleme?
- Welche Gefühle hast Du im Moment dem Kind im Bauch gegenüber?

Spätestens am Ende dieses Treffs sollte die Gruppe sich die Zeit nehmen und jeden berichten lassen, wie er den Abend erlebt hat und wie er sich im Moment in der Gruppe fühlt.

5. *Treff:* Thema «Künftige Vaterrolle»
Fragen:
- Hast Du schon mit Deiner Frau über Deine Vaterrolle nach der Geburt gesprochen? Wie wollt Ihr die anfallenden Aufgaben verteilen? Wer macht was?
- Siehst Du Möglichkeiten, daß ihr das Kind gemeinsam versorgt?
- Welche Gefühle ruft bei Dir eine gleichberechtigte Rollenverteilung hervor? Siehst Du Probleme?
- Welche Veränderungen bringt die vereinbarte Rollenverteilung für Dich mit sich? Positive? Negative?
- Hast Du über alle Konsequenzen nachgedacht? Arbeit?
- Welche Konflikte befürchtest Du mit Deiner Frau in bezug auf die Rollenverteilung?

Bei dieser Diskussion sollten die Gruppenteilnehmer sehr direkt und ehrlich mit sich umgehen. Sie sollten nicht versuchen, diejenigen mit einer anderen Meinung unbedingt überzeugen zu wollen oder ihre Entscheidung zum gültigen Maßstab für alle zu machen.

6. *Treff:* Thema «Beziehung»
Fragen:
- Welche Veränderungen haben sich während der Schwangerschaft in Deiner Beziehung zu Deiner Frau ergeben?
- Welche Veränderungen empfindest Du als positiv? Welche als negativ?
- Bist Du jetzt mit Deiner Beziehung zufriedener? Warum? Warum nicht?

Bei dem Thema ist es wichtig, behutsam miteinander umzugehen. Sexualität sollte nicht unbedingt angesprochen werden. Niemand sollte ausgequetscht werden. Jeder soll nur das erzählen, was er von sich aus erzählen möchte. Nachfragen sollten lediglich auf besseres Verstehen zielen.

Am Ende dieses Abends ist es äußerst wichtig, daß alle Gruppenteilnehmer einander sagen, wie sie sich bei diesem Thema gefühlt haben.

Erst wenn in der Gruppe eine offene Atmosphäre herrscht, kann man das folgende Thema ansprechen.

7. Treff: Thema «Sexualität»

Fragen:

- Welche Veränderungen haben sich in Deiner sexuellen Beziehung durch die Schwangerschaft ergeben?
- Hast Du genauso Lust, mit Deiner Frau/Freundin zu schlafen wie vor der Schwangerschaft?
- Bist Du mit Deiner sexuellen Beziehung zu Deiner Partnerin zufrieden? Vermißt Du etwas Bestimmtes?

Dieses Thema ist außerordentlich schwierig zu handhaben. Die Gruppenteilnehmer dürfen sich keinesfalls gegenseitig mit Forderungen nach größerer Offenheit unter Druck setzen. Es darf niemand mit Fragen bedrängt werden. Nachher sollte man über den Ablauf des Treffs miteinander sprechen. Das Thema sollte auf dem nächsten Treff noch ausführlicher vertieft werden. Vorausgesetzt, daß alle ein Bedürfnis danach haben.

8. Treff: Thema «Sexualität»

9. Treff: Thema «Geburt»

Fragen:

- Welche Vorstellungen hast Du von der Geburt?
- Welche Erwartungen werden Deiner Meinung nach an Dich während der Geburt gestellt?
- Fühlst Du Dich diesen Erwartungen voll gewachsen?
- Wie stellst Du Dir Deine Rolle bei der Geburt vor?

Bei diesem Thema sollen auch die Ängste, die für den werdenden Vater mit der Geburt verknüpft sind, zur Sprache kommen. Daneben wird es wichtig sein, die verschiedenen Vorstellungen von der Geburt miteinander zu vergleichen, um ein realistisches Verhältnis zur Geburt zu gewinnen.

Nach diesen neun Treffs sollte die Gruppe eigentlich alleine und ohne Hilfestellung klarkommen. Weitere Themen ergeben sich von allein. Auch Geburtsberichte und Erfahrungen über die erste Zeit danach bieten genügend Stoff für weitere Treffs.

V. Die Geburt

Noch Mitte der sechziger Jahre wurde allgemein akzeptiert, daß Väter bei der Geburt – zumindest im Krankenhaus – nichts zu suchen hatten. Heute gehören in manchen Großstadtkrankenhäusern diejenigen Väter, die nicht an der Geburt teilnehmen, bereits zu einer sehr kleinen Minderheit. In Hamburger Krankenhäusern beispielsweise sind mittlerweile 90 % der Väter bei der Geburt dabei.

Angesichts dieser rasanten Entwicklung ist es besonders interessant zu erfahren, wie es dazu kam, wie es früher war und wie es heute ist. Da heute 98 % aller Geburten in Krankenhäusern stattfinden, soll dabei vor allem die Situation von Vätern im Krankenhaus beschrieben werden.

Zum Abschluß kommen dann verschiedene Väter selbst zu Wort.

1. Kulturgeschichtliches zum Thema Väter und Geburt

Die Gynäkologie und die Geburtshilfe sind heute fast ausschließlich von Männern beherrscht. Schon im 14. Jahrhundert begann der Prozeß der Verdrängung der Hebammen aus der Geburtshilfe durch die männlichen Ärzte, der auch heute noch nicht ganz abgeschlossen zu sein scheint.

Kaum bekannt ist, daß die letzte, entscheidende Phase der Verdrängung der Hebammen seit dem Zweiten Weltkrieg bis Mitte der sechziger Jahre auch für Väter weitreichende Konsequenzen hatte. Immer mehr Geburten fanden nicht mehr zu Hause, sondern im Krankenhaus statt; dadurch wurden nicht nur die freien Hebammen zum aussterbenden Berufsstand, sondern auch den Vätern wurde die Anwesenheit bei der Geburt durch die Ärzte verboten. Während die Hebammen bei Hausgeburten dem Ehemann den Zutritt ins Geburtszimmer kaum verweigern konnten, war es für die Ärzte im Krankenhaus ein leichtes, den Vater von der Geburt fernzuhalten. Sie erklärten den Vater zum Infektionsrisiko für Mutter und Kind. Seine Fernhaltung von der Geburt war damit eine notwendige ärztliche Maßnahme.

Die frischgebackene Mutter wurde dem Vater dann nach der Geburt im frischbezogenen Bett, gewaschen und «ästhetisch» hergerichtet, erschöpft und doch mit glücklichem Lächeln präsentiert. Sein Kind durfte er anschließend durch eine Glasscheibe im Arm einer Säuglingsschwester bewundern.

Später, als die Argumentation mit der Hygiene immer brüchiger wurde, mußten neue Gründe herhalten, um den Vater auszuschließen. So befürchtete man, daß der Vater durch den Anblick seiner gebärenden Frau einen sexuellen Schock erleiden könne. Dies könne sich bleibend auf das künftige Sexualleben des Paares auswirken, da der Mann von dem Erlebnis der Geburt nicht mehr so einfach loskomme und dies seine sexuelle Lust negativ beeinflusse. Das gemeinsame Geburtserlebnis könne so zur Ursache von Eheproblemen werden, die letztlich zur Trennung führen können.

«Mag sich durch die Anwesenheit des Mannes bei der Geburt seine Achtung vor der Leistung der Frau steigern und die kameradschaftliche Bindung festigen, so kann sich doch das Gefühl für sie als begehrenswerte Geliebte abrupt verflüchtigen.»[1]

Weitere Argumente, die von ärztlicher Seite gegen die Anwesenheit des Vaters angeführt wurden, waren der Schutz der weiblichen Schamhaftigkeit und die Befürchtung, daß der Vater bei der Geburt «in Ohnmacht fallen» oder anderweitig stören könne. Zur Schamhaftigkeit:

«Die Schamhaftigkeit der Frau ist größtenteils in ihrer Würde verankert. Die meisten Frauen wollen deshalb den geliebten Mann vom Gebärvorgang fernhalten – wie sie ihm auch die Menstruation nicht demonstrieren würden... So mancher Erstgebärenden war es unangenehm, wenn beim Mitpressen unwillkürliche Entleerungen erfolgten. Immer wieder meinte sie in ihrem natürlichen Schamgefühl, daß dieser Vorgang selbst für die damit doch vertrauten Geburtshelfer indezent sein müsse, und nicht selten bat sie, peinlich berührt, um Entschuldigung. Wieviel mehr können zwiespältige Gefühle bei der Anwesenheit

1 Hellmann, Rudolf: Entbindungshelfershelfer? In: Der Frauenarzt 1/1979, S. 20.

des Ehemannes aufkommen, den sie ja auch sonst nicht an zwar natürlichen, aber doch wohl intimsten körperlichen Entleerungen teilnehmen läßt; sie überschatten unter Umständen die Geburt ihres Kindes.»[1]

Auch die hier dargestellten Argumente wurden ebenso wie das Hygieneargument nach und nach widerlegt. So weiß man heute, daß sehr selten mal ein Vater wirklich in Ohnmacht fällt. Auch läßt sich die Behauptung nicht aufrechterhalten, daß die Anwesenheit des Vaters bei der Geburt häufig sexuelle Probleme zur Folge hat. Obwohl ich aus Väterkursen weiß, daß das durchaus in Einzelfällen vorkommen kann, ist eine Verallgemeinerung auf fast alle Väter unzutreffend. In den seltenen Fällen, die ich kennengelernt habe, gab es außerdem einen individuellen Hintergrund, der zusätzlich zum Geburtserlebnis eine Rolle spielte.

Mit der Widerlegung der von ärztlicher Seite gegen die Anwesenheit von Vätern angeführten Argumente zeigt sich überdeutlich, daß diese Begründungen in Wirklichkeit vorgeschoben waren. Tatsächlich ging es den Ärzten darum, ihre uneingeschränkte Expertenmacht jeder Kontrolle zu entziehen. Nachdem die freien Hebammen als Konkurrenz ausgeschaltet oder im Krankenhaus der Weisungsbefugnis des Arztes unterworfen waren, mußte nur noch die Kontrolle und die «Störung» durch den Vater ausgeschaltet werden, um den Geburtsvorgang endgültig und ohne Einschränkung der Herrschaft der männlichen medizinischen Experten zu unterwerfen. Damit soll nicht behauptet werden, daß alle Ärzte nur nach Macht streben. Aus der Sicht des Patienten stellt sich jedoch die Ärzteschaft als ein geschlossener Machtblock dar, gegen den sich Veränderungen nur schwer durchsetzen lassen. Aus dieser «Frontstellung» heraus erscheint die Machtstellung der Experten umfassender, als sie ist. Außerdem wird ausgeblendet, daß es auch viele Ärzte gibt, die sich für eine Veränderung der Geburtshilfe einsetzen.

Paradoxerweise ging also die Vorherrschaft der Männer in der Geburtshilfe damit einher, daß andere Männer, nämlich die Väter, von der Geburt ausgeschlossen wurden. Dies gilt für die Entwicklung in den fünfziger und sechziger Jahren in Deutschland.

Für diese Zeit gibt es jedoch zahlreiche Belege, daß zumindest in

1 Hellmann, Rudolf, a. a. O., S. 20.

bestimmten Gegenden Deutschlands Väter, wenn sie dies wollten, bei Hausgeburten anwesend sein konnten. Dem folgenden Abschnitt aus dem Leserbrief einer Hebamme, der im Jahrgang 1957 in der deutschen Hebammenzeitschrift veröffentlicht wurde, können wir entnehmen, was die Hebammen damals von der Anwesenheit des Vaters bei Hausgeburten hielten:

«Wir möchten allen werdenden Vätern zurufen: Laßt Euch das Recht des Miterlebens der Geburt Eurer Kinder nicht nehmen. Laßt Eure Frauen im eigenen Heim niederkommen, so seid Ihr ihnen ‹nicht nur bei der Entbindung› nahe, sondern auch in den Wochenbettstagen. Und keiner kann Euch wehren, Eure Kinder in den Arm zu nehmen!»[1]

Auch in früheren Jahrgängen dieser Zeitschrift gibt es Hinweise dafür, daß die Anwesenheit von Ehemännern bei der Geburt keine Seltenheit darstellte. Daneben gibt es Geburtsberichte, die den Rückschluß zulassen, daß auch in der Zeit vor dem Ersten Weltkrieg die Anwesenheit des Mannes bei Hausgeburten durchaus keine Ausnahme war.[2]

In dem Buch ‹Die Frau als Hausärztin›, welches um 1900 herausgegeben wurde, wird sogar an Hand eines Bildes demonstriert, wie der Ehegatte seine Frau bei geburtshilflichen Eingriffen zu Hause stützen und halten soll.[3]

Dies alles sagt freilich noch wenig darüber aus, wie viele Väter früher von sich aus bei der Geburt dabei sein *wollten* und die vorhandene Möglichkeit auch tatsächlich genutzt haben. Auch weiß man nicht, ob die Frauen ihren Mann immer bei der Geburt dabeihaben wollten. Entscheidend ist in diesem Zusammenhang lediglich, daß die *Möglichkeit* der Anwesenheit des Vaters bei Hausgeburten grundsätzlich gegeben und der prinzipielle Ausschluß des Vaters von der Geburt nur in Krankenhäusern üblich war.

Diese Tatsache wurde von den Ärzten bei ihrer Argumentation ge-

1 Deutsche Hebammenzeitschrift (DHZ) 12/1957, S. 392.
2 Vgl. hierzu etwa Beck, Juliane/Weigert, Vivian (Hg.): Erlebnis Geburt. München 1982, S. 253ff. Oder: DHZ 8/1954, S. 222 und DHZ 12/1956, S. 351. Oder: Schulte-Döinghaus, Uli: Das Vergnügen ein zärtlicher Vater zu sein. Zürich 1982. S. 53.
3 Fischer-Dückelmann, Anna: Die Frau als Hausärztin. Um 1900, S. 681.

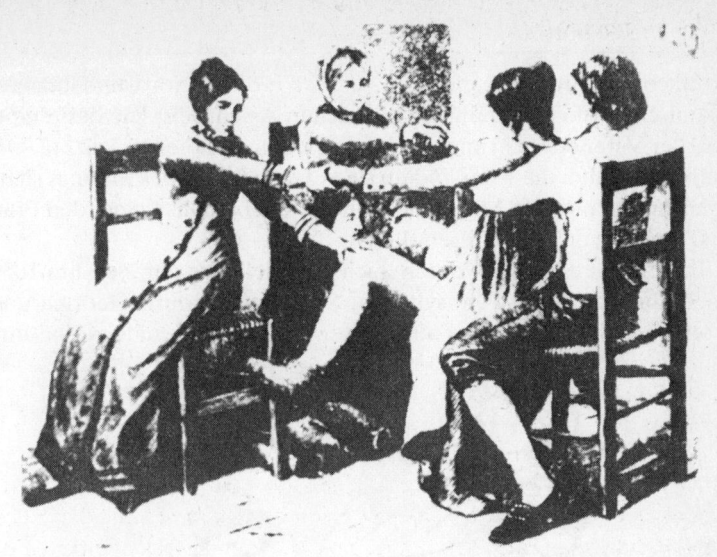

gen die Anwesenheit des Vaters schlicht unterschlagen. Statt dessen wurde von ärztlicher Seite so getan, als ob die Anwesenheit des Vaters in keiner Kultur und Gesellschaft jemals üblich gewesen wäre. Um dies zu untermauern, berief man sich auch auf ethnologische Befunde.[1] Diese sollten belegen, daß auch sogenannte primitive Völker den Vater von der Geburt fernhalten und daher die Forderung nach Anwesenheit des Vaters lediglich ein verantwortungsloser Modetrend unserer Zeit wäre.

Die ethnologischen Befunde sind jedoch keineswegs von der Eindeutigkeit, wie diese Argumentation suggeriert. Die Ethnologin Sigrid Paul faßt zusammen: «Meistens haben Männer im Geburtsraum nichts zu suchen. Ausnahmen gibt es dann, wenn der Kindesvater oder auch der Vater der Gebärenden Hebammendienste leistet oder durch Analogiehandlungen den Geburtsverlauf beschleunigen soll.»[2]

Diese Ausnahmen sind allerdings, wie wir aus anderen Studien wissen, gar nicht so selten. So können wir z. B. einer 1882 in den USA

1 Hellmann, Rudolf, a. a. O., S. 20.
2 Paul, Sigrid: Schwangerschaft, Geburt und Stillzeit in ethnologischer Sicht. In: Schindler, Sepp (Hg.): Geburt. Eintritt in neue Welt. Gött. 1982, S. 31.

erschienenen Studie[1] entnehmen, daß es sowohl bei nord- und südamerikanischen Indianerstämmen als auch in Asien Beispiele dafür gibt, daß der Vater oder ein anderer Mann Hebammendienste leistete. Oft entbindet dabei die Frau, indem sie auf dem Schoß des Mannes sitzt. Manchmal kniet der Mann auch hinter der ebenfalls knieenden Frau und umfaßt von hinten ihren Bauch.

In derselben Studie werden auch Beispiele aus der Zeit um 1850 angeführt. In Ohio, Pennsylvania, Südwest-Missouri, Georgia und Nordwest-Virginia war es auch unter der weißen Landbevölkerung

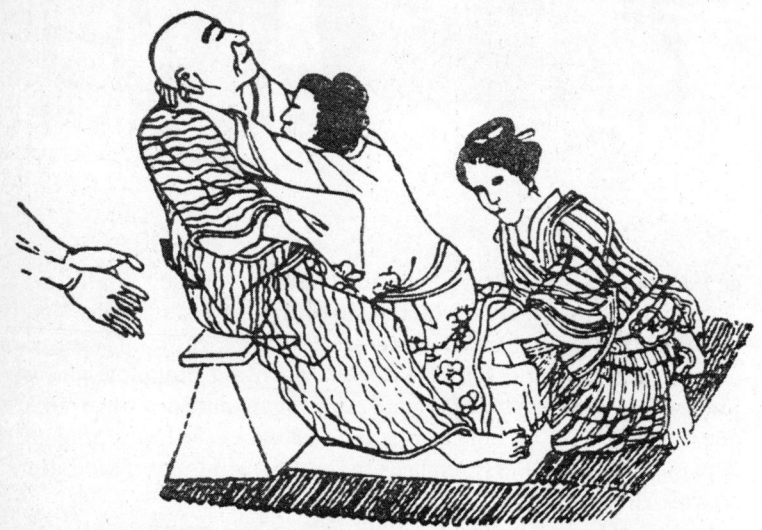

üblich, daß die Frau auf dem Schoß des Ehemannes entband. Der Vater saß dabei nicht auf der Erde, wie bei bestimmten Indianerstämmen, sondern auf einem Stuhl.[2]

Weitere Beispiele für die Beteiligung von Vätern an der Geburt finden sich in einer amerikanischen Geschichte der Gynäkologie. Hier wird u. a. ein Beispiel aus Japan im frühen 19. Jahrhundert angeführt, wo der Vater bei der Geburt auf einer Bank sitzt und die Frau vor ihm

1 Engelmann, George J.: Labor Among Primitive Peoples. St. Louis 1882 (Reprint 1977), S. 8–10, 42, 62 ff.
2 Engelmann, George J., a. a. O., S. 63.

kniet und sich an ihm festhält.[1]

Den Ärzten ging es bei ihren Argumentationen gegen die Anwesenheit des Vaters also nicht um eine sachliche Auseinandersetzung und Abwägung, sondern um eine nachträgliche Rechtfertigung einer ganz anders motivierten und begründeten Entscheidung. Trotzdem ist es den Ärzten auf Grund ihrer unbestrittenen Machtposition gelungen, mit solchen und ähnlichen Argumentationen bis Mitte der siebziger

Jahre Vätern den Zugang zu den Kreißsälen zu verwehren. Damit soll nicht behauptet werden, daß alle Ärzte nur nach Macht streben. Aus der Sicht des Patienten stellt sich die Ärzteschaft aber als ein geschlossener Machtblock dar, gegen den sich Veränderungen nur unter zähem Widerstand durchsetzen lassen. Aus dieser «Frontstellung» heraus erscheint die Macht der Experten umfassender, als sie ist. Außerdem bleibt unberücksichtigt, daß es auch viele Ärzte gibt, die sich für eine Veränderung der Geburtshilfe einsetzen. Nach einer Umfrage der Zeitschrift *Eltern*, die Anfang der siebziger Jahre durchgeführt wurde, befürwortete damals von 2000 befragten Chefärzten nur ein Viertel die Gegenwart des Ehemannes im Kreißsaal. Ein gutes Drittel war prinzipiell dagegen. 40 % lehnten zwar nicht prinzipiell ab, wollten Väter aber nur in besonderen Fällen zulassen.[2]

1 Speert, Harold: Iconographia Gyniatrica. Philadelphia 1973.
2 Siehe DHZ 9/1972, S. 269.

Heute würde eine solche Umfrage sicherlich zu ganz anderen Ergebnissen führen. Zwar hat sich vermutlich die tatsächliche Einstellung vieler Chefärzte nicht grundsätzlich gewandelt. Der Druck der Öffentlichkeit und der Geburtenrückgang in den siebziger Jahren ließen es ihnen jedoch opportun erscheinen, ihre ursprüngliche Meinung zurückzustellen und den Vätern Eintritt in die Kreißsäle zu gewähren, um so ihre Wöchnerinnen-Stationen auch auszulasten.

Die heutige Situation, in der es sich zumindest in den Großstädten kaum ein Krankenhaus mehr leisten kann, den Vater von der Geburt auszuschließen, kam also nicht von ungefähr, sondern ist das Ergebnis einer längeren Auseinandersetzung in der Öffentlichkeit, die Ende der sechziger Jahre begann. In dieser Auseinandersetzung spielte die Frauenbewegung mit der Anprangerung der männlichen Vorherrschaft in Gynäkologie und Geburtshilfe eine ganz bestimmte Rolle; hauptsächlich ging der Druck auf die Krankenhausärzte aber von den schwangeren Frauen aus, die sich bevorzugt jene Krankenhäuser für die Entbindung aussuchten, die gegen eine Anwesenheit des Vaters nichts einzuwenden hatten. In einer Zeit, wo die Zahl der Geburten immer mehr zurückging, war dies ein entscheidendes und für Chefärzte überzeugendes Druckmittel, um in der Frage der Teilnahme von Vätern bei der Geburt eine andere Haltung einzunehmen.

Daß Frauen gerade in der heutigen Zeit so großen Wert auf die Teilnahme der Männer an der Geburt zu legen begannen, hatte mehrere Gründe: Die Entwicklung der Geburtshilfe zur hochtechnisierten Geburtsmedizin hat die Situation der Gebärenden tiefgreifend verändert. Während früher beispielsweise die Hebamme die Geburt während der ganzen Zeit persönlich überwachte und so für die Gebärende auch verfügbar war, wurde mit der massenhaften Einführung von Wehen- und Herztonschreibern und programmierter Geburt die gleichzeitige Überwachung von mehreren Gebärenden möglich. Hebammenstellen konnten eingespart werden. Für die Gebärenden bedeutete dies, daß die Einsamkeit im Kreißsaal Einzug hielt: «Hinterher, als es dann losging, war ich sehr traurig, daß ich alleine dalag. Es war nachts, und niemand war da. Nebenan war die Kinderstation, und ich hörte Kinder schreien. Ich habe dann die Hebamme gefragt, ob nicht eine Schwester kommen könnte, damit sie sich hinters Bett stellt und ich sie anfassen kann. Es war furchtbar unangenehm, und ich hatte immer das Gefühl, ich möchte mich an etwas Warmem festhalten, an einem Menschen, das fehlte mir völlig. Ich lag da, alleine in so einem kalten, weißen Stahlbett. Ich fand das Krankenhaus ganz furchtbar.»[1]

Aber nicht nur die Einsamkeit im Kreißsaal machte vielen Frauen die Geburt zu einer traumatischen Erfahrung, sondern auch die Segnungen der modernen Medizin, die die Gebärenden zum passiven, unmündigen und beliebig verfügbaren Objekt ärztlichen Handelns machten.

In dieser Situation lag es für werdende Mütter sehr nahe, darauf zu bestehen, von einer Vertrauensperson in den Kreißsaal begleitet zu werden. Hinzu kam, daß parallel zu dieser Entwicklung sich auch die männliche Einstellung zu Schwangerschaft und Geburt allmählich veränderte. Da Männer auf Grund eines neuen Rollenverständnisses zunehmend mehr an der Schwangerschaft und den Vorbereitungen zur Geburt Anteil nahmen, hatten sie auch ein stärkeres Interesse daran, nach gemeinsam erlebter Schwangerschaft nicht vor verschlossenem Kreißsaal qualvoll warten zu müssen, bis ihnen das Neugeborene präsentiert wurde. Die sogenannte sexuelle Revolution der siebziger Jahre tat ein übriges. Indem die Tabuisierung des Intimbereiches der Frau und die Tabuisierung der Sexualität Schritt für Schritt abgebaut wurde, sind auch Hemmungen abgebaut worden, die früher die Anwesenheit mancher Väter bei der Geburt unmöglich machten.

Die ganze Entwicklung verlief natürlich nicht ohne «Rückzugsgefechte» der männlichen Gynäkologen. Im Zuge solcher Rückzugsgefechte wurde z. B. in manchen Krankenhäusern die sogenannte Fernsehgeburt eingeführt. Hier durfte der Vater im Wartezimmer die Geburt auf einem Fernsehgerät verfolgen. «Die Bilder werden schwarzweiß und ohne Ton übertragen. Sollte es Schwierigkeiten bei der Geburt geben, kann die Kamera einfach abgeschaltet werden.»[2] Die Fernsehgeburt ermöglichte dem Vater zwar scheinbar die «Teilnahme» an der Geburt, hielt ihn aber trotzdem aus dem Kreißsaal fern. Die Auseinandersetzung mit dem Vater blieb dem Arzt erspart. Wenn es kompliziert wurde oder der Vater etwas nicht mitkriegen sollte, konnte er im Wortsinn «abgestellt» werden. Barbara Vogt-Hägerbäumer schreibt in ihrem 1977 erschienenen Buch zu Schwangerschaft und Geburt über die sogenannte Fernsehgeburt:

«... so werden die natürlichen Bedürfnisse von Frau und Mann zwar

1 Vogt-Hägerbäumer, Barbara, a. a. O., S. 90/91.
2 Vogt-Hägerbäumer, Barbara, a. a. O., S. 82/83.

angeblich anerkannt, bleiben aber unbefriedigt. Die Geburtshelfer
setzen sich mit ihren Interessen durch und bieten dem Paar eine Ersatz-
lösung an, die nicht zu akzeptieren ist. Das eigentliche Wichtige, was
für das Zusammensein von Frau und Mann bei der Geburt spricht,
bleibt bei dieser Lösung völlig unberücksichtigt ... Die scheinbare
Bereitschaft der Geburtshelfer, auf die Interessen von Mann, Frau und
Kind einzugehen, bedeutet, daß sie weiterhin die Forderungen, eine
Geburt menschlicher werden zu lassen, abblocken.»[1]

Ob es heute noch Krankenhäuser gibt, wo die Fernsehgeburt praktiziert wird, konnte ich nicht in Erfahrung bringen, kann es mir allerdings
nur schwer vorstellen.

Dies bedeutet freilich nicht, daß die Gynäkologen ihre Rückzugsgefechte endgültig aufgegeben hätten. Die Tatsache, daß Väter bei der
Geburt heute fast in allen Großstadtkrankenhäusern anwesend sein
dürfen, sagt nämlich noch wenig darüber aus, wie sich diese Anwesenheit denn konkret gestaltet. So ist es mancherorts üblich, Väter erst in
der letzten Phase der Geburt in den Kreißsaal zu lassen. Auch gibt es in
den meisten Krankenhäusern auch heute noch nicht die Möglichkeit,
daß Väter, wenn sie dies wollen, bei Kaiserschnittoperationen anwesend sein können. Dies wird ihnen auch selbst dann nicht zugebilligt,
wenn solche Operationen in epiduraler Anästhesie durchgeführt werden.

Die Auseinandersetzung um die Anwesenheit des Vaters bei der
Geburt ist also auch heute noch nicht abgeschlossen. Ob in Zukunft
die Entwicklungen in Deutschland ähnlich ablaufen werden, wie sie
sich in den letzten Jahren in den USA abzeichnen, möchte ich be-
zweifeln. Dort werden derzeit Experimente in Hinblick darauf gemacht, wie die Beteiligung der Väter am Geburtsvorgang noch zu
steigern wäre:

«Das Geburtshelfer-Team Myron Levine und Robert Block in New
Jersey ermuntert Väter, an dem Tage ‹Arzt zu spielen› und die Babys
(bei normalen, unkomplizierten Entbindungen) unter Aufsicht des
Geburtshelfers selbst zu holen. Sie wollen damit die ‹häusliche Per-
spektive in die Klinik hineinbringen und das Gebären mehr familien-
zentriert gestalten›. Väter, die ihre Babys selbst holen, sind davon
begeistert. Typische Kommentare: ‹Wie im siebten Himmel!›; ‹Wirk-

1 Vogt-Hägerbäumer, Barbara, a. a. O., S. 85.

lich phantastisch!›; ‹Als hätte ich das entscheidende Tor in einem Liga-
spiel geschossen!›[1]

Ob deutsche Gynäkologen hierzu bereit wären, ist mehr als fraglich,
ob eine solche Entwicklung in Hinblick auf das Mann-Frau-Verhältnis
überhaupt wünschenswert ist, auch.

2. Anforderungen, Ansprüche und die Angst zu versagen

Daß Väter heute in den meisten Krankenhäusern und Kliniken bei der
Geburt dabeisein können, bedeutet für sie nicht nur die Wiederer-
schließung eines Erfahrungs- und Erlebnisbereiches, sondern gleichzeitig die Konfrontation mit neuen Ansprüchen und Anforderungen.

Da es heute für viele Paare selbstverständlich ist, daß der Vater bei
der Geburt dabei ist, ist eine neue Verhaltensnorm entstanden, an der
die Umgebung den werdenden Vater mißt. Ich kenne einige werdende
Väter, die sich durch die Erwartungen ihrer Umgebung so unter Druck
gesetzt fühlten, daß sie zu einer eigenen Entscheidung in dieser Frage
gar nicht mehr fähig waren. Wenn es allein nach ihnen gegangen wäre,
hätten sie sich unter Umständen dafür entschieden, nicht bei der Geburt dabei zu sein. Angesichts der Erwartungen ihrer Frau und den
Erwartungen der Umgebung blieb ihnen aber gar kein Raum mehr für
eine freie Entscheidung, und sie fügten sich ihrem eigenen Pflichtge-
fühl und dem Druck der Umgebung. Dies betrifft zwar sicher nur eine
sehr kleine Minderheit von Vätern – die meisten wollen heute von sich
aus an der Geburt teilnehmen –, aber zeigt, wie sehr die neuen Verhal-
tensnormen die heutigen Väter unter Druck setzen.

Die werdenden Väter, die von sich aus nicht an der Geburt teilnehmen wollen, sollten sich von diesen Normen nicht in ihrer eigenen,
freien Entscheidung beeinflussen lassen.

«Niemand hat bisher den Beweis dafür erbringen können, daß nur
Männer, die bei der Geburt ihrer Kinder anwesend sind, gute Väter
werden. Binsenweisheit: Gute Väter (und gute Mütter) müssen ihre
Qualitäten ein ganzes Leben lang unter Beweis stellen.»[2]

1 Parke, Ross D., a. a. O., S. 33.
2 Schulte-Döinghaus, Uli, a. a. O., S. 48.

Väter, die bei der Geburt lieber nicht dabeisein wollen, sollten sich bei ihrer Entscheidung allerdings nicht nur von Stimmungen oder vagen Gefühlen leiten lassen, sondern ernsthaft ihre Motive prüfen und mit ihrer Partnerin offen über ihre Einstellungen und Entscheidungsgründe sprechen. Folgende Fragen können bei der Klärung vielleicht helfen:

- o Sind die Erwartungen meiner Frau und der Druck meiner Umgebung die einzigen Gründe für meine Teilnahme an der Geburt?
- o Möchte mich meine Frau wirklich bei der Geburt dabeihaben, oder ist sie sich da selbst unsicher? Will sie es vielleicht nur, weil auch andere es so machen?
- o Welche meiner Gefühle sprechen für die Teilnahme? Welche dagegen?
- o Wie reagiere ich in extremen Streßsituationen? Habe ich Befürchtungen, daß die Geburtssituation mich überfordern könnte? Angst zu versagen?
- o Kann ich es nur schwer ertragen, wenn ich meine Frau leiden sehe?

Ich bin der Meinung, daß die meisten Gründe, die für werdende Väter gegen eine Teilnahme sprechen können, sich im offenen Gespräch mit der Partnerin ausräumen lassen. Wenn aber ein offenes Gespräch unter den Partnern nur sehr schwer möglich ist, wäre dies ein entscheidender Grund, dem Vater von der Anwesenheit bei der Geburt abzuraten. In diesem Falle ist nämlich zu befürchten, daß sich die Partner auch in der Geburtssituation nicht offen begegnen können. Dann wäre die Anwesenheit des Vaters keine Hilfe, sondern eine einschränkende Belastung für die Frau und eine aufgesetzte Pflichterfüllung für den Mann.

Wenn Männer sich entschließen, bei der Geburt anwesend zu sein, werden sie nicht nur mit Ansprüchen aus ihrer Umgebung konfrontiert, sondern auch mit ihren eigenen Ansprüchen.

«Vor der Geburt habe ich einen ziemlichen Bammel. Vor allem macht mir zu schaffen, daß ich dann derjenige sein muß, der da die Ruhe vermittelt. Das ist so ein Anspruch, den ich an mich selber habe. Daß ich den Überblick behalte und die Sache im Griff habe. Obwohl das vielleicht ja auch ein Rollenspezifikum ist.»

Diese Äußerung illustriert nicht nur, daß bestimmte Ansprüche, die werdende Väter an ihr Verhalten während der Geburt stellen, aus der alten Männerrolle resultieren, sondern auch, daß Ansprüche überhaupt erst die Angst zu versagen hervorbringen. Indem der Vater an sein Verhalten bestimmte Ansprüche stellt, setzt er sich selbst unter Leistungsdruck. Die Angst bezieht sich dann darauf, den Ansprüchen nicht genügen zu können.

Dem werdenden Vater wird es allerdings nicht viel weiterhelfen, wenn er diese Gründe für seine Angst erkennt. Da der werdende Vater seine Frau bei der Geburt durch seine Anwesenheit konkret unterstützen möchte, möchte er nicht derjenige sein, von dem die Unruhe und die Nervosität ausgehen. Auch möchte er auf keinen Fall schlappmachen und seine Frau alleine im Kreißsaal zurücklassen.

Die Befürchtung, bei der Geburt am Ende umzukippen, ist bei werdenden Vätern weit verbreitet. Die jahrelangen Argumentationen von ärztlicher Seite, daß Männer bei der Geburt ja ohnehin in Ohnmacht fallen würden und im ungünstigsten Moment dann selbst ärztlich betreut werden müßten, ist nicht ohne Folgen geblieben. Da die meisten Männer ohnehin sehr unsicher sind, wie sie während der Geburt reagieren werden, sind sie durch solche Klischees leicht zusätzlich zu verunsichern. Auch heute noch kommt es in Vorbereitungskursen, in denen ein Arzt dabei ist, durchaus vor, daß werdenden Vätern vom Arzt in väterlichem Ton empfohlen wird, sich ja mit ihrer Anwesenheit bei der Geburt nicht zu viel zuzumuten und doch lieber dann beizeiten aus dem Kreißsaal zu gehen, bevor sie dem medizinischen Personal zur Last fallen können. So verwundert es nicht, wenn die Angst zu versagen bei den Vätern, deren Frauen zu Hause entbinden wollen, im allgemeinen weniger ausgeprägt ist:

«Bei mir verknüpft sich die Befürchtung, daß ich durchdrehen könnte oder gar umkippen, sehr viel mehr mit der Situation im Krankenhaus als mit der zu Hause. Zu Hause bin ich bestimmt viel ruhiger und kann mich auf die Situation einlassen. Im Krankenhaus kommen als zusätzliche Belastungen für mich die ungewohnte Umgebung, das Gefühl des Ausgeliefertseins und die Skepsis gegenüber den Ärzten und der heutigen Geburtshilfe hinzu. Dies alles macht mich sehr viel unruhiger, zumal mein Vertrauen in die Ärzte und die Medizin nicht gerade groß ist.»

Wenn die Angst, bei der Geburt zu versagen, bei werdenden Vätern so weit verbreitet ist, stellt sich die Frage, was werdende Väter tun können, um mit diesen Ängsten besser klarzukommen. Zunächst einmal ist es sehr wichtig, daß der werdende Vater sich solche Ängste

eingesteht und sie nicht herunterspielt. Erst wenn er seine Angst zu-
läßt, kann er mit anderen Vätern darüber sprechen und kann konkrete
Schritte zur Bewältigung seiner Angst einleiten.

Ein erster möglicher Schritt zur Überwindung der Angst zu versagen
besteht darin, daß der Vater möglichst gut über Geburtsverläufe,
Krankenhausroutinen und seine eigenen konkreten Unterstützungs-
möglichkeiten informiert ist (siehe Seite 121 ff).

Aber selbst bei gutem Informationsstand wird ein Rest von Unsicherheit bei denjenigen Vätern bestehenbleiben, die das erste Mal eine
Geburt miterleben. Wenn die Angst zu versagen beim werdenden Vater immer noch sehr beherrschend ist, kann der Vater die Situationen,
auf die sich seine Angst bezieht, immer wieder in der Vorstellung
durchspielen. Dies sollte er so lange machen, bis sich bei ihm das
Gefühl einstellt, den Situationen gewachsen zu sein:

«Je näher die Geburt kam, um so mehr beschäftigte mich die Frage,
ob ich den Anforderungen während der Geburt auch wirklich gewachsen bin oder ob ich nicht im entscheidenden Moment dermaßen in
Panik gerate, daß mit mir nichts mehr anzufangen ist. Da mich solche
Gedanken sehr beunruhigten, spielte ich alle Situationen, auf die sich
meine Panik bezog, immer wieder in Vorstellung durch. Nach und nach
stellte sich dann darüber bei mir ein Gefühl der Sicherheit ein. Ich war
meinen Gefühlen nicht mehr so sehr ausgeliefert, sondern hatte die
positive Überzeugung, daß ich schon klarkommen werde. Ein Rest von
Unsicherheit ist allerdings geblieben.»

Ein Rest von Unsicherheit wird schon deshalb bleiben, weil jede
Geburt ein Risiko darstellt, dessen Ausgang bis zuletzt ungewiß ist.
Die Angst zu versagen sollte den werdenden Vater dabei aber nicht
noch zusätzlich belasten und in seinen Verhaltensmöglichkeiten ein-
schränken.

3. Die letzten spannenden Tage bis zur Geburt

Ein Vater auf die Frage, wie er sich so unmittelbar vor der Geburt fühle:
«Wie Weihnachten, nur daß ich nicht weiß, wann Weihnachten ist.»

Diese spontane Antwort beschreibt den Gefühlszustand werdender
Väter kurz vor der Geburt sehr gut, die Spannung, aber auch die ganze

Ungewißheit einer Situation, in der es auf das Abwarten ankommt und die durch eigene Anstrengung nicht beeinflußt werden kann.

Aus der Unsicherheit heraus, was geschehen wird, entstehen Befürchtungen; manche Väter bewegt vor allem die Frage, ob das Kind gesund oder am Ende behindert sein wird. Anderen gehen gar die allerschlimmsten Befürchtungen durch den Kopf: «Meine Gedanken waren ein gewaltiger Knödel von Bildern: totgeborene Kinder, das bedauernde Schulterzucken des Arztes ...»[1] Wieder andere haben keine konkreten Vorstellungen, sind aber insgesamt hektisch, nervös und unruhig, und es gelingt ihnen die letzten Tage immer weniger, sich auf etwas Bestimmtes wirklich zu konzentrieren:

«Mein ganzes Denken und Fühlen läuft auf die Geburt und das Kind hinaus. Wenn ich an der Universität in einem Seminar sitze, schweifen meine Gedanken ständig ab und beschäftigen sich mit dem bevorstehenden Ereignis. Diese Gedanken haben mich so in Beschlag, daß ich mich kaum durch irgendeine Beschäftigung davon ablenken kann.»

Väter, die sich gedanklich intensiv mit der Einschränkung ihrer persönlichen Freiheit durch das Kind beschäftigt haben, können jetzt, so kurz vor der Geburt, unter Umständen richtiggehend in Panik geraten. Da sie wissen, daß ihre Situation nach der Geburt auf einen Schlag ganz anders sein wird, werden sie von einer Art «Torschlußpanik» ergriffen, die ihr Denken und Fühlen völlig beherrschen kann. Ihre eigene innere Ambivalenz gegenüber dem Kind wird ihnen noch einmal in der vollen Tragweite bewußt, und es wird ihnen schlaglichtartig klar, daß die Entscheidung für das Kind unabänderlich ihr künftiges Leben bestimmen wird.

Aber auch diejenigen Väter, die während der Schwangerschaft hauptsächlich Vorfreude auf das Kind empfunden haben, haben in den letzten Tagen vor der Geburt meist widerstreitende Gefühle. Ihnen wird unmittelbar vor der Geburt manchmal zum erstenmal klar, daß ein Kind nicht nur Freude, sondern auch Verpflichtungen, Mühe und unter Umständen auch Leid bedeuten kann. Daß eine Geburt eine Sache auf Leben und Tod sein kann und mit der Zwangsläufigkeit und Unberechenbarkeit des Ablaufs der Geburt der «Ernst des Lebens» an die Stelle der schönen und manchmal euphorischen Tage einer glücklich und komplikationslos verlaufenen Schwangerschaft tritt.

1 Beck, Juliane/Weigert, Vivian (Hg.), a. a. O., S. 193.

Die letzten Tage vor der Geburt sind eine Übergangszeit zwischen zwei Lebensphasen. Die eine Phase ist noch nicht ganz abgeschlossen, die andere wirft schon ihre Schatten voraus. In der kurzen Übergangszeit kann sich die Krise, die eine Schwangerschaft immer auch für den Mann bedeutet, noch einmal zuspitzen. Gleichzeitig kommt das Warten auf die Geburt als ein spannungsreicher Abschnitt hinzu.

Nicht selten drücken sich diese inneren Spannungen bei werdenden Vätern in bestimmten Beschwerden wie Fieber, Schlafstörungen, hartnäckigem Schnupfen, Abgeschlagenheit usw. aus. Obwohl es hierüber meines Wissens keine Untersuchungen gibt, habe ich solche Symptome bei werdenden Vätern unmittelbar vor der Geburt so häufig beobachtet, daß sie nicht als Einzelfälle betrachtet werden können.

Auch das lange Warten auf die Geburt kann Streß bedeuten. Oft kommt es im letzten Moment vor der Geburt ganz anders, als man es sich vorgestellt hat:

«Langsam nahte der vom Arzt errechnete Termin heran, und wir warteten nunmehr gespannt auf das Einsetzen der Wehen ... Doch leider sollte es ganz anders kommen, als wir es uns vorgestellt hatten. Der Termin verstrich, eine weitere Woche, und noch immer war kein Anzeichen für eine Geburt zu bemerken. Nun ging's fast täglich in die Klinik zur Untersuchung, Herztonschreiber, Hormonüberprüfung, Gebärmutteruntersuchung usw. Eine weitere Woche verstrich und noch eine Woche. Langsam begannen wir, nervös zu werden, obwohl es laut Ärztebefund dem Kind recht gut ging.»[1]

Der werdende Vater sollte sich für die letzten spannenden Tage bis zur Geburt von allen Verpflichtungen, am besten auch den beruflichen, freimachen, um nicht zusätzlich unter Streß zu stehen.

4. Wider die festen Vorstellungsklischees und die normierten Gefühle

Bestimmte Vorstellungen, wie eine Geburt abzulaufen hat, sind heute bei werdenden Müttern und Vätern weit verbreitet. Das Thema Geburt hat in den letzten Jahren in den Medien eine außerordentliche

---

1 Beck/Weigert, a. a. O., S. 240.

Publizität genossen. Insbesondere das Fernsehen und bestimmte Zeitschriften (z. B. die Zeitschrift *Eltern*) haben mit ihren Reportagen über die natürliche und die sogenannte sanfte Geburt dazu beigetragen, daß werdende Eltern schon vor der Geburt ganz bestimmte Vorstellungen haben, wie die Geburt ablaufen soll.

Diese Vorstellungen beinhalten meist, daß eine Geburt ein natürlicher Vorgang ist, der in 80 bis 90 % aller Fälle keine weitergehenden ärztlichen Eingriffe erfordert.

Immer mehr werdende Eltern stellen die herrschende, technisierte Geburtsmedizin in Frage. Indem die werdenden Eltern die Praxis der Geburtshilfe kritisch hinterfragen und auf eine Veränderung drängen, üben sie auf die Ärzte Druck aus. Unter diesem Druck hat sich in den Krankenhäusern in den letzten Jahren einiges verändert. Die Praxis der Geburtshilfe ist menschlicher geworden, und es sind auch bei vielen Ärzten Umdenkungsprozesse in Gang gekommen. Nicht selten blieb diese Umorientierung aber halbherzig. Oft hat sich nur die Theorie, nicht aber die Praxis verändert.

Es gibt noch genug Krankenhäuser, an denen fast alles noch so abläuft wie in den sechziger Jahren. Deshalb darf der Druck der Öffentlichkeit, insbesondere der der werdenden Eltern, nicht nachlassen. So gesehen sind die Vorstellungen vieler werdender Eltern über die natürliche oder auch über die sogenannte sanfte Geburt eine unentbehrliche Voraussetzung dafür, daß die Auseinandersetzung um die technisierte Geburtshilfe weitergeführt wird und die eingeleiteten Veränderungsprozesse nicht zum Stillstand kommen.

Wenn solche Vorstellungen aber nahezu den Rang von Glaubensbekenntnissen einnehmen und in dogmatischer und oft unrealistischer Weise ohne eigene Erfahrung mit unterschiedlichen Geburtsverläufen verabsolutiert werden, können sie sich leicht ins Gegenteil verkehren und zu Klischees werden, die keine Veränderungskraft mehr entfalten. Solche Klischees sind nicht nur problematisch, weil dadurch leichtfertig das Leben von Mutter und Kind aufs Spiel gesetzt werden kann, sondern auch, weil sie neue Abhängigkeiten von Geburtshelfern hervorbringen und ein individuelles Geburtserlebnis unmöglich machen.

Jede Geburt ist ein individuelles Erlebnis schon deshalb, weil jede Geburt einen individuell unterschiedlichen und nicht vorhersehbaren Verlauf nimmt. Das ändert sich auch dann nicht, wenn man sich auf eine natürliche oder sanfte Geburt vorbereitet. Wie eine Geburt abläuft, ist nur zu einem bestimmten Teil durch Vorbereitung zu beeinflussen. So kommt es nicht gerade selten vor, daß eine Geburt real einen ganz anderen Verlauf nimmt und die im Vorbereitungskursus erlernten Techniken und Verhaltensweisen sich in der Geburtssituation nur ansatzweise oder überhaupt nicht einsetzen lassen:

«Ich habe es mir vorher wirklich immer ganz anders vorgestellt, mit dem Vorzählen und dem Taktangeben. Das alles ist badengegangen in der ganzen Hektik und dem ganzen schnellen Ablauf des Geschehens. Ich habe gemerkt, daß ich überhaupt nicht dazu in der Lage war, meine gelernte Rolle auszuführen und meine Freundin in einen Rhythmus hineinzubringen. Ich war selbst so aufgeregt und hatte zeitweise auch so viel Angst, daß etwas schiefgehen könnte, daß ich nicht die Ruhe hatte, mich wirklich auf das Atmen zu konzentrieren.»

Daß es mit dem gemeinsamen Atmen in diesem Falle nicht geklappt hat, war vor allem dadurch bedingt, daß die Geburt insgesamt nur knapp vier Stunden dauerte und besonders starke Wehen auftraten: Eine Situation, auf die der betreffende Vater nicht vorbereitet war und die ihn infolgedessen überforderte.

Das geschilderte Beispiel sagt natürlich nichts darüber aus, ob die hier erlernte Lamaze-Methode grundsätzlich in die Praxis umsetzbar ist oder nicht. Es gibt viele Beispiele, wo sich diese Art der Vorbereitung sehr bewährt hat. Eine gute Vorbereitung, gleich welcher Art, ist also keinesfalls überflüssig. Jeder werdende Vater sollte sich aber im voraus bewußt sein, daß Geburten auch ganz anders ablaufen können und daß Vorbereitungskurse meist nur auf die «normale» Geburt gemünzt sind. Das ist berechtigt, die weitaus meisten Geburten verlaufen normal. Allerdings sind eine unauffällig verlaufene Schwangerschaft und die normale Lage des Kindes nicht unbedingt eine Garantie dafür, daß auch die Geburt normal verlaufen wird. Bestimmte Geburtskomplikationen (z. B. Wehenschwäche, zu straffer, fester Muttermund usw.) treten erst während der Geburt auf und können vorher nicht erkannt werden:

«Nun dachte ich, eigentlich wird es ja jetzt wohl so ablaufen, wie wir es zigmal in der Geburtsvorbereitung und in anderen Gesprächen gehört hatten. Ich unterstützte nun Irmi bei den Wehen, sprach ihr zu und hoffte im großen und ganzen auf einen guten Ablauf der Dinge. Aber die Stunden zogen sich hin. Inzwischen war es drei Uhr nachmittags, und immer war noch kein wesentlicher Fortschritt zu bemerken. Schon machte unsere Hebamme eine Andeutung: Wenn es bis 17 Uhr nicht weiter vorwärtsginge, müßten wir wohl mit einem Kaiserschnitt rechnen. Ich bekam schon ein flaues Gefühl in der Magengegend und auch ein wenig Traurigkeit. Sollte nun all die Mühe, die sich Irmi mit der Vorbereitung auf eine natürliche Geburt gemacht hatte, vergebens gewesen sein?

Weiter ging's mit Wehen. Um 17 Uhr 30 kam auch noch der Arzt zu einer letzten Untersuchung, und nun bestätigten sich seine Vorahnungen doch. Die Gebärmutter hatte sich immer noch nicht geöffnet, und es war langsam höchste Zeit für das Kind. ‹Also, wir machen den Kaiserschnitt›, sagte der Arzt, ‹es hat so keinen Sinn mehr!› Das war ein Schlag, und mir wurde ganz schlecht.»[1]

Das Beispiel zeigt nicht nur, daß im voraus nicht abzusehen ist, wie die Geburt ablaufen wird, sondern auch, wie wenig der betreffende Vater darauf vorbereitet war. Er war in seiner Vorstellung so ausschließlich auf eine normale Geburt fixiert, daß er auf die dann aufgetretenen Komplikationen nur noch mit Hilflosigkeit, Angst und bedingungslosem Sich-Ausliefern an den behandelnden Arzt ragieren konnte.

So hätte sich unter Umständen durch ein Gespräch mit dem behandelnden Arzt der Zeitpunkt des Kaiserschnittes vielleicht noch etwas aufschieben lassen. Der Geburtsbericht auf den Seiten 146 f zeigt eindrucksvoll, wie in einem ähnlichen Fall ein Vater durch seine Hartnäckigkeit verhindern konnte, daß nach dem eingefahrenen Schema schon zu einem frühen Zeitpunkt ein Kaiserschnitt gemacht wurde, so daß das Kind doch noch auf natürlichem Wege geboren wurde.

Bestimmte Vorstellungsklischees über die natürliche Geburt können also dazu führen, daß mögliche Geburtskomplikationen gar nicht mehr in die Überlegungen und Vorbereitungen mit einbezogen werden. Da die werdenden Eltern sich vorher nie mit solchen Situationen beschäftigt haben, können sie nur hilflos reagieren oder blind auf die von den Ärzten getroffenen Entscheidungen vertrauen. Die hinter ihrer Entscheidung für eine natürliche Geburt stehende Ablehnung der technisierten Geburtsmedizin kann sich so schlagartig in blindes Vertrauen in die Segnungen ebenderselben verkehren!

1 Beck/Weigert, a. a. O., S. 240 f.

Feste Vorstellungsklischees können aber auch noch in anderer Hinsicht zu Fallstricken werden: durch sie werden neue Normen gesetzt, an denen die werdenden Eltern ihr eigenes Geburtserlebnis messen. Wenn eine Geburt nicht nur auf natürliche Weise abgelaufen ist oder wenn irgendwelche Komplikationen aufgetreten sind, sehen sich die Eltern nicht selten um das «eigentliche» Erlebnis der Geburt betrogen. Zu dem Gefühl versagt zu haben, das sich vor allem bei der Frau einstellen kann, kommt dann noch die Enttäuschung, das Eigentliche, Schöne, versäumt zu haben und sich mit einem als zweit- oder drittrangig bewerteten Erlebnis zufriedengeben zu müssen.

Ähnlich verhält es sich, wenn Väter feste Vorstellungen davon haben, welche Gefühle sie während und unmittelbar nach der Entbindung haben sollten. Durch Geburtsberichte und Veröffentlichungen in den Medien ist ein bestimmtes Bild geprägt worden, wie sich ein werdender Vater fühlt, wenn das Kind aus dem Mutterleib flutscht. Er hat dann euphorisch, tief bewegt und zu Tränen gerührt zu sein. Daß sich solche Gefühle nicht bei allen Vätern in dieser Form einstellen, wird verschwiegen. Der Vater, der nicht entsprechend der Norm empfindet, muß sich wie ein gefühlloses Monstrum vorkommen und sich selbst als Außenseiter erleben. Dabei ist sein Empfinden genauso normal oder unnormal wie das totale Glücksempfinden, was viele Väter nach der Geburt spontan ergreift.

Feste Vorstellungsklischees und normierte Gefühle haben gemeinsam, daß sie die betreffenden Väter (und Mütter) unter einen Leistungsdruck setzen, der ihnen ihr eigenes, unverwechselbares Geburtserlebnis entwertet. Es wird also Zeit, daß die werdenden Eltern auch mit der neuen Ideologie der natürlichen Geburt einhergehenden Normen den Kampf ansagen, sich wieder ihren ureigenen Erlebnis- und Erfahrungsmöglichkeiten öffnen und eine Geburt als einen Vorgang begreifen, der auf vielfältige und oftmals unvorhersehbare Weise ablaufen kann. Daß auch die technische Geburtshilfe in schwierigen und früher oft aussichtslosen Fällen durchaus einen Fortschritt darstellen kann, sollte dabei nicht verkannt oder gar geleugnet werden. Der eigene Informationsstand und die kritische Reserve gegenüber Experten sollten aber verhindern, daß man in die Rolle des passiven, sich widerstandslos in fragwürdige Maßnahmen einfügenden Objektes ärztlichen Handelns gedrängt wird.

5. Was man vorher wissen muß, um sich im Krankenhaus behaupten zu können

Wenn werdende Eltern den Ärzten im Krankenhaus nicht mit uneingeschränktem Vertrauen, sondern mit kritischer Reserve und eigenen Vorstellungen über den Ablauf der Geburt begegnen, haben sie keinen leichten Stand. Dies gilt vor allem dann, wenn die Eltern die Vorstellung haben, daß die Geburt nach Möglichkeit natürlich ablaufen sollte und ärztliche Eingriffe sich auf das unbedingt Erforderliche beschränken sollten.

Um sich gegenüber den Ärzten behaupten zu können, müssen die Eltern nicht nur einen hohen Informations- und Wissensstand haben, sondern sie müssen ihre eigene Autoritätshörigkeit überwinden und lernen, auf ihre eigene Sichtweise zu vertrauen und darauf zu beharren.

Erschwert wird die Auseinandersetzung mit Ärzten oft dadurch, daß diese bei Gesprächen vor der Geburt zwar meist die Bereitschaft erklären, auf die Bedürfnisse, Wünsche und Vorstellungen der werdenden Eltern einzugehen, sich während der Geburt dann aber oft ganz anders verhalten und die werdenden Eltern buchstäblich überrumpeln. Mit dem Hinweis, daß diese Maßnahme in dem betreffenden Krankenhaus üblich wäre oder daß die verordnete Spritze harmlos wäre und nur der Geburtserleichterung diene, werden bestimmte Maßnahmen geschickt durchgesetzt:

«So kann es Ihnen z. B. passieren, daß man Ihnen die Versicherung gibt, keine Medikamente ohne ihre Einwilligung und die Erklärung ihrer Wirkungsweise zu geben, die Hebamme aber gegen Ende der Eröffnungsphase ganz selbstverständlich zu einem Zäpfchen greift und auf die Frage, was das ist und wozu es gut ist, nur antwortet: Also, wenn Sie das nicht wollen, garantiere ich Ihnen, daß die Geburt zwei Stunden länger dauert.»[1]

Mit solchen und ähnlichen Argumenten werden die werdenden Eltern psychologisch in die Enge getrieben und verunsichert, so daß sie nicht mehr ihrer eigenen Einschätzung vertrauen und konsequent auf die Einhaltung der vorher getroffenen Abmachungen drängen. Manchmal kann es in solchen Situationen auch durchaus passieren,

1 Vogt-Hägerbäumer, a. a. O., S. 154.

daß sie bewußt unvollständig informiert werden, um ihre Entscheidung in eine ganz bestimmte Richtung zu lenken.

Das fängt meist schon bei der Aufnahme an. Der Vater, der auch bei den obligatorischen Krankenhausprozeduren wie dem *Rasieren* der Schamhaare und dem *Einlauf* dabei sein möchte, wird manchmal mit dem Hinweis abgewiesen, daß dies nicht in einem speziellen Raum gemacht würde und seine Anwesenheit andere Frauen, die dort auch gerade auf die Geburt vorbereitet würden, in ihrem Schamgefühl verletzten könnte. Dies kann auch passieren, wenn dem Vater vorher ausdrücklich zugesichert wurde, daß er von Anfang an dabei sein dürfe. Wenn dem werdenden Vater diese Zusicherung vorher gegeben wurde, sollte er sich auf gar keinen Fall abweisen lassen, sondern unbedingt auf der Einlösung der Zusage beharren.

Schwer können sich auch die Frauen durchsetzen, die auf die Rasur und den Einlauf ganz verzichten wollen. Ich kenne kein einziges Elternpaar, das es geschafft hat, sich in diesem Punkt in einem Krankenhaus durchzusetzen. Dies, obwohl z. B. das Rasieren fast immer überflüssig ist:

«Nichts spricht dafür, daß die Zahl der Bakterien auf dem Damm durch die Rasur verringert wird. Vieles jedoch deutet darauf hin, daß die Infektionsgefahr bei der Rasur größer wird, da die Oberflächenzellen abgeschabt werden und somit Bakterien eindringen können.»[1]

Eine weitere Maßnahme, die in Krankenhäusern heute üblich ist, ist die elektronische Herzton-Wehen-Überwachung, die sogenannte *Cardiotokographie* (CTG). Wenn es sich um ein *externes* CTG handelt, wird dabei ein Schallempfänger für die Herztöne und ein Wehentaster entweder mit einem breiten Gummigurt oder mit einem Pflaster auf dem Bauch befestigt.

Statt dem externen CTG wird heute auch oft das *interne* CTG angewandt. Dabei wird durch den Muttermund ein Wehendruck-Meßkatheder in die Gebärmutter eingeführt und außerdem an der Kopfhaut des Kindes eine kleine Elektrode befestigt. Um die Elektrode am Kopf des Kindes anbringen zu können, muß vorher die Fruchtblase künstlich gesprengt werden.

---

1 Kitzinger, Sheila: «Die Geburt ist im wesentlichen ein Geschlechtsakt». In: Schreiber, Marion (Hg.): Die schöne Geburt. Reinbek bei Hamburg 1981, S. 63.

Obwohl des viele gute Gründe[1] gibt, das externe und auch das interne CTG als *Routinemaßnahme* abzulehnen, stehen die Eltern bei diesem Punkt in fast allen Krankenhäusern auf verlorenem Posten. In aller Regel werden sich Krankenhausärzte wegen der ihrer Meinung nach gegebenen Gefährdung des Kindes weigern, Geburten ohne CTG durchzuführen.

Werdende Eltern, die das CTG nur bei einer Risikogeburt akzeptieren wollen, können aber versuchen, den behandelnden Arzt wenigstens dazu zu bewegen, statt der internen nur das externe CTG (sofern vorhanden) zu machen. Da das externe CTG lediglich die Bewegungsmöglichkeit der Frau (allerdings stark) einschränkt, das interne CTG aber mit dem Sprengen der Fruchtblase und dem Anlegen der Kopfschwartenelektrode verbunden ist, ist das externe CTG das kleinere Übel. Falls in dem betreffenden Krankenhaus die drahtlose CTG, die sogenannte *Telemetrie*, vorgenommen wird, sollte man sich auch hierzu nicht ohne weiteres überreden lassen. Obwohl die Telemetrie, bei der die Herztöne des Kindes mit Hilfe eines drahtlosen Senders auf den Schreiber übertragen werden, den Vorteil hat, daß die Frau auch den Kreißsaal verlassen kann, muß auch hierbei zum Anlegen der Kopfschwartenelektrode die Fruchtblase gesprengt werden.

Sowohl in Hinblick auf Rasur und Einlauf als auch auf die verschiedenen CTGs sind also die Chancen der werdenden Eltern, sich trotz guter Vorinformation durchzusetzen, sehr gering.

Anders ist es bei der Frage, ob eine Geburt *künstlich eingeleitet* werden soll oder nicht. Da eine solche Maßnahme nicht ohne Einwilligung der Eltern möglich ist, können diese ihre eigenen Entscheidungskriterien anlegen. Ähnliches gilt für die *wehenhemmenden* oder *wehenfördernden* Medikamente. Unbedingte Voraussetzung ist allerdings, daß die Eltern über ihre Anwendung und Wirkungsweise genau Bescheid wissen. Um sich darüber zu informieren, möchte ich das Buch ‹Andere Umstände› empfehlen. Es stellt auch die Vor- und Nachteile der Schmerzbekämpfung sehr ausführlich dar. Eltern, die eine natürliche Geburt haben wollen, werden zwar die Schmerzbekämpfung auf Atem- und Entspannungstechniken begrenzt wissen wollen, sie können aber trotzdem nicht von vornherein ausschließen, daß eine pharmakologische Schmerzbekämpfung notwendig werden kann. Deshalb

1 Siehe hierzu Blume, Angelika, a. a. O., S. 73 ff.

ist auch für sie eine ausführliche Information über die pharmakologische Schmerzlinderung keineswegs überflüssig.

Für den werdenden Vater bringt die Frage nach der Schmerzbekämpfung ein spezielles Problem mit sich. Wenn es der erklärte Wunsch seiner Frau vor der Geburt war, daß die Geburt ohne pharmakologische *Schmerzmittel* durchgeführt werden sollte, kann er während der Geburt in eine prekäre Lage geraten. Da die Schmerzen unter der Geburt dann vielleicht größer sind, als seine Frau sich vorher vorgestellt hatte, muß er eine schwierige Entscheidung treffen. Entweder er redet seiner Frau zu durchzuhalten und versucht, sie in ihrer ursprünglichen Absicht zu bestärken oder er hält sich zurück und überläßt Arzt und Hebamme das Feld, die oft nur allzu bereit sind, zur Spritze zu greifen.

Wenn sich im Nachhinein herausstellt, daß die Geburt auch ohne Schmerzlinderung zu einem baldigen Ende gekommen wäre oder daß die pharmakologische Schmerzlinderung wie so oft eine Reihe weiterer Eingriffe wie wehenfördernde Mittel, Dammschnitt und Zange oder Saugglocke unvermeidlich zur Folge hatte, wird er sich später unter Umständen Vorwürfe machen. Entscheidet er sich aber dafür, seine Frau in ihrem Durchhaltevermögen zu bestärken, kann er sich nicht sicher sein, ob sie das auch wirklich möchte oder ob sie sich dadurch nur unter Druck gesetzt fühlt. Zudem muß er die mit dem Durchhalten verknüpften Schmerzen ja nicht selbst ertragen.

Bezeichnend für diese Situation ist, daß sie erst dadurch entsteht, daß Hebamme und Arzt häufig die werdenden Eltern in ihrem Bemühen um eine natürliche Geburt nicht wirklich unterstützen, sondern jede Gelegenheit nutzen, das ganze «Arsenal» der technisierten Geburtshilfe zur Anwendung zu bringen. Der Vater kann dabei nur bremsen, nachfragen, verunsichern und seine Frau in ihrem Durchhaltevermögen bestärken. Wenn dies alles nichts nützt, kann er allenfalls darauf bestehen, daß nur bestimmte Schmerzmittel zur Anwendung kommen.

Ähnliches kommt auf ihn zu, wenn bei seiner Frau wie bei allen Erstgebärenden routinemäßig ein *Dammschnitt* gemacht werden soll. Da er am ehesten die Vorbereitungen für den Dammschnitt mitbekommt, andererseits aber den Zustand des Dammes in aller Regel nicht beurteilen kann, kann er auch hier nur nachfragen, verunsichern und bremsen. Hinzu kommt, daß die Frau im Geburtsprozeß manchmal ganz froh ist, wenn ein Dammschnitt gemacht wird, da sie unter Umständen so erschöpft ist, daß sie will, daß das Kind schnell herauskommt.

Noch schwieriger, bestimmte Vorstellungen über die Geburt durchzusetzen, wird es, wenn *Komplikationen* auftreten. Das Problem dabei ist, daß in Krankenhäusern bei Komplikationen heute meist zu wenig abgewartet wird, ob sich die Geburt nicht vielleicht doch noch normal entwickelt. Vielmehr kommen schon zu einem sehr frühen Zeitpunkt alle zur Verfügung stehenden geburtshilflichen Techniken zu Anwendung. Wie praktische Erfahrungen mit der natürlichen Geburt und zahlreiche Geburtsberichte beweisen, führt längeres, äußerst aufmerksames Abwarten bei Komplikationen oft doch noch zu einer normalen Entbindung. Hierbei kommt der Hartnäckigkeit des werdenden Vaters und seiner Unterstützung eine wichtige Funktion zu. Deshalb sollte sich der werdende Vater vor der Geburt auch möglichst gut über Geburtskomplikationen und mögliche Alternativen zu den üblichen Vorgehensweisen der Gynäkologen informieren.[1]

Da die Ärzte heute bei manchen Komplikationen (z. B. Steißlage) häufig gar keine vaginale Entbindung mehr versuchen, sondern sofort einen Kaiserschnitt machen, ist es allerdings nicht einfach, sich ihnen gegenüber zu behaupten. Wenn sich herausstellen sollte, daß ein *Kaiserschnitt* unvermeidbar ist, sollten die werdenden Eltern darauf bestehen, daß er in *Epidural-Anästhesie* durchgeführt wird und daß der Vater dabeisein darf. Dies setzt allerdings voraus, daß beide Elternteile sich eine Schnittentbindung in Epidural-Anästhesie wirklich zutrauen.

Die Epidural-Anästhesie hat gegenüber der Vollnarkose den Vorteil, daß die Frau die Geburt bei *Bewußtsein* erlebt und das Kind sofort sehen kann. Nach einem Kaiserschnitt in Epidural-Anästhesie erholt sie sich sehr viel schneller und kann im allgemeinen mit Unterstützung des Vaters auch sofort nach der Operation das Kind stillen.

Bei einem Kaiserschnitt in Epidural-Anästhesie kann der Vater am Kopfende des OP-Tisches sitzen und auf seine Frau beruhigend einwirken. Wenn das Kind da ist, kann er es ihr hinhalten und kann es streicheln und liebkosen, da ihre Arme im allgemeinen am OP-Tisch festgeschnallt sind. Daß sie das Kind sehen kann, kann der Frau die Opera-

1 Siehe hierzu Wilberg, Gerlinde, a. a. O., S. 129 ff. und Blume, Angelika, a. a. O., S. 61 ff. und 138 ff.

tion sehr erleichtern. Außerdem ist sie während der Zeitspanne, wo der Schnitt vernäht wird, abgelenkt. Ein Kaiserschnitt in Epidural-Anästhesie kann beiden Elternteilen ein ähnliches Geburtserlebnis vermitteln wie eine normale vaginale Entbindung.

Es dürfte allerdings nicht immer einfach sein, einen Arzt zu finden, der zu einem Kaiserschnitt in Epidural-Anästhesie bereit ist. Noch schwieriger ist es im allgemeinen, einen Arzt dazu zu bewegen, auch den Vater in den OP zu lassen. Hier hilft nur Hartnäckigkeit weiter.

Wenn man ständig nachfragt, kann man mitunter sicher auch den Ehrgeiz eines Arztes herausfordern, etwas Neues und nicht Alltägliches zu machen, und kann erreichen, daß dies an dem betreffenden Krankenhaus nun öfter praktiziert wird, so daß auch andere werdende Eltern diese Chance erhalten. All das gilt natürlich nur für den Fall, daß eine Kaiserschnittentbindung von vornherein feststeht. Daß es für werdende Eltern selbst bei gutem Informationsstand schwierig ist, sich gegenüber Ärzten und Krankenhauspersonal durchzusetzen, hängt unter anderem damit zusammen, daß sie viele Situationen, die bei Geburten auftreten können, nicht selbst einschätzen können. Da sie normalerweise über keine größeren eigenen Erfahrungen mit unterschiedlichen Geburtsverläufen verfügen, sind sie auf den Erfahrungs- und Wissensvorsprung von Ärzten und Krankenhauspersonal angewiesen.

Wichtig ist also, daß man sich das Wissen der Experten zunutze macht, sich von ihnen die jeweilige Situation erläutern und die möglichen Entscheidungsalternativen aufzeigen läßt, um dann selbst die notwendigen Entscheidungen zu treffen. Natürlich gibt es auch da Grenzen, wenn nämlich die Ärzte bestimmte Maßnahmen für unabdingbar erklären und die Verweigerung dieser Maßnahmen nur durch Verlassen des betreffenden Krankenhauses möglich wäre.

6. Zur Rolle des Vaters bei der Geburt – Anwalt oder Beteiligter?

Im vorhergehenden Abschnitt ist der Vater bereits in einer ganz bestimmten Rolle dargestellt worden: als eine Art Anwalt. Der Vater vertritt dabei die Interessen seiner Frau während der Geburt gegenüber Ärzten und Hebammen. Diese Rolle gibt es nur im Krankenhaus. Ihre Notwendigkeit ergibt sich aus dem tiefen Mißtrauen vieler werdender Eltern gegenüber der technisierten Geburtshilfe. Da die Frau, wenn sie alleine im Kreißsaal liegt, Krankenhausärzten und -hebammen ausgeliefert wäre und während der Geburtsarbeit ihre Interessen nur noch beschränkt selbst artikulieren und durchsetzen kann, bedarf es einer Vertrauensperson, die dies für sie übernimmt.

Der Vater muß also während der Geburt ständig auf der Hut sein. Ihm wird viel Verantwortung aufgebürdet. Er muß die kritischen Fragen stellen und das Tun der Ärzte und Hebammen überwachen. In schwierigen Situationen muß er einen kühlen Kopf bewahren, entscheidungsfähig bleiben und den Überblick behalten. Daneben soll er aber auch noch seine Frau konkret bei der Geburtsarbeit unterstützen.

Wenn man die Anforderungen näher betrachtet, fällt auf, daß hier wieder mal alle typisch *männlichen* Eigenschaften und Verhaltensweisen gefordert sind. Der Vater soll möglichst wenig emotional reagieren und sich nur unter *rationalen* Gesichtspunkten verhalten. Je mehr es ihm gelingt, seine Emotionen auszuschalten, um so besser wird er die Anwaltsrolle wahrnehmen können. Die Ausschaltung der eigenen Emotionen bleibt aber nicht ohne Folgen: Der Vater kann, ja darf auch nicht mehr richtig mitfühlen und ist so an dem Geschehen im Extremfall nur noch als Außenstehender beteiligt. Der Wille, sich im Krankenhaus zu behaupten, zwingt den Vater also zu paradoxem Verhalten: weil der werdende Vater seine Aufgabe als Vater ernst nimmt und einen eigenen Beitrag zur Geburt leisten möchte, muß er alles, was er über den Umgang mit seinen Gefühlen gelernt hat, über Bord werfen und sich in das enge Korsett der alten Männerrolle zwängen.

Will er das nicht, darf er die Rolle des Anwalts nicht übernehmen. Wenn es ihm auf das Mitfühlen und auf die emotionale Beteiligung ankommt, muß er das kritische Kontrollieren und Mitdenken hintanstellen. Diese andere mögliche Rolle des Vaters bei der Geburt, die ich als die Rolle des emotional Beteiligten bezeichnen möchte, hat zur Voraussetzung, daß der werdende Vater und die werdende Mutter Krankenhausärzten und -hebammen großes Vertrauen entgegenbringen können und sicher sind, daß diese die ihren Wünschen und Bedürfnissen entsprechenden Entscheidungen treffen werden. Damit delegieren sie die Verantwortung für die Situation an die Ärzte und

Hebammen und können sich, da ihnen dies Sicherheit gibt, beide ganz ihren Gefühlen hingeben.

Die beiden hier idealtypisch einander gegenübergestellten Rollen gibt es in der Realität sicherlich selten in dieser eindeutigen Ausprägung. In beiden Rollenbeschreibungen sind aber Tendenzen aufgezeigt, die im Verhalten der einzelnen werdenden Väter jeweils mehr oder weniger dominieren und nicht ohne Auswirkungen auf das Geburtserlebnis bleiben. Welche Rolle der Vater bevorzugt einnimmt, ist meist nicht das Ergebnis einer bewußten Entscheidung, sondern ergibt sich größtenteils aus der Einstellung der werdenden Eltern zur heutigen Geburtsmedizin. Natürlich spielt dabei auch noch die Persönlichkeit des werdenden Vaters eine Rolle und die Frage, wie ausführlich er sich vorher mit der Geburtssituation auseinandergesetzt hat.

In ihrer idealtypischen Ausprägung schließen sich die beiden Rollen aus. In der Realität ist es durchaus möglich, daß beide Rollen in derselben Person nebeneinander her existieren. Allerdings nur, solange nicht eine der beiden Rollen eindeutig die Oberhand gewinnt. Häufig wechselt während des Geburtsverlaufs die Dominanz der einzelnen Rollen immer wieder ab.

Dies hängt mit den Gefühlen zusammen, die den werdenden Vater während der Geburt bewegen. Diese können so mächtig werden, daß alles andere in den Hintergrund rückt. Der Vater ist «verstrickt in ein wirres Bündel sich gegenseitig jagender Gefühlsketten, die Erwartungen, Ängste, Hilfslosigkeit, Freude und Ratlosigkeit in Windeseile miteinander verknüpfen und wieder entwirren.»[1]

Da ist es verständlich, wenn es dem werdenden Vater nicht immer gelingt, eine bestimmte Rolle durchzuhalten. Die Anwaltsrolle ist im übrigen für die meisten werdenden Väter sowieso alles andere als erstrebenswert. Die meisten fühlen sich gegen ihren Willen in diese Rolle gedrängt.

Hinzu kommt, daß auch die Gefühle vieler werdender Eltern gegenüber den Ärzten und dem Krankenhauspersonl oft zwischen Mißtrauen und dem Gefühl der Sicherheit und des Vertrauens hin und her schwanken. Selbst diejenigen Eltern, die die technisierte Geburtshilfe nahezu grundsätzlich ablehnen, haben trotz dieser Ablehnung

1 Schulte-Döinghaus, Uli, a. a. O., S. 48.

gleichzeitig meist irgendwo noch das Vertrauen, daß diese Art der Geburtshilfe in schwierigen Situationen auch hilfreich sein kann. Beide Gefühlsextreme, Vertrauen und Mißtrauen, können durchaus gleichzeitig nebeneinander her bestehen.

Um selbst die Anwaltsrolle nicht wahrnehmen zu müssen, machte ein Vater in einem Geburtsvorbereitungskurs den Vorschlag, ins Krankenhaus noch eine Vertrauensperson mitzunehmen, die dann die Rolle des Anwalts übernimmt. So könnte der Vater uneingeschränkt seine Gefühle und Empfindungen ausleben. Dieser Vorschlag hat jedoch kaum eine Chance auf Verwirklichung. Da in Krankenhäusern im allgemeinen nur einer einzigen Vertrauensperson Zutritt zum Kreißsaal gewährt wird, bleibt Vätern die Anwaltsrolle nicht erspart.

7. Praktische Unterstützung bei der Geburt
von Dr. med. Jürgen Alt

Derjenige Vater, der die Schwangerschaft seiner Partnerin emotional und aktiv miterlebt und sich gemeinsam mit ihr auf die Geburt vorbereitet hat, wird auch ein Bedürfnis haben, die Geburt des gemeinsamen Kindes mitzuerleben. Andererseits sollte die gründliche Vorbereitung des Vaters aber auch eine wichtige Voraussetzung für seine Beteiligung an der Geburt sein, denn nur derjenige Vater, der über genügend Information, Übung und Einfühlungsvermögen verfügt, kann einer Frau unter der Geburt die richtige Unterstützung geben. Die Hebamme und Geburtsvorbereiterin Sheila Kitzinger schreibt dazu:

«Wenn ein Mann weiß, wie er helfen kann, befindet er sich in einer wesentlich besseren Position, als wenn er lediglich im Kreißsaal anwesend, aber keine Ahnung von den Vorgängen hat. Er hat die Möglichkeit, ein gut informierter Teilnehmer zu sein. Emotionaler Beistand besteht nicht nur in Händehalten, sondern auch in der Fähigkeit zu beurteilen, wo und wann seine Frau Unterstützung bei der Entspannung braucht.»[1]

1 Kitzinger, Sheila: Schwangerschaft und Geburt, München 1982

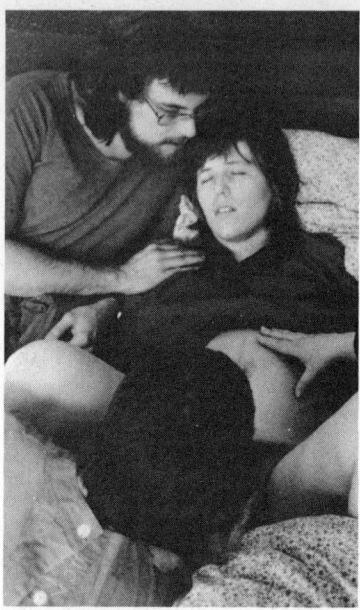
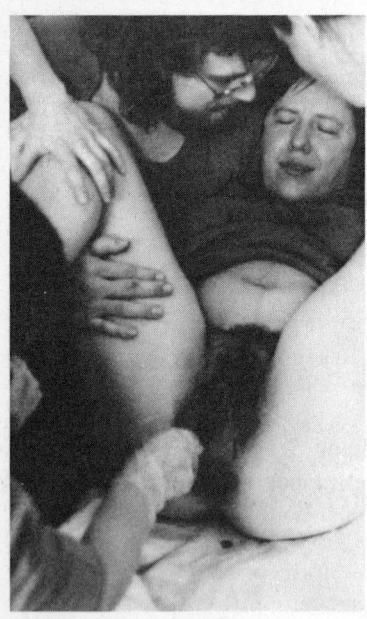
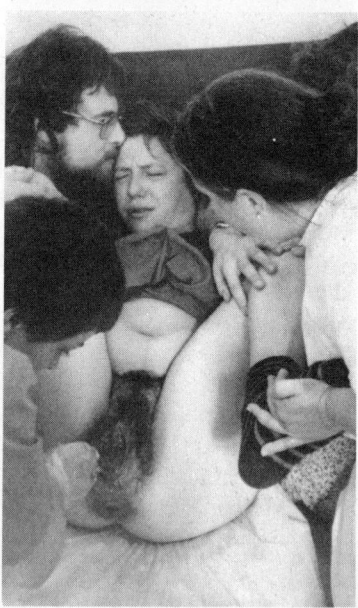

Foto: Susanne Bruder

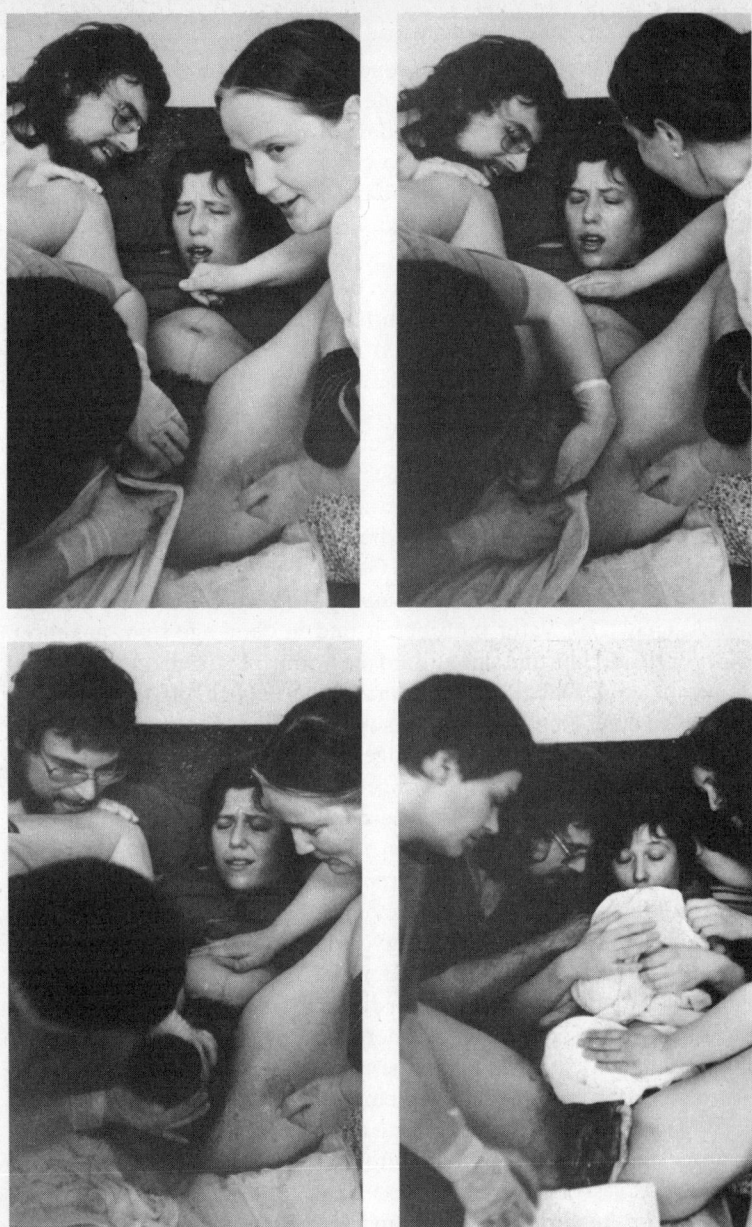

Die Schwierigkeit für den werdenden Vater besteht unter anderem
darin, daß es keine fertigen Rezepte für seine Mithilfe und sein Verhalten bei der Geburt gibt, die bei Bedarf anzuwenden wären. Er muß sich
im Gegenteil auf eine sich stetig verändernde Situation einstellen, die
für ihn in keiner Weise vorhersehbar ist und die jederzeit unerwartete
Überraschungen für ihn bringen kann. Kein noch so intensiver Vorbereitungskurs wird ihm hier helfen, sondern nur durch liebevolle gegenseitige Zuwendung wird der Mann die augenblicklichen Bedürfnisse
seiner Partnerin erspüren und wahrnehmen können, die gemeinsamen
vorgeburtlichen Übungen werden dabei natürlich eine große Hilfe
sein. Da keine Geburt wie die andere verläuft und jede für sich stets ein
besonderes, einmaliges Ereignis ist, auch wenn es sich um die zweite,
dritte oder eine weitere Geburt bei ein und derselben Frau handelt,
muß der unterstützende Partner sich immer den individuellen Verhältnissen anpassen. Dabei kann er seiner Frau nur wirksam zur Entspannung und zu richtigem Atmen verhelfen, wenn er selbst entspannt ist.
Er muß das Gefühl von Ruhe und Gelassenheit vermitteln, Nervosität
und Angst, Unruhe und innere Spannung würden sich auf die Partnerin
übertragen. Der Vater muß bereit und in der Lage sein, auf ihren
Körper zu horchen und sich voll auf die Bedürfnisse seiner Partnerin zu
konzentrieren. Dabei ist es im Prinzip unerheblich, ob die Geburt im
Kreißsaal einer Klinik oder anderswo stattfindet, nur kommen auf den
Vater, je nach äußeren Bedingungen, natürlich besondere Aufgaben
zu, auf die im einzelnen eingegangen werden soll.

Wie der werdende Vater aktiv bei der Geburt helfen kann, hängt also
einerseits von äußeren Umständen, andererseits von den Bedürfnissen
seiner Frau ab. In der *Eröffnungsperiode*, der längsten Phase der Geburt, sollte er mit seiner Frau gemeinsam atmen, er kann versuchen,
sich selbst und ihr eine Vorstellung von den Vorgängen in ihrem Körper
zu vermitteln. Indem er ihr zum Beispiel die augenblickliche geburts-
hilfliche Situation beschreibt oder die knappe Befundangabe von Arzt
oder Hebamme erläutert, wird der werdende Vater sich und seiner
Frau vielleicht deutlichmachen können, wie weit die Geburt schon
fortgeschritten ist. Er kann gemeinsam mit ihr die Freude und Vorfreude auf das Kind erleben, wenn er ihr mitteilt, daß seit der letzten
Untersuchung der Muttermund zum Beispiel einige Zentimeter weiter
aufgegangen ist oder der Kopf wieder ein Stück tiefer getreten ist. Der
Vater kann auch die Wünsche und Bedürfnisse seiner Frau an die

Hebamme oder den Arzt weitergeben und so eine Vermittlerfunktion erfüllen. Er sollte leise und langsam sprechen, sich in jeder Situation einfühlsam zeigen und sich durch noch so interessante Vorgänge im Kreißsaal um ihn herum nicht ablenken lassen. Während der *Wehen* sollte er seine Frau in dem erlernten Atemrhythmus unterstützen, indem er mitatmet und ihre Atmung kontrolliert. Dabei sollte der werdende Vater mithelfen, die Atmung seiner Frau zu rhythmisieren. Unter der fortschreitenden Wehentätigkeit kann es immer wieder vorkommen, daß auf Grund der Verspannung die regelmäßige ruhige Atmung aufgegeben wird und arhythmisch geatmet wird. Der Vater muß jetzt helfen, den alten Atemrhythmus wiederzufinden und gleichmäßig und entspannt durch die Wehen hindurch zu atmen. Gut ist es in dieser Phase, bestimmte Formeln der rhythmisierten Atmung immer wieder zu wiederholen und sie geduldig gemeinsam mit der Partnerin durchzuführen. Wenn die Partnerin bei schmerzhaft empfundenen Wehen die nächste Wehe angstvoll erwartet, ist es für den Mann entscheidend wichtig, daß er zum Beispiel mit bestimmten Entspannungformeln: «jetzt fallenlassen, ruhig ein- und ausatmen» hilft, die Wehen entspannt zu beginnen. Dies sollte er unter Umständen geduldig wiederholen, da unter dem Eindruck der Wehen das Erlernte oft vergessen wird. Verbale Beschwichtigungen helfen bei Wehen wenig, wichtig ist es, den Schmerz zu *akzeptieren* und gemeinsam zu verarbeiten, in der Gewißheit, daß mit jeder Wehe das ersehnte Ziel näherrückt, und nicht so zu tun, als gäbe es keine Schmerzen. Der Vater kann zur zusätzlichen Erleichterung Massage durchführen, oder auch, wenn als angenehm empfunden, Druck auf das Kreuzbein (Effleurage) ausüben. In der sogenannten *Übergangsphase* bei einer Muttermundsweite von etwa 6 bis 8 cm wird dies besonders als Erleichterung empfunden. Sollten während der Eröffnung längere Wehenpausen eintreten, so kann der werdende Vater mit seiner Partnerin umhergehen und sie bei überraschenden Wehen stützen. Hat man sich gründlich auf eine gemeinsame Geburt vorbereitet, so sollte der Mann seine Frau nicht – auch bei noch so langer Geburtsdauer – alleinlassen, auch bei Untersuchungen oder anderen ärztlichen Maßnahmen im Kreißsaal besteht kein prinzipieller Grund, seine Frau zu verlassen.

In der *Austreibungsphase*, in der sicherlich eine Hebamme die Geburt aktiv leitet, kann der werdende Vater seine Frau halten und stützen, je nachdem, welche Stellung sie einnimmt. Da üblicherweise in

Rückenlage entbunden wird, kann er seitlich neben oder hinter ihr stehen und ihren Kopf und den Rücken halten. Sicherlich wird es ihr guttun, wenn er ihr die Stirn kühlt, ihr Eiswürfel zu lutschen gibt oder ähnliches. Er kann ihr bei Durchtritt des Köpfchens auch durch Vorhalten eines Spiegels den Geburtsfortschritt demonstrieren und so die Vorfreude auf das Kind stärken. Bei Krankenhausgeburten wird sich die Mithilfe des Mannes in der Austreibungsphase meist auf das so Beschriebene beschränken, da die üblichen Kreißsaalbetten für gemeinsame Aktivitäten nicht die Möglichkeit und den Platz bieten. Natürlich sind aber in der Austreibungsphase für Frau und Mann verschiedene Positionen möglich. Ohne hier auf völkerkundliche Untersuchungen eingehen zu wollen, welche die spezifische Rolle des Mannes bei der Geburt untersucht und dargestellt haben, möchte ich nur einige sicherlich auch für den Mann akzeptable Möglichkeiten aufzeigen. So kann der Mann während der Austreibungsphase auch hinter seiner Frau sitzen und ihren Rücken stützen, indem sie zwischen seinen Beinen sitzt. Diese Haltung läßt sich im Kurs gut üben. Sollte die Frau beim Pressen eine aufrechte Position bevorzugen, kann der Mann sie mit einer weiteren Hilfsperson durch Unterfassen in den Achselhöhlen oder an den Armen stützen. So sind mannigfaltige aktive Hilfen durch den Mann möglich, die sich nach den spontanen Bedürfnissen seiner Frau unter der Geburt richten müssen.

Im Kurs hat er gelernt, daß es im wesentlichen drei Phasen der Geburt gibt. In der *Eröffnungsphase* verkürzt und öffnet sich der Muttermund unter dem Druck der Wehen und des vorangehenden kindlichen Teils, also zumeist des Köpfchens, gleichzeitig tritt das Köpfchen tiefer in das Becken hinein. Dabei muß es sich so drehen, daß das Gesicht nach hinten zeigt, also zum Rücken der Mutter. Damit das kindliche Köpfchen mit seinem kleinsten Umfang durch den Geburtskanal hindurchgleiten kann, muß es außerdem eine extreme Beugehaltung einnehmen, so daß das Kinn auf der Brust liegt und das Hinterhaupt zum führenden, das heißt vorangehenden Teil wird. Der Geburtsfortschritt und die richtige Einstellung des Köpfchens werden von Hebamme oder Arzt durch Untersuchungen von der Scheide oder vom Darm aus kontrolliert.

Als *Übergangsphase* wird die Zeit von der fast vollständigen Eröffnung des Muttermundes bis zum Beginn der eigentlichen Austreibungsphase bezeichnet. Die Wehen werden in dieser Phase oftmals als besonders intensiv empfunden, was von dem unterstützenden Partner unter Umständen besondere Zuwendung notwendig macht.

Die *Austreibungsphase* bezeichnet die Zeit von der vollständigen Eröffnung des Muttermundes bis zur Geburt des Kindes, dies ist die Phase, in der die aktive Mitarbeit beider Partner am stärksten erforderlich ist.

Nach der Geburt darf sich der Vater ausführlich mit seinem Kind beschäftigen, für eine kurze Zeit gehört es ihm allein, denn er darf es eventuell abnabeln, baden und gemeinsam mit Hebamme und Arzt versorgen, während die Mutter erschöpft, aber glücklich im Bett liegt oder medizinisch versorgt wird. Der Vater übernimmt so seine spezifische Rolle als Regulator der Distanz zwischen Mutter und Kind. Dadurch, daß er die Nabelschnur eventuell selbst durchtrennt, ist seine trennende Funktion nicht nur symbolisch, sondern sehr praktisch. In der innigen Einheit von Mutter und Kind, die auch nach der Geburt als eine Art Symbiose fortbesteht, bildet der Vater die Bezugsperson für beide. Die Geburt findet bei Anwesenheit des Partners nicht nur in einer von der Umwelt isolierten Zweierbeziehung zwischen Mutter und Kind statt, wobei wahrscheinlich nicht nur die körperliche, sondern auch die stimmliche Gegenwart des Vaters eine besondere Rolle spielt. Es gibt Forschungen, die belegen, daß die Stimme des Vaters in der frühkindlichen Entwicklungsphase den sozialen Spracherwerb des Kindes beeinflußt, ausgehend von dem Bedürfnis des Kindes, mit dem andersartigen, außerhalb der engen Mutter-Kind-Beziehung stehenden Fremden zu kommunizieren. Wenn er nun das Kind der Mutter zurückgibt, beginnt die Phase des gegenseitigen Kennenlernens, der intensiven Aufnahme von Körper- und Blickkontakt. In dieser Phase können Eltern wohl am intensivsten die Früchte ihrer gemeinsamen Anstrengung genießen, und jeder verständnisvolle Geburtshelfer wird das Eltern-Kind-Paar in dieser Zeit sich selbst überlassen.

Nach dem üblichen Schema der Krankenhausgeburt muß der frischgebackene Vater nach dieser Phase zunächst Abschied nehmen von Mutter und Kind, und er bleibt sich und seinen Gefühlen selbst überlassen. Hat sich ein Paar zur *ambulanten* Krankenhausgeburt entschlossen, so kann – bei medizinischer Unbedenklichkeit und entsprechend organisierter weiterer häuslicher Betreuung durch Hebamme und Arzt – die neue Familie gemeinsam die Klinik einige Stunden nach der

Geburt verlassen. Aus der Sicht des Vaters und auch eventueller Geschwisterkinder ist dies sicherlich ein großer Vorteil, da eine familäre Trennung über mehrere Tage mit Beschränkung auf festgelegte Besuchszeiten vermieden wird.

Viele Väter, die ihre aktive Rolle bei Schwangerschaft und Geburt ernst nehmen, drängen auf eine *Hausgeburt* (siehe Seite 86). Sicherlich ist der Kompetenzbereich des werdenden Vaters bei einer Hausgeburt sehr viel umfangreicher und verantwortungsvoller. Für die werdenden Eltern und besonders für den Vater bestehen bei einer Hausgeburt sehr viel größere Chancen, die Geburt entsprechend ihren ureigensten Wünschen und spontanen Bedürfnissen zu erleben und zu gestalten, was sicherlich von unschätzbarem Vorteil auch für das Kind sein kann. Ich habe selbst persönlich bei mehreren von mir betreuten Hausgeburten die intensive Hilfe und die tiefe emotionale Beteiligung der Väter erleben dürfen, die über alles das hinausging, was ich bis dahin von Krankenhausgeburten gekannt hatte. Als Vater habe ich diese jüngeren Väter insgeheim beneidet um ihr Erlebnis, das eigene Kind weitgehend ungestört von äußeren Einflüssen in Empfang nehmen zu dürfen. Trotzdem sollte man die Hausgeburt nicht idealisieren, denn im Bewußtsein möglicher unvorhersehbarer Komplikationen und damit verbundener Risiken für das Kind sollte sich aber jeder Vater und jedes Elternpaar fragen, ob es wirklich bereit ist, diese Verantwortung auf sich zu nehmen, oder ob hier nicht doch die eigenen Wunschvorstellungen vor den eventuellen Bedürfnissen des Neugeborenen rangieren.

Leboyer meinte seinerzeit die Mütter, als er schrieb: «Das Baby ist kein Spielzeug, kein Schmuckstück. Es ist ein Wesen, das ihnen anvertraut worden ist. Wenn die Frauen doch begreifen und spüren würden: ‹Ich bin seine Mutter.› Und nicht: ‹Es ist mein Kind.› Zwischen beidem liegt eine Welt und die ganze Zukunft des Kindes.»

Diese Sätze gelten, wie ich meine, in gleicher Weise auch für die Väter von heute, die ihre Vaterrolle ernst nehmen.

8. Geburtsberichte

Die hier wiedergegebenen Geburtsberichte sind in keiner Weise repräsentativ für das, was Väter bei der Geburt erleben. Andere Väter können die Geburt ganz anders erleben. Um dies deutlichzumachen, habe ich bewußt sehr unterschiedliche Geburtsschilderungen ausgewählt und sie unkommentiert nebeneinandergestellt. Die einzelnen Geburtsschilderungen sollen für sich sprechen und anderen werdenden Vätern Mut zu ihrem eigenen, individuellen Geburtserlebnis machen.

Rolf Cantzen, 28 Jahre, Student, 1 Kind

«Dies ist nun der dritte Versuch, einen Geburtsbericht aus der Sicht eines gewordenen Vaters zu verfassen. Der erste Versuch, einige Tage nach der Geburt Dorians, scheiterte an der alles aufsaugenden Existenz Dorians. Er ließ einfach keinen Raum, mir die Geburt, wie ich sie erlebte, noch einmal vor Augen zu führen. Dorian verschlang jede Aufmerksamkeit und jeden zusammenhängenden Gedanken. Annegret war völlig erschöpft, konnte aber vor Aufregung in den fünf Tagen nach der Geburt fast keinen Schlaf finden. Dorian ließ keine zeitsparende Planung des Tagesablaufes zu. Er schlief am Tage und war nachts wach, und Annegret genoß ihr Recht, von mir versorgt zu werden.

Die nach der Geburt abgewickelten Telefongespräche regten mich auch kaum dazu an, alles noch einmal gründlich zu erinnern. Nach zwei Telefonaten reduzierten sich meine Geburtsberichte auf folgende Versatzstücke: Hausgeburt hat nicht geklappt; alles gesund; doch kein Mädchen; die Geburt war sehr schwer und lang; Annegret hat durch ihre Beherrschung und Konzentration einen Kaiserschnitt vermieden. Ohne mich hätte allerdings die Assistenzärztin trotz Annegrets überragender Selbstbeherrschung einen Kaiserschnitt gemacht. Ich war ständig dabei, massierte ihr den Rücken, atmete ihr vor, bis mir der Schweiß lief, gab ihr psychologische Hilfestellung; schließlich noch – mit unterschiedlicher Gewichtung je nach Anrufer: ich kontrollierte die Medizintechniker, ließ mir alles erklären und demonstrierte: Ihr könnt nicht alles mit uns machen.

In unserer ‹Vätergruppe› berichtete ich dann länger und genauer über die Geburt. Dabei konzentrierte ich meine Darstellung, um den Anforderungen der Vätergruppe zu genügen, auf mein persönliches Empfinden, meine Gefühle, meine Ängste und meine Wut. Ich berichtete über die Enttäuschung, daß es mit der Hausgeburt nichts geworden war und daß alles anders ablief, als wir es uns vorgestellt hatten. Ich erzählte von der Aufforderung der Krankenhaushebamme, ich solle ‹natürliche Vatergefühle› zeigen. Doch besonderes Gewicht legte ich in diesem Bericht darauf, daß ich funktionierte, mich nicht gehenließ, mir ständig vornahm, ruhig und bestimmt zu bleiben um nicht ausgeliefert zu sein an das Klinikpersonal, das mir allzuschnell bereit schien, einen Kaiserschnitt zu machen. Diesen Geburtsbericht schloß ich mit der Warnung des Erfahrenen: Kontrolliert Euch und die Situation und wartet nicht darauf, daß sich plötzlich tiefe Glücksgefühle einstellen oder eine spontane Zuneigung zu diesem schreienden, gequälten Etwas!

Nach diesem Erlebnisbericht entstand zweifellos der Eindruck, daß ich mich in meinem Verhalten ganz in Ordnung fand. Vermutlich aufgrund der Betonung von Vernunft und Stärke blieb die Resonanz der Gruppe auf meinen Geburtsbericht eher spärlich.

In den folgenden Sitzungen der «Vätergruppe» (vollständiger Titel der Volkshochschulveranstaltung, aus der diese Vätergruppe hervorging, «Wenn Männer Väter werden») äußerte man mir gegenüber allerdings sehr deutlich folgende, zweifellos berechtigte Sätze: ‹Männer müssen auch Schwäche zeigen›; ‹Männer ersticken durch die ihnen ansozialisierte Konzentration auf die Rationalität ihre Gefühle und bekommen deshalb mit 35 Jahren Magengeschwüre und mit 55 den ersten Herzinfarkt›; ‹Frauen zeigen offener, was sie fühlen›; und ‹Männer haben in puncto Emotionalität einen großen Nachholbedarf›.

Nach diesem mündlichen Geburtsbericht vor dem Vätergruppenforum gelang dann auch der erneute Versuch nicht, das alles einmal aufzuschreiben. Heute, ein halbes Jahr nach der Geburt, scheinen durch die Rekonstruktion der Ereignisse die Erinnerungsbilder und erstarrten Vorstellungen meines damaligen Denkens, Fühlens und Handelns ein wenig aufzuweichen.

Vorab: Dorian ist ein geplantes Wunschkind. Von Anfang an war eine Hausgeburt geplant. Wir wollten uns der Krankenhaustechnik und -bürokratie entziehen, das Kleine in unserer gewohnten Atmosphäre zur Welt bringen und nach der Geburt gemeinsam betreuen. Der Hauptgrund war jedoch, daß eine Hausgeburt mir die Möglichkeit bot, an der Geburt wirklich beteiligt zu sein. Annegret und ich wollten auch später unser Kind gemeinsam betreuen, damit wir beide das Kind und unsere sonstigen Interessen möglichst weitgehend in Einklang bringen konnten. Mit einer Hausgeburt glaubten wir den geeignetsten Anfang machen zu können.

14 Tage vor dem Termin ging es los. Nachts um 2 Uhr, ich war von der Vätergruppe und dem anschließenden obligatorischen Kneipenbesuch nach Hause gekommen und lage gerade im Bett, weckte mich Annegret. Irgend etwas sei nicht in Ordnung. Ihre ganze Hose und das Bett seien naß. Ich beruhigte mich und sie: «Hattest Du doch schon vor einer Woche, da war auch nichts.» Als die ersten beiden Handtücher naß waren und die Flüssigkeit nicht nach Urin roch, gelang es Annegret, mir trotz meiner Müdigkeit klarzumachen, daß die Fruchtblase gesprungen sein müsse und daß es jetzt losginge. Sie spürte ein unregelmäßiges Ziehen im Bauch. Doch mein innerer Widerstand gegen dieses Ereignis war noch nicht gebrochen. Es ist 14 Tage zu früh; ich bin hundemüde; ich muß in den nächsten 2 Wochen noch was für die Uni tun; es einfach zu kalt; und um den Ofen anmachen zu können, muß ich zum Kohlenholen in den Keller – diese Gründe schienen mir dagegenzusprechen, daß es jetzt schon losgehen sollte.

Als ich die Hebamme anrief, bestätigte sie unsere Diagnose vom Fruchtblasensprung. In spätestens drei bis vier Stunden würden regelmäßige Wehen einsetzen. Wir sollten uns noch einmal ins Bett legen und zu schlafen versuchen. Am Morgen käme sie dann, falls die Wehen nicht vorher schon heftiger und in kürzeren Abständen kämen.

Mit dem Schlafen wurde es nichts. Annegret verlor noch mehr Fruchtwasser, und ich wechselte die nassen Handtücher. Annegret beschrieb, was sie spürte. Wir hielten das Ziehen in ihrem Bauch für leichte Anfangswehen. Wir schauten noch einmal nach in den vielen Büchern, die wir uns besorgt hatten. Ich machte mir Vorwürfe wegen meiner Biermüdigkeit und versuchte zu schlafen, um für den folgenden Tag einsatzfähig zu sein. Da wir nicht mehr schlafen konnten, bereiteten wir das Geburtsbett vor. Über den Teppich legten wir Plastikfolie. Die Matratze fixierten wir zwischen den Wänden, damit sie nicht wegrutschen konnte. Das war wichtig, weil ich mich während der Geburt mit dem Rücken an die Wand gelehnt hinter Annegret setzen wollte, um ihr das Pressen und Atmen zu erleichtern. Mir zitterten vor Müdigkeit und Kälte die Knie.

Morgens um 5.30 Uhr blieb nichts mehr zu tun. Die Wehen setzten noch nicht ein, und wir legten uns wieder ins Bett. Um 8 Uhr kam dann die Hebamme und untersuchte Annegret. Der Muttermund hatte sich noch nicht geöffnet. Bei der Flüssigkeit hatte es sich tatsächlich um Fruchtwasser gehandelt. Unsere Hebamme bemühte sich, uns Hoffnung zu machen, daß die Wehen sicher bald begännen. Bevor sie noch einmal nach Hause fuhr, riet sie uns dringend, regelmäßig Fieber zu messen. So könnten wir eine möglicherweise durch den Fruchtblasensprung verursachte Infektion feststellen.

Um die Wehentätigkeit anzuregen, machten wir einen Spaziergang. Vorher hatte Annegret schon heiß gebadet. Sie spürte während des Laufens etwa alle 20 bis 30 Minuten ein Ziehen. Ich stoppte die Zeit zwischen den vermeintlichen Wehen und wir versuchten, Regelmäßigkeiten oder wenigstens Tendenzen festzustellen. Wir gingen zusammen einkaufen.

Jetzt waren seit dem Fruchtblasensprung 10 Stunden vergangen. Eigentlich hätten die Wehen längst einsetzen müssen. Langsam drängte sich mir der Gedanke auf, daß wir die Geburt doch im Krankenhaus machen müssen. Ich sprach mit Annegret darüber. Wir hatten uns vorgenommen, keinerlei Risiko einzugehen. Wenn es mit der Hausgeburt nicht klappen würde, wollten wir es ambulant machen. Während des Spazierengehens sprachen wir davon, was wäre, wenn ein Kaiserschnitt notwendig würde. Ich dachte an die Kaiserschnittquote in Berlin, 12 bis 15 % mit steigender Tendenz. Das würde bedeuten: 2 bis 3 Wochen Krankenhaus, das Kind im Krankenhaus, Annegret im Krankenhaus, ich alleine zu Hause.

Um 12 Uhr untersuchte unsere Hebamme Annegret noch einmal. Der Muttermund sei nur 2 cm weit offen. Die Herztöne des Kindes seien normal. Ich sollte sie mir auch anhören, versuchte es auch, hörte zwar nichts, aber entsprach den Erwartungen der Hebamme und war freudig. Sie sprach davon, daß die Wehen schon längst hätten einsetzen müssen und wiederholte, daß der Muttermund noch kaum geöffnet sei. Wir maßen noch einmal Fieber und stellten erhöhte Temperatur fest. Dann sprach unsere Hebamme vom Infektionsrisiko bei Fruchtblasensprung, wies wiederholt auf den noch ungeöffneten Muttermund hin und die Schwierigkeiten einer langen Geburt.

Was die Hebamme uns auszusprechen drängte, wurde lange nicht ausgesprochen. Ich lief in der Wohnung hin und her, sah aus dem Fenster, bemühte mich darum, regelmäßig zu atmen, kontrolliert den Speichel zu schlucken und gewann ein «kommentierendes» Verhältnis zu mir: Ich beabsichtigte, in der Wohnung auf und ab zu laufen, und lief in der Wohnung auf und ab, ich nahm mir gedanklich vor, dies und das zu sagen und sagte es dann. Ich beschrieb mir jede meiner Handlungen, als sei ich meine eigene Romanfigur. Dieses literarische Verhältnis zu mir nahm mich sehr in Anspruch. Aus mir wurde eine Person in einer Grenzsituation. Mit Kloß im Hals arrangierte ich die Feststellung: Dann müssen wir also ins Krankenhaus. Die Hebamme wies erneut auf die Risiken und Länge einer nichteingeleiteten Geburt hin, betonte aber, daß sie es trotzdem versuchen würde, wenn wir immer noch zu einer Hausgeburt entschlossen seien. Annegret weinte, ich sprach unseren Entschluß aus: O. K. dann gehen wir ins Krankenhaus. Nach der nun anfallenden Umarmung im Nebenzimmer, spürte ich, wie sich mein Kinn verzog («Schippe») und Tränen liefen. Das beschreibende Verhältnis zu mir, beschrieb mich als Menschen, dem wie bei einem kleinen Kind, das Kinn unkontrolliert zuckte. Sehe ich das jetzt bei Dorian, schlagen Wellen des Mitleids über mir zusammen.

Jetzt wurden wir geschäftig. Die Situation war erkannt, jetzt galt es, sie zu meistern. Sachen zusammenpacken, die Thermosflasche mit Tee, Butterbrot, Cola, sogar etwas zu lesen. Annegret packte ihr Strickzeug ein. Ich bestellte ein Taxi.

Die Fahrt von Wedding nach Charlottenburg dauerte 20 Minuten. Wir saßen hinten, hielten Händchen und sprachen sehr wenig. Einmal glaubte ich sagen zu müssen, daß wir uns doch von Anfang an vorgenommen hätten, kein Risiko einzugehen, und daß wir die Geburt jetzt eben «ambulant» machen würden. Annegret bestätigte und meinte, wir würden heute abend wieder zu Hause sein. Bei mir stellte sich jetzt das Gefühl ein, eine Last losgeworden zu sein, – ein Gefühl der Sicherheit und des Vertrauens auf die Fachleute im Krankenhaus. Das mein Denken und Fühlen kommentierende Verhältnis bestimmte mich noch immer. Doch überwog bald ein Gefühl des Tätigseins – «packen wir's an».

Im Krankenhaus belehrte man uns, daß Annegret bei Fruchtblasensprung und ausbleibenden Wehen schon längst hätte im Krankenhaus sein müssen. Auch das Wort Kaiserschnitt fiel in diesem Zusammenhang. Doch ließ man uns erst einmal eine halbe Stunde im Wartezimmer Platz nehmen. Dort rauchte eine hochschwangere Frau und erzählte von ihren kräftigen Wehen. Endlich holte man Annegret in ein Untersuchungszimmer und schickte mich zur «Aufnahme» in ein angrenzendes Gebäude.

Wir hatten den Mutterpaß zu Hause vergessen. Ohne Mutterpaß keine Aufnahme. Außerdem böte der Mutterpaß Aufschluß über die Schwangerschaft, über die Blutgruppe usw. Auf meine Frage versicherte man mir, es sei noch genug Zeit nach Hause zu fahren und den Mutterpaß zu holen. Annegret würde inzwischen in den Kreißsaal gebracht.

Jetzt begann die für mich schlimmste Zeit der ganzen Geburt: die Taxifahrt nach Hause und wieder zurück ins Krankenhaus. Die bei meinen Aktivitäten in der Klinik ausgebliebene Kommentierung meines Handelns, Denkens und Fühlens begann im Taxi wieder. Ich stellte fest, daß ich sah, daß die Sonne unterging. Ich stellte fest, daß ich mich fragte, weshalb so viele Krähen den Charlottenburger Park bevölkerten. Und ich sah mich dauernd auf die Uhr sehen. Ich entschloß mich, dem Taxifahrer mitzuteilen, daß ich Papiere holen und möglichst schnell wieder zurück zur Klinik müsse. Ich hätte besser nichts gesagt, denn jetzt machte er Witze: Wer's nicht im Kopf hat, der muß es eben in der Brieftasche haben. Anschließend versuchte er mich mit seiner Kritik an der Berliner Verkehrsplanung vertraut zu machen.

Den Mutterpaß fand ich überraschend schnell. Auf der Rückfahrt wieder zur Untätigkeit verdammt, kontrollierte ich mit einigem Erfolg mein zuckendes Kinn und rückte häufig meine Brille zurecht. Ich bemerkte, daß mir Annegret leidtat, weil sie so lange im Kreißsaal liegen mußte. Weder sie noch ich hatten vorher einen Kreißsaal gesehen. Da wir fest auf die Hausgeburt gebaut hatten, hatten wir auf die vielfach empfohlene Kreißsaalbesichtigung verzichtet. Bei Annegrets Schwester war außerdem schon zweimal die Hausgeburt problemlos verlaufen. Und wir hatten alles genau geplant und organisiert: Den Zeitpunkt der Geburt zu Beginn der Semesterferien, eine Hebamme, auch auf die Geburt waren wir gut vorbereitet ... und jetzt Kaiserschnitt. Ich sagte mir, daß es Unsinn sei, sich «reingelegt» zu fühlen. Ich entschloß mich, mir einzureden, jetzt auch der neuen Situation Herr zu werden. Das beruhigte mich und ließ mich wieder meine Wahrnehmungen kommentieren: Ich bemerkte, daß ich sah, daß es bald dunkel sein würde.

Bevor man mich zu Annegret ließ, mußte ich mir einen Kittel anziehen und mir über die Schuhe Überzieher streifen. Annegret lag bereits im Kreißbett. Die Schambehaarung hatte man ihr abgeschnitten. Über einen Gurt um den Bauch war sie an einem Wehenschreiber angeschlossen. Aus ihrer Vagina führten Drähte zu einem Gerät, aus dem regelmäßiges Tuten zu hören war, die Herztöne des Kindes. Aus der Vene ihres linken Armes führte ein Schlauch zum Wehentropf. Annegret erklärte mir den Wehenschreiber und den Wehentropf mit der Vorrichtung zur Einstellung der Einflußmenge.

Während meiner Abwesenheit hatte Annegret gehört, wie die Krankenhaushebamme in einem Telefongespräch mit dem zuständigen Arzt gesagt hatte: Die wollte Hausgeburt machen, ist aber ganz nett.

Mich beruhigte der Respekt, den wir als «verhinderte Hausgeburt» zu genießen schienen. Als die Hebamme kam, um den Wehentropf höher zu stellen, bat ich sie gleich, mir zu erklären, warum sie das tue, bei welcher Dosierung in der Regel die Wehen einsetzten und wie hoch man den Tropf maximal aufdrehen könnte. Nach anfänglichem Zögern erklärte sie mir das Gefragte, vergaß aber nicht darauf hinzuweisen, daß üblicherweise 24 Stunden nach Fruchtblasensprung wegen Infektionsgefahr ein Kaiserschnitt gemacht würde. Ich versicherte ihr, wir würden es in den uns noch verbleibenden 7 Stunden bis 2 Uhr schon schaffen. Sie reagierte auch freundlich, als Annegret erklärte, daß sie die ersten Wehen nicht liegend, sondern auf einem Stuhl veratmen wolle. Die Hebamme half mit, daß Annegret sich setzen konnte, ohne die am Kopf des Kindes angebrachten Elektroden herauszureißen und ohne den Bauchgurt des Wehenschreibers zu verschieben. Anschließend fragte Annegret sie, ob ich ihr Strickzeug aus dem Vorraum holen könne. Die Hebamme zeigte mir unseren Spind und betonte, daß es eine große Ausnahmeerlaubnis sei, im Kreißsaal stricken zu dürfen.

Das Bett von Annegret fand ich danach erst wieder, nachdem ich einmal die falsche Richtung gelaufen war. Wir waren zu dieser Zeit die einzigen im Kreißsaal. Der Herztonmesser tutete, das Blatt des Wehenschreibers reichte schon fast bis zur Erde ohne regelmäßige und kräftige Wellen. Annegret saß nun rittlings auf dem Stuhl, stützte sich auf die Lehne und ich massierte ihr den Rücken. Während der Wehen mußte ich nach Annegrets Anweisungen in Höhe des Steißbeins Gegendruck ausüben. Als die Wehen später häufiger und kräftiger kamen, wurden aus diesen Anweisungen lautstarke Kommandos wie: Höher! Nach rechts! nicht mit den Knöcheln! Fester! Paß doch auf!

Ich hatte also hinreichend zu tun: Annegret beschäftigte mich durch das Massieren und der Arzt und die Hebamme dadurch, daß ich jeden ihrer Handgriffe zu kontrollieren versuchte ... Die übrige Zeit sprachen wir über die Wehenkurve. Ich war also ständig tätig. Von dem

anfänglichen «kommentierenden» Verhältnis zu mir blieb nichts übrig.
Jetzt verlangte die Situation meine volle Aufmerksamkeit. Ich mußte
mich konzentrieren und funktionieren. Annegret und ich versicherten
uns, daß wir noch Zeit hätten und alles versuchen würden, um einen
Kaiserschnitt zu vermeiden. Das versicherten wir auch der Hebamme,
die recht häufig nach uns sah. Wir waren jetzt die einzigen im Kreißsaal
(trotz Vollmond!). Annegret unterhielt sich mit der Hebamme über
Stricken, fragte, ob sie selbst Kinder habe und wie sie die geboren habe.
Die Hebamme legte Wert darauf, daß sie in einem ganz kleinen Land-
krankenhaus ihre beiden Kinder bekommen habe: natürliche Geburt,
ohne moderne Geräte und wehenfördernde Mittel. An diesen Gesprächen beteiligte ich mich nur wenig und war bemüht, zwar freundlich,
aber bestimmt und entschieden zu wirken.

Die Hebamme untersuchte Annegret, versuchte ihr dabei möglichst
wenig weh zu tun und stellte fest, daß der Muttermund sich erst 3,5 cm
weit geöffnet hatte. Sie fragte uns, ob sie den Wehentropf etwas höher
stellen solle. Wir stimmten zu.

Die Assistenzärztin, die sich uns vorher nur kurz vorgestellt hatte,
bat um einen sterilen Handschuh und faßte noch einmal in Annegrets
Vagina. Sie maß die Öffnung des Muttermundes auf nur 2 bis 2,5 cm
und sagte, daß es gar nicht gut aussehe und daß sie nicht zufrieden sei.
Dann ordnete sie an, noch ein Antibiotikum zu spritzen und fügte im
gleichen Satz routiniert hinzu, daß dieses Medikament für das Kind
unschädlich sei. Wir nahmen dies hin, da Annegret erhöhte Temperatur hatte, und wir einsahen, daß eine Infektion verhindert werden
müsse. Bevor die Assistenzärztin ging, wies sie noch einmal darauf hin,
daß 24 Stunden nach Fruchtblasensprung ein Kaiserschnitt gemacht
werden müsse. Ich reagierte mit Optimismus: Wir lassen uns noch ein
bißchen Zeit, werden es aber schon schaffen.

In der nächsten Zeit wurden nun die Wehen regelmäßiger und stärker. Am Schnellerwerden der Herztöne des Kindes und am Ausschla-
gen des Wehenschreibers konnte ich die Wehen wahrnehmen, ehe sie
Annegret spürte. Das Veratmen wurde für Annegret schwieriger. Ich
atmete laut mit, während ich hinter ihr hockte und sie massierte. Ich
entwickelte Techniken, wie ich mit möglichst wenig Anstrengung am
effektivsten Gegendruck ausüben und massieren konnte. In den Pausen zwischen den Wehen übten wir das.

Die Pausen wurden wieder länger. Die Hebamme empfahl, den

Wehentropf kleiner zu drehen, da nach ihrer Erfahrung so häufig die natürliche Wehentätigkeit einsetze. Doch der erwartete Erfolg blieb aus. Nach einer erneuten Untersuchung des Muttermundes machte die Hebamme den Vorschlag, ein gewebelockerndes Mittel zu spritzen, da sich nun langsam der Muttermund öffnen müsse. Wir waren jetzt nach Angaben der Hebamme auf 3 bis 4 cm. Wir stimmten zu. Auch der Wehentropf wurde wieder aufgedreht.

Jetzt besuchten uns der Oberarzt, die Assistenzärztin und zwei Hebammen gemeinsam. Die Assistenzärztin untersuchte und kam zum Ergebnis, daß der Muttermund sich erst 3 cm geöffnet habe und daß es zu langsam ginge. Der Oberarzt erkundigte sich bei Annegret mit über die Brust verschränkten Armen nach ihrem Befinden, ob sie sich kräftig fühle, nicht zu müde sei, ob sie die Schmerzen aushalten könne oder ob sie schmerzlindernde Medikamente brauche. Annegret versicherte, es ginge ihr gut. Obwohl sie nicht ausgeschlafen sei. Es werde auch ohne Medikamente schon gehen.

Dann wandte sich der Oberarzt mit großer Freundlichkeit an mich, sprach mit mir gleichsam von Mann zu Mann über seine eigene Werdender-Vater-Erfahrung und darüber, daß man sich bei der Geburt viel zu wenig um die Männer kümmere. Er fragte mich, ob ich schon etwas zu essen bekommen habe und riet mir, mich zu entspannen, auf den Gang zu gehen und etwas zu essen. Ich war froh, daß Annegret an meiner Stelle auf sein fürsorgliches Reden reagierte und ihm damit widersprach, daß sie mich zum Massieren brauche. Ich könne auch nach der Geburt essen. Im Weggehen hörten wir den Oberarzt zur Assistenzärztin sagen, daß er rechtzeitig geweckt werden wolle, wenn sie den Kaiserschnitt für notwendig halte. Die Hebamme kam zurück und ersetzte mich beim Massieren. Ich aß eine Tafel Schokolade und trank den mitgebrachten Tee. Es war sehr ruhig im Kreißsaal. Vorher hatte ich eine Frau schreien hören. Sie hatte ihr Kind problemlos innerhalb von 2 Stunden geboren.

Um 22 Uhr war Schichtwechsel, und wir bekamen eine andere Hebamme. Sie war etwa in unserem Alter. Auf Annegrets Frage, ob sie nicht freie Hebamme und Hausgeburten machen wolle, verneinte sie mit der Begründung, daß sie zwar Hausgeburten gut finde, sofern es keine Komplikationen gäbe, daß aber nur bestimmte Schichten Hausgeburten machten. Solange diese Möglichkeit nicht von allen wahrgenommen würde, wolle sie im Krankenhaus bleiben. Die neue Hebamme bestätigte, was schon die andere Hebamme gemeint hatte: Man müsse nicht unbedingt 24 Stunden nach Fruchtblasensprung einen Kaiserschnitt machen. Doch wenn die Frau zu schwach sei und nicht mehr mitarbeiten könne, werde in dieser Klinik Kaiserschnitt gemacht.

Die Wehen wurden wieder heftiger, blieben aber unregelmäßig. Annegret hockte jetzt auf Ellenbogen und Knien auf dem Bett. Das Sitzen war ihr zu anstrengend geworden. Vorher hatten wir die Stellung versucht, die wir für die Hausgeburt geplant hatten. Ich wollte mich hinter Annegret setzen, um besser mit ihr den Atemrhythmus halten zu können. Das Krankenhausbett machte diese Stellung jedoch unmöglich. So setzte ich mich seitlich aufs Bett und stellte mich während der Wehen hin, um besser massieren zu können.

Wieder kam die Assistenzärztin, prüfte die Öffnung des Muttermundes, schaute auf den Wehenschreiber und kam erneut zu dem Urteil, daß es nicht gut aussehe und daß die Wehen zu schwach und unregelmäßig kämen.

Der Wehentropf wurde nun noch weiter aufgedreht. Die Wehen kamen ohne jede Regelmäßigkeit, aber so stark, daß Annegret die Schmerzen kaum noch ertragen konnte. Sie schwitzte stark, stöhnte laut und drohte aus dem Atemrhythmus zu kommen. In den Pausen konzentrierte sie sich aber wieder soweit, daß wir gemeinsam laut atmend die nächsten Wehen kontrollieren konnten. Die Hebamme empfahl Annegret, sich auf die Seite zu legen, obwohl diese Lage schmerzhafter sei, da das Kind etwas schräg läge und sich das in der Seitenlage korrigieren ließe.

Ich massierte weiter, atmete zusammen mit Annegret und feuchtete immer wieder den Waschlappen an, um ihr die Stirn zu kühlen. Bei der nächsten Untersuchung des Muttermundes zeigten sich Fortschritte: schon 4 bis 5 cm. Der Kopf des Kindes hatte sich weiter nach unten verschoben. Auf Anraten der Hebamme legte sich Annegret auf die andere Seite, damit der Kopf des Kindes in den Geburtskanal rutschen konnte. Die Hebamme war oft bei uns, da diese Nacht nicht viel zu tun war. Es war bald 24 Uhr. Mir tat der Rücken weh, die Beine waren müde vom dauernden Stehen und die Hände schmerzten vom Massieren.

In der Nebenkabine bekam eine Frau, die Raucherin aus dem Wartezimmer, ihr Kind. Sie schrie entsetzlich. Die Hebamme schrie zurück, sie solle sich zusammennehmen und richtig atmen. Bei ihr ging es schnell und problemlos. Die Hebamme kam mit dem Neugeborenen an unser Kreißbett und zeigte uns das Kind: ein Junge. Da uns der Arzt nach der Ultraschalluntersuchung ein Mädchen prognostiziert hatte, versicherte ihr Annegret, daß das nächste Kind ein Mädchen sein werde.

Als die Assistenzärztin während einer besonders heftigen Wehe zur Untersuchung kam, bat ich sie, den Waschlappen anzufeuchten, da ich mit dem Massieren beschäftigt war. Die nachfolgende Untersuchung des Muttermundes kommentierte sie positiver.

Der Kopf des Kindes schob sich nun tiefer in den Gebärkanal. Jetzt hätten die Preßwehen einsetzen müssen, von denen wir im Vorbereitungskurs gelernt hatten, daß nach drei bis sieben Wehen das Kind draußen sei, ganz naürlich und ohne größere Anstrengungen der Frau. Doch auch die Preßwehen waren nicht stark genug, und Annegret atmete nicht richtig. Die Hebamme demonstrierte die richtige Atmung bei Preßwehen: Luftanhalten und in den Bauch pressen. Wie die Hebamme meinte, atmete Annegret in den Hals. Ich legte meine Hand an die Vagina, um zu zeigen, wohin sie pressen müsse. Die Hebamme wurde energischer und lauter. Ich legte Annegret einen nassen Waschlappen ins Gesicht. Die folgenden Wehen preßte sie mit. Annegret lag nun auf dem Rücken, und ich konnte ihr nicht mehr den Rücken massieren. Die Hebamme riet uns von Schmerzmitteln ab, da sie benebelt machen würden und Annegret das Kind nur ohne weitere Komplikationen bekommen könne, wenn sie aktiv mitpressen könne.

Zur letzten Phase der Geburt klappte die Hebamme die Beinhalterungen hoch, nachdem sie uns versichert hatte, daß das zwar nicht schön sei, aber für die meisten Frauen in der Austreibungsphase am besten wäre. An den Beinhalterungen befanden sich Griffe, mit Hilfe derer die Frauen bei den Preßwehen in gekrümmter Haltung pressen können. Auch Annegret half diese Stellung. Der Kopf des Kindes rutschte sichtbar nach unten. Ich kommentierte ihr die Vorkommnisse am anderen Ende ihres Körpers und redete ihr zu, weiter zu pressen. Annegret schwitzte, warf den Kopf hin und her, stöhnte laut, gab aber nicht auf. Ich berührte sie wieder mit der Hand, um ihr zu zeigen, wohin sie pressen müsse. Eine kleine Pause, eine Wehe ohne Mitpressen und dann ging es weiter. Bald zeigte sich ein rot und blau durchädertes Etwas. Mit jedem Pressen sah man mehr.

Der Oberarzt und die Hebamme standen neben dem Bett. Die Hebamme massierte den Damm und versuchte die Öffnung zu weiten. Die Assistenzärztin riet, einen Dammschnitt zu machen. Ich lehnte ab und sagte ihr, daß wir noch drei Wehen ohne Schnitt machen würden: Annegret stimmte zu. Der Kopf wurde noch weiter sichtbar, konnte aber nicht völlig heraus. Jetzt ließ sich ein Dammschnitt nicht mehr vermeiden, und wir gaben unsere Zustimmung. Die Hebamme setzte die Schere an, eine Klinge innerhalb der Vagina, die andere Klinge außen am Damm. Mit der nächsten Wehe schnitt sie. Blutend klaffte es auseinander. Annegret spürte nichts vom Schnitt. Ich beschrieb ihr immer wieder, wie weit der Kopf sichtbar sei. Sie versuchte den Witz, ob das Kind auch rothaarig sei.

Nach zwei weiteren Preßwehen war dann der Kopf draußen. Von den Schultern an abwärts steckte das Kind noch im Körper. Die Hebamme versuchte am Kopf zu ziehen. Schon jetzt fing das Kind an zu schreien. Alles was da unten an Annegret geschah, gab ich nach oben weiter. Als nach einer weiteren Wehe endlich auch der Rest des Kindes herausgekommen war, verkündete die Hebamme im Ton einer Erfolgsmeldung: Ein Junge. Also nicht das erwartete und gewünschte Mädchen.

Doch es ging gleich weiter. Die Assistenzärztin und die Hebamme klemmten die Nabelschnur ab und legte erst nach der Abnabelung das Kind zwischen Annegrets Brüste. Nach einigen Tagen, als ich diese Endphase der Geburt zu rekonstruieren versuchte, ärgerte ich mich darüber, daß ich das Klinikpersonal nicht konzentriert genug beobachtet hatte und dadurch eine so schnelle Abnabelung ermöglichte.

Ich legte meine Hände auf den Rücken des klebrigen, schreienden und zappelnden Etwas zwischen Annegrets Brüsten, da ich wußte, wie wichtig Wärme und Hautkontakt sind. Doch der Kleine schrie weiter. An der Brust wollte er nicht nuckeln.

Die Hebamme sagte mir, ich solle den Kleinen nehmen, um ihn zu baden. Ich fragte erstaunt zurück: Ich? Die Trennung von Annegret fiel mir schwer. Im Weggehen sah ich, wie der untere Teil des Kreißbetts heruntergeklappt und die OP-Leuchte in Stellung gebracht wurde. Annegrets Dammschnitt mußte vernäht werden. Das Blut floß nun in eine Art Wanne am Ende des heruntergeklappten Bettes.

Aber wir konnten den Kleinen nicht baden: Nachts werde in der Klinik die Heizung heruntergestellt und dann gäbe es nur wenig war-

mes Wasser, erklärte mir die Hebamme. So wuschen wir ihn nur. Bei
der ersten Untersuchung und Vermessung versuchte ich mit den Händen Dorians Augen vor dem grellen Licht zu schützen. Völlig unver-
mittelt und ein wenig aggressiv fragte die Hebamme mich, ob ich nicht
wenigstens jetzt ‹natürliche Vatergefühle› zeigen wolle. Eher be-
schwichtigend erwiderte ich, daß das später komme. Die Hebamme
erwartete wohl Freudentränen. Schon komisch: Bei einer Routineun-
tersuchung des Kindes im Anschluß an eine «technische» Geburt eine
vorwurfsvolle Frage gestellt zu bekommen, die mir eine Mischung
schien aus US-Fernseh-Familien-Klischees und Szeneideologie: Man
müsse (Vater-)Gefühle zeigen, echt und spontan, überwältigt von
dem natürlichen Ereignis der Geburt eines Kindes.

Dorian lag anschließend in einem Wärmekasten und schrie und zap-
pelte. Ich legte meine Hände auf seinen Rücken, sprach mit ihm und
flehte ihn das erste Mal an, endlich mit dem Schreien aufzuhören. Ich
schaute nach vergeblichen Beruhigungsversuchen nach Annegret. Die
Assistenzärztin hatte die erste Naht verpfuscht, hatte sie wieder geöffnet und nähte nochmals. Dann ging ich wieder zum Kleinen und versuchte ihn weiter zu beruhigen. Er sollte nicht alleine sein.

Annegret wurde auf einem fahrbaren Bett zu uns gebracht. Ich legte
Dorian an das Fußende und zog ihn an. Wir boten ihm Annegrets
Busen zum Nuckeln an, doch er zeigte keinerlei Interesse. Schließlich
schaukelte ich ihn im Arm und brachte ihn zum Einschlafen. Mit dem
schlafenden Kind im Arm wagte ich es nicht, mich zu bewegen.

Als um 6 Uhr morgens die Krankenwagenfahrer kamen, um uns
nach Hause zu fahren, ordneten sie an, daß ich Dorian aus meinem
Arm zu Annegret auf die Trage legen solle. Auf meinen Einspruch
entschieden sie: Das Kind gehört zur Mutter.»

Thomas Thorausch, 26 Jahre alt, Student, 1 Kind

«DAVID»
Samstag: Offizieller Geburtstermin. Aber von Sarah/David ist noch
nichts zu spüren.
Sonntag: Immer noch nichts!
Montag: Wir müssen zur Fruchtwasserspiegelung.
«Ob alles in Ordnung ist? Klinikroutine – sterile Atmosphäre. Ob ich

mitkommen kann? Banges Warten. ‹Die Nächste, bitte!› Ich darf dabei sein. Es ist alles o. k.»

Dienstag: Sarah/David wird aktiv. Eva hat den ganzen Abend ‹Übungswehen›, d. h. ganz leichte Wehen, die jedoch auch schon in den vorherigen Monaten ab und zu da waren.

«Ob es jetzt wirklich losgeht? Hoffentlich! Ich habe Angst vor der 2. Fruchtwasserspiegelung am Mittwoch. Was mach ich, wenn sie Eva in der Klinik behalten wollen? Ich hab Angst vor der Klinik-Angst, vor einer Trennung.»

0^{00} Die Wehen werden immer stärker. Eva hastet durch die Wohnung. Sie ist ziemlich nervös. Die Wehen kommen alle 5 Minuten.

«Es geht los! Endlich! Bleib bloß ruhig! Was soll ich zuerst tun? Richtig – Bett beziehen. Nur nicht nervös werden. Bin ich froh, daß das Warten vorbei ist und ich was zu tun habe.»

0^{30} Die Wehen kommen jetzt regelmäßig und werden immer stärker. Ich rufe bei Freunden an, die bei der Geburt dabeisein wollen – sie sind nicht da!

«Jetzt bin ich doch nervös. Ob alles normal läuft? Irgendwie hatte ich mir das ganz anders vorgestellt. Wenn wenigstens noch jemand da wäre! Oh Scheiße, was machen die denn um die Zeit in der Kneipe? Ob wir die Hebamme schon mal anrufen sollen?»

0^{35} Ich rufe Silvia, unsere Hebamme, an. Sie ist ziemlich verpennt, weil sie vorige Nacht schon eine Geburt hatte. Sie beruhigt mich und sagt, daß wir erst mal in aller Ruhe abwarten sollen.

«So'n Mist! Ich bin viel zu nervös! Ich stotterte am Telefon herum, wie oft kommen die Wehen noch mal und wie lange sind sie? Ich glaube, ich gehe unserer Hebamme auf die Nerven. Lächerlich, wie ich mich aufführe! Wie ein übernervöser, werdender Vater, der völlig unvorbereitet ist und von nichts eine Ahnung hat. In aller Ruhe abwarten – das ist leichter gesagt als getan!»

1^{00}: Eva erbricht das ganze Abendessen und muß laufend aufs Klo. Endlich kommen Bärbel und Gustl – unsere Freunde.

«Ist ‹Erbrechen› normal? Ich versuche mich zu erinnern. Wie soll man denn zusammen atmen, einen Rhythmus finden, wenn Eva die ganze Zeit durch die Wohnung rennt? Zum Glück sind Bärbel und Gustl jetzt da – wir sind nicht mehr allein.»

1^{30}–2^{30}: Die Wehen kommen alle 3 Minuten und dauern ca. 1 Minute. Eva muß immer noch laufend aufs Klo.

«Endlich werde ich ruhiger. Gustl hilft mir beim ‹Stoppen› der Wehen. Ich bin froh, daß er da ist. Er strahlt Ruhe und Gelassenheit aus. Langsam klappt es auch mit dem Atemrhythmus.»

2³⁰: Die Wehen werden immer stärker.

Ca. 2⁵⁰: Ich rufe noch mal bei unserer Hebamme an. Sie spricht mit Eva (in den Wehenpausen), und Eva überwindet sich schließlich, Silvia zu sagen, daß sie kommen soll.

«Wieder muß ich anrufen – mir ist das schon fast peinlich, Silvia wieder aus dem Bett zu schmeißen. Ob das wirklich notwendig ist? Oder liegt das an meiner Nervosität? Aber sie kommt – irgendwie beruhigt es mich. Eva geht es glaub ich genauso.»

3⁰⁰: Eva muß wieder aufs Klo. Plötzlich liegt ein ‹Stück Blut› im Klo – der Schleimpfropf ist abgegangen. Eva weiß erst gar nicht, was los ist, und gerät in Panik.

«Keine Angst, Eva – unser Baby hat sich auf den Weg gemacht. Sätze aus den Schwangerschaftsbüchern, die wir gelesen haben, fallen mir ein: ‹Wenn der Muttermund sich zu öffnen beginnt, geht der Schleimpfropf ab, der ihn zusätzlich verschlossen hielt. Bei jeder Blutung solltest du die Hebamme oder den Arzt verständigen.› Zum Glück ist Silvia schon auf dem Weg.»

nach 3⁰⁰: Die Wehen werden immer stärker. Eva wirft sich im Bett hin und her, stöhnt, schlägt um sich.

«Unser Baby kommt – aber wir sind alle nicht richtig darauf vorbereitet. Wir haben doch so oft geübt – jetzt ist alles wie weggeblasen. Nur Gustl scheint ruhig. Wie schafft der das nur? Ich bin so froh, daß er da ist. Mit seiner Hilfe schaffen wir es, den Atemrhythmus einigermaßen einzuhalten.»

ca. 3¹⁵: Die Fruchtblase platzt. Die Wehen werden noch stärker. Eva verspürt Preßdrang, schreit während der Wehen nach Silvia, schlägt wie wild um sich. Gustl fliegt die Brille vom Gesicht!

«Oh Mann, so hab ich mir das nicht vorgestellt. Was ist das für ein Film der da abläuft? Ich möchte aussteigen! Wo endet das alles? Alle Vorbereitung war nutzlos – was soll ich tun? Ich kann nichts – ich kann Eva keine Ruhe vermitteln, alle Versuche in dieser Richtung nützen doch gar nichts! Ich hab mir die Geburt immer ‹harmonisch› vorgestellt. Ich hab geglaubt, daß ich eine wichtige Rolle bei der Geburt spiele. Und jetzt komm ich mir so hilflos und auch überflüssig vor.

Hecheln, Eva! Atmen, Eva atmen!! Wann kommt denn endlich diese

*blöde Hebamme? Ich werde wütend: Mensch, Eva vergiß das Atmen
doch nicht immer!!*

Was ist mit dem Kind?? Ich hab Angst!»

3³⁰: Silvia kommt! Sie packt ganz ruhig ihre Sachen aus, untersucht
Eva – und verbreitet eine sagenhafte Ruhe.

*«Endlich! Mir fällt ein ganz großer Stein vom Herzen. Wir sind alle
erleichtert. Eva wird mit einem Mal viel ruhiger.»*

Eva soll jetzt mitpressen – bloß jetzt ist der vormals so starke Preßdrang weg. Eva soll trotzdem pressen – es fällt ihr schwer, weil es so
weh tut. Nach einiger Zeit, Silvia hat inzwischen die Herztöne des
Kindes mit ihrem Hörrohr verfolgt, sagt sie zu Eva, daß sie jetzt ganz
stark pressen soll – egal ob sie Preßwehen hat oder nicht – ansonsten
wäre ein Dammschnitt unvermeidlich.

*«Ob mit dem Kind was nicht stimmt? Komm, Eva, das kann doch
nicht mehr lange dauern. Ich sitze doch hinter dir, komm, preß weiter!
Wir pressen, was das Zeug hält. Ich mach mir dabei fast noch in die Hose.
Alle feuern Eva an – eine Stimmung wie auf dem Fußballplatz.»*

Der Kopf unseres Babys ist zu sehen. Silvia nimmt Evas Hand und
läßt sie das Kind fühlen.

«Unser Kind ist da, Eva. Komm, bald ist es geschafft.»

4¹⁶: DAVID ist da. Als er herauskommt, hat er die Nabelschnur um
den Hals. Silvia nimmt sie wie selbstverständlich weg und legt David
Eva auf den Bauch.

*«Ich bin leer! Da ist unser Kind. Ein Junge, alles dran, sogar schon
Haare.»*

David brabbelt und langsam öffnen sich seine Augen.

*«Was ist mit mir los? In mir bewegt sich nichts, passiert nichts. Totale
Leere. Eva weint und ich sitze da, als ob mich das alles gar nichts angeht.
Mir kommt es so vor, als ob das gar nicht ‹mein› Kind ist. Es ist Evas Kind
– sie hat es zur Welt gebracht. Und ich? Ich hab versucht, ihr dabei zu
helfen. Und hab es nicht geschafft! Ich komme mir überflüssig vor.»*

Die Plazenta kommt raus.

*«Ich faß das ‹Ding› auf Evas Bauch mal ganz vorsichtig an. Alle
freuen sich, wir trinken Sekt – nur in mir ist alles leer.»*

David wird abgenabelt und gebadet. Wir erfahren von unserer Hebamme, daß das Fruchtwasser bereits grün war – sie hat das am nassen
Bettlaken gesehen. Uns war das zum Glück gar nicht aufgefallen.

«Endlich kann ich wieder was tun und dabei auch mal aus dem Zim-

mer gehen. Ich bin erschöpft. Beim Baden hab ich David das erste Mal in den Händen und wasche ihn ganz vorsichtig. Er kommt mir so zerbrechlich vor.»

6^{00}: Silvia ist gegangen – sie wird morgen früh wiederkommen. Bärbel und Gustl sind auch gerade weg. Eva und David schlafen. Ich liege wach und schau mir David an. Langsam wird es hell.

«Hey, David. Was geht jetzt wohl durch deinen kleinen Kopf? Ich glaube, du bist zufrieden – dein Gesicht ist weich und entspannt. Man sieht deinem ‹Zwei-Stunden-Gesicht› die Erschöpfung gar nicht an. Eva sieht dagegen total erschöpft aus. Du kennst mich noch gar nicht, ich kenn dich auch noch nicht – und trotzdem gehören wir zusammen. Ob ich es noch lerne, dich zu lieben? Du bist mir noch so fremd – es wird wohl einige Zeit brauchen, bis es mir gelingt. Hoffentlich nimmst du es mir nicht übel.

Deine Geburt war so ganz anders, als ich es mir vorgestellt hatte. Unsere Schwangerschaft war ziemlich harmonisch – wir haben alle Vorbereitungskurse gemeinsam besucht, haben eine Unmenge von Büchern ‹verschlungen› – wir waren uns so sicher, daß dadurch alles problemlos klappen würde. Und in der Nacht, in der du auf die Welt gekommen bist, da hab ich gespürt, daß ein Rest Unsicherheit bleibt. Deine Geburt, nein du, kleiner Kerl, hast mich ganz schön verunsichert. Ich hab geglaubt, ich bin schon Vater – allein durch die ganze Vorbereitung und die Geburt! Jetzt spür ich, daß es noch ein ziemlich weiter Weg dahin sein wird.»

Nachtrag:
6 Wochen nach deiner Geburt hat sich mein Verhältnis zu dir radikal verändert. Eva hatte schon bald nach der Geburt eine Brustentzündung. Schließlich wurde es so schlimm, daß sie ins Krankenhaus mußte. Und du und ich waren zum erstenmal allein. Du hast zu allem Überfluß von der endgültigen Umstellung auf Flaschennahrung eine dicke Verstopfung bekommen. Die Nacht, in der ich mit dir ‹vorm Bauch› zur nächsten Notapotheke gelaufen bin, werde ich nie vergessen. Du hast die ganze Zeit geschrien! Die Blicke der Leute – daß niemand die Polizei gerufen hat, war ein Wunder. Zu Hause hab ich dir ein ‹Babyklistier› verabreicht, und deine Verstopfung hat sich gelöst. Bevor du eingeschlafen bist, hast du mich unablässig mit großen Augen angeschaut – schließlich sind wir aneinandergekuschelt eingeschlafen. In dieser Nacht hab ich zum erstenmal gespürt, wieviel du mir bedeutest.

Helmut Mai, 33 Jahre alt, Fahrlehrer, 1 Kind

«Lieber Paul!

Warum wollte ich Dich eigentlich? Jedenfalls konnte ich mir von dem Augenblick an, als ich Dich das erste Mal auf dem Arm hatte, ein Leben ohne Dich nicht mehr vorstellen. Doch bis dahin geschah noch einiges: Neun Monate Schwangerschaft, in der wir uns beide auf Dich vorbereiteten, wo mir es aber nicht immer ganz leichtfiel, das nachzuvollziehen, was in Giselas Bauch vor sich ging.

Ich hatte mich unheimlich auf den Augenblick gefreut, wo Du endlich aus ihrem Bauch rauswarst und ich Dich das erste Mal sehen, anfassen und in den Arm nehmen konnte. Und ich wollte Dir und Gisela helfen, daß Ihr Euch voneinander lösen konntet. Ich spürte Euer Drücken und Ziehen. Eine Kraft, die ich fast 24 Stunden spürte. Die von Euch freigesetzten Kräfte, die mich mitrissen und befähigten, die ganze Zeit bei Euch zu sein, bis Du am Abend nach Deiner Geburt in meinen Armen einschliefst. Körperlich spürte ich, daß ich nahe an meinen Grenzen war, denn Du hast es Dir und uns nicht ganz leicht gemacht.

Wir hatten uns entschlossen, Dich zu Hause zu kriegen, in einem Haus, das Du vielleicht gar nicht mehr kennen wirst, wenn Du lesen kannst: einem alten Forsthaus auf einer Waldlichtung, 3 Kilometer vom nächsten Dorf.

Das Auto war startklar, falls Du doch lieber im Krankenhaus auf die Welt kommen wolltest. Am Tag vor der Geburt sah ich bei einer Fruchtwasserspiegelung Deine Haare, dick und dunkel durchs Mikroskop. Du warst sozusagen auf dem Absprung, und darauf freuten wir uns schon lange, denn langsam war es an der Zeit. Die letzten Besorgungen nach der Fruchtwasserspiegelung zogen sich noch ganz schön lange hin, da ich in meinem Wahnsinn noch unbedingt eine Schraube besorgen wollte, um den neuen Gasherd anzuschließen. Das Essen für eine Woche war aber schon besorgt, und fünf Portionen Maultaschen lagen in der Tiefkühltruhe, so daß wir die Zeit danach in Ruhe erwarten konnten.

Wir riefen die Hebamme am Nachmittag an. Sie kam sehr bald. Eigentlich wären wir bei der ersten Geburtsphase gern allein gewesen. Es war ein starkes Gefühl zwischen Gisela und mir, daß wir Dich jetzt kriegen würden. Im Grunde hätten wir auch gerne noch ein bißchen geschlafen. Zum Glück waren Freundinnen von uns da, die sich mit der Hebamme unterhielten, und so hatten wir noch ein bißchen Ruhe. Schließlich hatten wir noch eine lange Nacht vor uns. Eine kalte Aprilnacht im warm geheizten Haus mit einem klaren Morgen. Ich weiß nicht mehr genau, wie diese Nacht rumging. Sie kam mir unendlich lang vor. Ich hatte schon Jahre keine Nacht mehr voll durchgemacht. Aber sie war anstrengend schön. Ich war fast die ganze Zeit bei Gisela und erlebte gemeinsam Euer Drücken und Ziehen, mal stärker, mal schwächer, so daß die Hebamme gegen Ende der Nacht schon ganz ungeduldig wurde.

Ich konnte noch gar nicht dran denken, daß Du bald rauskommen würdest. Der Augenblick nahm mich so in Anspruch, und eigentlich war mir schon am Abend klar, daß ich bis zum nächsten Morgen auf Dich warten müßte.

Der erste Versuch, die Fruchtblase zu öffnen, klappte nicht, da ihre Haut ziemlich dick zu sein schien. Die Hebamme war auch sehr vorsichtig und wollte nicht das Risiko eingehen, Dir dabei ein paar Haare auszurupfen. Wir gingen dann im Flur spazieren, die Treppe rauf und runter, lagen wieder nah zusammen auf dem Bett, wenn das Gehen zu anstrengend wurde. Ich hielt Giselas Hand, manchmal biß sie mir in die Finger, und wir hielten uns ganz fest, und Du hast wahrscheinlich geschlafen und Dich drücken lassen. Wir warteten darauf, daß Du Dich nach draußen bewegst, aber Du wolltest noch nicht, hattest offenbar vor, ein Morgenmensch zu werden.

Um 5 Uhr ruft die Hebamme dann den Arzt an, der eine halbe Stunde später eintrifft und es auch schafft, die Fruchtblase zu öffnen. Er versucht beim Atmen und Pressen mit konkreten Hinweisen zu unterstützen, was Gisela als sehr hilfreich empfindet. Dadurch tritt Distanz zwischen uns ein, und ich ziehe mich etwas zurück – genauso wie die Hebamme. Ich fand es schade, daß ich Gisela in der Situation nicht so gut helfen konnte, empfand den Arzt aber als angenehm. Der Morgen brach an, und ich spürte, daß Gisela Dich raushaben wollte, aber der Druck fehlte noch, den Dein Dickschädel brauchte. Gisela ging im Zimmer hin und her, stützte sich auf mich, und ich versuchte mit ihr mitzuatmen und zu pressen. Dazwischen fühlte die Hebamme bzw. der Arzt, ob der Muttermund schon genügend geöffnet ist. Es fehlten immer noch ein, zwei Zentimeter.

Kurz vor acht, der Arzt mußte in seine Praxis, gab er Gisela ein wehenförderndes Mittel. Wir redeten vorher noch darüber, ob wir das wollten. Ich hatte das Gefühl, Gisela die Entscheidung überlassen zu müssen, sagte aber, daß ich dafür bin, das Mittel zu geben. Wir hatten ja eigentlich gehofft, daß wir Deine Geburt ganz ohne Medikamente schaffen würden. Und es fällt uns auch nicht leicht, ja zu sagen.

Ja, und dann geht alles sehr schnell. Das Zeugs wirkt sofort, und ich spürte, mit welcher Kraft sich Giselas Bauch zusammenzieht, um Dich nach draußen zu drücken. Fast pausenlos.

Ich sitze auf dem Bett, meine rechte Hand für Gisela, die linke für die Hebamme, sehe Deinen Kopf zuerst nur ganz klein und bei jedem Pressen weiter nach vorne drückend. Ja, und grad als die Hebamme zum Schneiden ansetzt, ich halte ihr noch die Schere, drückt Dein Kopf nach vorne und mit einem Rutsch preßt Dich Gisela raus. Reichlich blau siehst Du aus und mußt von der Hebamme erstmal kräftig geklopft werden, bis Dein erster zaghafter Schrei ertönt. Du liegst dann gleich auf Giselas Bauch, wir schauen Dich beide fasziniert an, die Atmosphäre entspannt sich. So siehst Du also aus. Ich schaue Dich an, versuche Dein Gesicht zu entdecken und spüre ein unbeschreibliches Gefühl der Zuneigung zu Gisela, hätte alles für sie tun können, weil sie Dich zur Welt gebracht hat. Und ich sage ihr, daß Du Paul heißen solltest, der Name, den sie sich für einen Jungen gewünscht hatte.

Nach dem Abnabeln badete ich Dich zusammen mit der Hebamme. Du warst mit großen Augen am Gucken, und einen Augenblick lächelst Du mich an, wie ich Dich zum Wickeltisch trage. Ich spüre, wie dies meinen Mutterinstinkt auslöst. Ich kann Dich tragen, Dich an Giselas Brust legen, Dich anschauen: Barbara legt Dir dann Deine erste Windel an. Ich schaue genau zu, und dann sitz ich mit Dir auf dem Arm neben Gisela.»

VI. Die erste Zeit nach der Geburt

Mit der Geburt wird aus dem werdenden Vater ein wirklicher Vater. Bald nach der Geburt beginnt der Alltag des Vaterseins. Jetzt zeigt sich, wie die Anforderungen, die an den Vater gestellt werden, sein Leben verändern und was das Vatersein für sein Leben bedeutet. In fast allen Fällen gestaltet sich die Realität des Vaterseins anders, als es sich die meisten Väter vor der Geburt vorgestellt haben. Was sich nach der Geburt verändert und wie Männer diese Veränderung erleben, ist das Thema dieses Kapitels. Ein besonderer Schwerpunkt liegt dabei auf dem Erleben der neuen Väter.

1. Alles ist ganz anders

Da 98 % aller Geburten im Krankenhaus stattfinden, beginnt für fast alle Väter die Zeit nach der Geburt im Krankenhaus. Will der Vater nicht von Mutter und Kind getrennt sein, wird er alles daran setzen, damit beide das Krankenhaus möglichst bald verlassen können. Wenn eine ambulante Geburt aus zwingenden Gründen nicht möglich ist, sollte der Aufenthalt im Krankenhaus nur solange dauern, wie es aus *medizinischen Gründen* unbedingt erforderlich ist. Was darunter zu verstehen ist, sollte man nicht von den Gepflogenheiten des jeweiligen Krankenhauses abhängig machen, sondern von der eigenen Entscheidung. Diese Entscheidung kann erst getroffen werden, wenn der zuständige Arzt seine Argumente vorgebracht hat. Dabei sollte man sich von der Beschwörung des Risikos nicht allzuschnell einschüchtern lassen, sondern von dem jeweiligen Zustand von Mutter und Kind ausgehen und notfalls auch auf eigene Verantwortung das Krankenhaus verlassen. Nach einer normal verlaufenen Geburt gibt es normalerweise keinen Grund, im Krankenhaus zu bleiben. Auch wenn die Geburt kompliziert verlaufen ist oder gar ein Kaiserschnitt gemacht werden mußte, folgt daraus nicht zwingend die Notwendigkeit zu einem längeren Krankenhausaufenthalt.

Meine Frau hat das Krankenhaus nach einem Kaiserschnitt in Epidural-Anästhesie bereits nach fünf Tagen verlassen, obwohl eine Entlassung selbst bei guter Genesung in den meisten Krankenhäusern frühestens zehn bis zwölf Tage nach der Operation üblich ist. Die Betreuung durch eine Hebamme zu Hause hatten wir vorher geregelt. Meiner Frau ging es – auch nach Auskunft der Ärzte – so gut, daß wir uns zu einer Entlassung auf eigene Verantwortung entschlossen haben. Wir haben diese Entscheidung nie bereut. Nach den Tagen im Krankenhaus, wo wir uns trotz Rooming-in, unbeschränkter Besuchszeit und freundlichem Personal nicht wohl gefühlt haben, waren wir sehr froh, endlich in der vertrauten häuslichen Umgebung zu sein und uns nicht mehr mit den Auffassungen von Ärzten und Kinderkrankenschwestern über Kinderpflege und Stillen auseinandersetzen zu müssen.

Wenn der Vater seine Frau und das Kind möglichst bald nach der Entbindung nach Hause holt, übernimmt er damit gleichzeitig auch die Verpflichtung, Mutter und Kind für einige Wochen nach der Geburt zu versorgen und sich um die Hausarbeit zu kümmern. Dies sollte selbst dann die Regel sein, wenn die Geburt nicht besonders schwer war und die Frau sich schon kurze Zeit nach der Geburt wieder einigermaßen erholt hat.

«Selbst eine normale Geburt erfordert eine physische und psychische Anpassung an die neue Situation. Die bloße körperliche Anstrengung der Geburt ist gewaltig, und die plötzliche Hormonumstellung hat zur Folge, daß sich selbst die stärkste und selbstbewußteste Frau unsicher fühlt. Jetzt braucht sie jede Hilfe und liebevolle Unterstützung, die sie nur bekommen kann. Dies ist eine Zeit, in der die Mutter selbst bemuttert werden sollte.»[1]

Wenn der Vater die Versorgung von Mutter und Kind übernimmt, ist damit noch wenig über die tatsächliche Aufgabenverteilung von Mann und Frau ausgesagt. Die Versorgung von Mutter und Kind kann nämlich auch so aussehen, daß der Vater lediglich für das Kochen, Waschen

1 Mitchell, Ingrid: Stillen. Reinbek bei Hamburg 1980, S. 48.

und Putzen zuständig ist, die Pflege des Neugeborenen aber bereitwillig an seine Frau abtritt.

Vielen Vätern (auch denen, die ihre Rolle anders gestalten wollen), fällt es nicht gerade leicht, den Einstieg in die Pflege des Neugeborenen zu finden. Selbst wenn sie sich auf die Zeit nach Geburt genauso vorbereitet haben wie ihre Frau, ist damit noch nicht gesagt, daß ihnen der Einstieg so ohne weiteres gelingt.

Die Gründe dafür liegen paradoxerweise nicht nur in der männlichen Bequemlichkeit und Unsicherheit und in der Distanz zum Kind begründet, sondern auch in den Verhaltensweisen, die viele Frauen als Mütter an den Tag legen. Nicht wenige Mütter sind nämlich insgeheim der Überzeugung, daß nur sie die Pflege des Kindes wirklich übernehmen können. Diese innere, meist unbewußte Überzeugung von Müttern kann dazu führen, daß sie dem Vater ständig bei der Kinderpflege auf die Finger sehen und insgeheim dauernd befürchten, daß er etwas falsch machen könnte. Bei manchen Müttern scheint es auch so, als ob sie einem Zwang unterliegen, sich selbst beweisen zu müssen, daß sie für das Kind unentbehrlich sind und daß niemand außer ihnen das Kind wirklich verläßlich betreuen kann.

Solche Überzeugungen können dabei durchaus gleichzeitig mit der Forderung an den Vater einhergehen, daß er in der Kinderpflege mehr machen und nicht alles der Mutter überlassen sollte. Der Vater soll zwar seinen Beitrag leisten und die Mutter in der Kinderpflege entlasten, er darf aber gleichzeitig nicht in Frage stellen, daß sie die Hauptperson im Leben des Kindes ist und im Umgang mit dem Kind kompetenter ist. Es ist klar, daß solche Widersprüchlichkeiten den Vater, der ohnehin meist erheblich mehr Schwierigkeiten als die Mutter mit seiner neuen Aufgabe hat, nicht gerade ermuntern. Ein Vater, der seine Tocher hauptsächlich alleine betreut, da seine Freundin bald nach der Geburt wieder arbeiten ging, meint:

«Ich bin sicher, daß ich zu Sigrid nicht so eine intensive Beziehung hätte aufbauen können, wenn K. nicht durch ihre Ausbildung gezwungen gewesen wäre, einige Wochen nach der Geburt wieder zu arbeiten. Im anderen Fall hätte sie mich mit ihren ganzen Muttergefühlen bestimmt an den Rand gedrängt. In der ersten Zeit, wo wir die Arbeit mit Sigrid noch gemeinsam gemacht haben, gab es zwischen uns viele Situationen, in denen ich ihre Rivalität gespürt habe und das Gefühl hatte, von Sigrid weggedrängt zu werden.»

Hier wird deutlich, wie sehr seine Freundin die traditionelle Mutterrolle verinnerlicht hat: Sie möchte zwar die Mitarbeit, Mitverantwortung und -beteiligung des Vaters, sie möchte aber gleichzeitig auch unbewußt die zentrale Rolle im Leben des Kindes spielen und die Aufgabe des Vaters auf die Unterstützung bei der Wahrnehmung ihrer Mutterfunktion begrenzt wissen. Dieses Beispiel ist kein Einzelfall. Vielmehr ist es nicht untypisch selbst für solche Frauen, die von der Frauenbewegung geprägt sind.

Um Mißverständnisse zu vermeiden: hier soll keineswegs behauptet werden, daß die manchmal geringe Bereitschaft von Vätern zur Übernahme von Verantwortung für das Kind hauptsächlich oder gar ausschließlich auf die Verhaltensweisen von Frauen als Mütter zurückzuführen wären. Er geht lediglich darum aufzuzeigen, daß eine wirkliche Veränderung der traditionellen Vaterrolle auch eine Bewußtmachung und Aufarbeitung der inneren Widersprüche der Mutterrolle notwendig macht. Auch wenn es Frauen als Mütter nicht so ohne weiteres wahrhaben wollen: ihre eigene innere Ambivalenz gegenüber dem Vater kann durchaus einen nicht zu unterschätzenden Anteil daran haben, daß Vätern der Sprung aus der alten Vaterrolle nicht gelingt.

Sollen Väter nicht – wie es bisher noch immer viel zu häufig der Fall ist – ihre Kinder frühestens im Alter von ein bis zwei Jahren als interessante Beziehungspartner wahrnehmen, müssen beim Mann *und* bei der Frau Veränderungen eintreten. Gerade die erste Zeit nach der Geburt entscheidet im allgemeinen darüber, wie sich die Beziehung des Vaters zum Kind im ersten Jahr gestalten wird.

Wenn Frauen nicht mehr in die Rolle der Expertin für den Umgang mit dem Neugeborenen schlüpfen, üben sie damit auf den Mann gleichzeitig den Zwang aus, sich mit seiner Phantasie, seiner Energie und seinem Verantwortungsbewußtsein im Neugeborenen-Alltag zu engagieren. Je mehr Raum die Frauen dem Mann lassen, um so stärker wird er den Druck spüren, seine Aufgabe in der Betreuung des Kindes auch wahrzunehmen. Frauen werden nur dann der männlichen Bequemlichkeit und Distanz zum Kind etwas entgegensetzen können, wenn sie sehr deutlich machen, was sie erwarten. Da viele Männer den Einstieg in die Pflege des Neugeborenen nur schaffen werden, wenn sie es wirklich müssen, müssen die Wünsche der Frau eindeutig und ohne Wenn und Aber sein. Natürlich muß beim Mann eine grundsätzliche Bereitschaft da sein, sich mit den Ansprüchen der Frau und den Ansprüchen eines Neugeborenen auseinanderzusetzen. Diese grundsätzliche Bereitschaft dürfte aber heute zumindest bei denjenigen Männern vorhanden sein, für die die alte Männer- und Vaterrolle ihre Selbstverständlichkeit verloren hat.

Für Männer, die sich auf die Pflege des Neugeborenen einlassen, ist die erste Zeit nach der Geburt ein sehr viel größerer Einschnitt in ihr Leben, als sie es sich jemals vorher vorgestellt haben:

«Am meisten hat mir zu schaffen gemacht, daß ich nichts mehr in Ruhe erledigen konnte. Immer mußte ich mindestens zwei Sachen auf einmal machen. Wenn ich gerade in der Küche beim Kochen war, wurde ich von meiner Freundin gerufen, daß ich ihr bei irgend etwas Hilfestellung geben sollte. Wenn ich mich gerade daran machen wollte, die Windeln in die Waschmaschine zu stopfen, fing der Kleine an zu schreien. Wenn ich dachte, daß er bestimmt jetzt mindestens eine Stunde schläft, fing er schon nach zwanzig Minuten an zu schreien und mußte herumgetragen werden.

So war ich ununterbrochen beschäftigt. Eine wahnsinnige Hektik war ausgebrochen. Oft dachte ich, daß ich das, wenn es so weitergeht, nicht mehr länger aushalten kann. Manchmal war ich abends so total erschöpft, daß ich dachte, ich schaffe das wirklich nicht mehr. Nicht einmal zum Zeitunglesen bin ich mehr gekommen. Schlimm war auch der Schlafentzug. Paul wachte mindestens viermal in der Nacht auf und schrie. Anfangs mußte er zudem einmal in der Nacht gewickelt werden. Manchmal mußte er mitten in der Nacht herumgetragen werden, weil er nur so zu schreien aufhörte.

Tagsüber war ich dann oft durch den Schlafentzug zu keiner Konzentration mehr fähig. Die ständige Übermüdung machte mich gereizt, so daß ich manchmal wegen Kleinigkeiten total aus der Haut fahren konnte.»

Freilich ist die erste Zeit nach der Geburt nicht für alle Väter (und Mütter) so extrem anstrengend. Manche Neugeborenen haben nicht soviel Ansprüche und sind «pflegeleichter», so daß der Streß der ersten Wochen nicht ganz so groß ist. Anstrengend sind die ersten Wochen und Monate aber auch dann.

Da die Situation in jeder Hinsicht neu und ungewohnt ist, kennt man noch keine Alltagsroutine. Vieles muß man erst ausprobieren. Beim ersten Kind ist man auch oft unsicher, ob man alles richtig macht:

«Als Alena und Alexandra vom Krankenhaus nach Hause kamen,

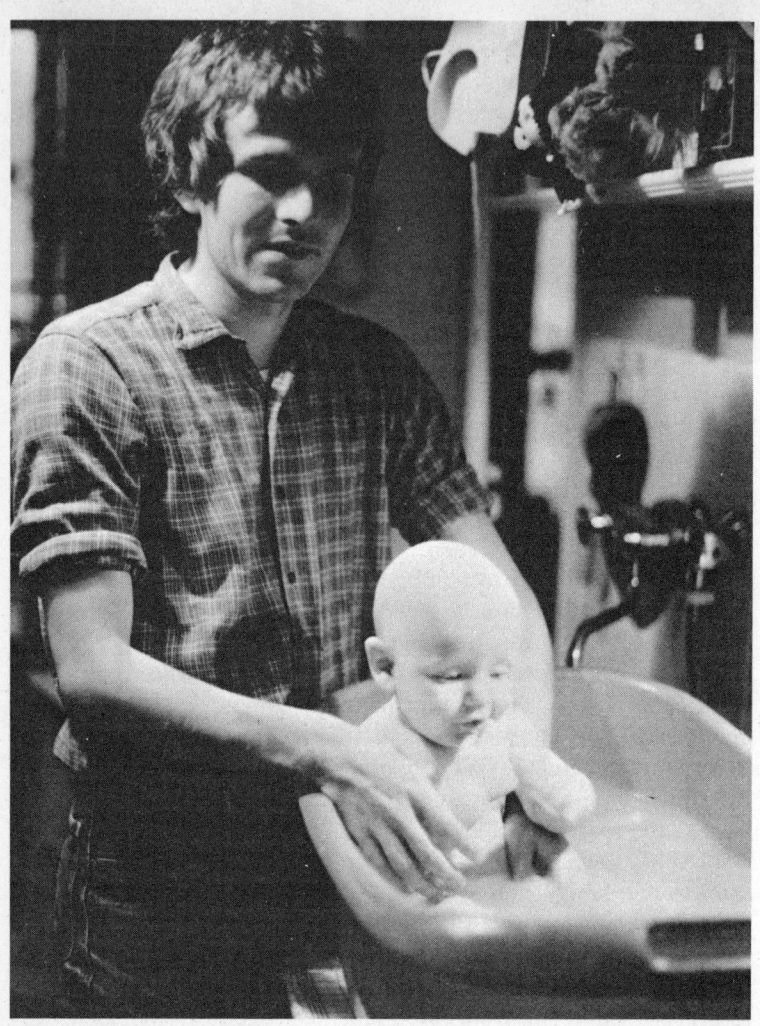

Foto: Christiane Landwehr

mußte ich Alexandra alleine versorgen, da Alena wegen ihres Kaiserschnittes noch im Bett bleiben mußte. Obwohl ich Alexandra schon im Krankenhaus hin und wieder versorgt hatte, fühlte ich mich jetzt viel unsicherer als im Krankenhaus. Jetzt war ich ganz alleine verantwortlich, während im Krankenhaus immer noch das Personal im Hintergrund bereitstand. Als Alexandra dann nicht aufhörte zu schreien – sie hat wohl ihre neue Umgebung und meine Nervosität intuitiv gespürt – geriet ich richtiggehend in Panik und dachte, daß ich die Situation nie klarkriegen könnte. Gott sei Dank konnte ich dann unsere Hebamme erreichen, die mir Ratschläge gab, ihren Besuch versprach und mich schnell beruhigen konnte.»

Die Unsicherheit der ersten Zeit im Umgang mit dem Neugeborenen werden die meisten Väter, genauso wie der hier zu Wort gekommene Vater, schnell überwinden. Ein Rest von Angst, etwas falsch zu machen, wird bleiben. Genauso wie die Unsicherheit der ersten Tage allmählich einer realistischeren Einschätzung weicht, verhält es sich meist auch mit der Euphorie, die manche Väter nach überstandener Geburt angesichts ihres Kindes ergreift. Sie weicht in den ersten zwei bis vier Wochen einer nüchternen Betrachtung der vielen, einschneidenden Konsequenzen, die die Vaterschaft für die eigene Lebensgestaltung hat.

2. Der Vater macht die Drecksarbeit und ist ansonsten überflüssig ...?

Daß bei den meisten Vätern, die sich wirklich auf ihre Kinder einlassen, nach der ersten Euphorie eine Phase der Ernüchterung einsetzt, liegt nicht nur in den einschneidenden Konsequenzen der Vaterschaft für ihre eigene Lebensgestaltung, sondern auch darin, daß sie in ihrer Rolle als Vater sehr wenig Bestätigung erhalten und in der ersten Zeit kaum vom Kind als eigenständige Beziehungsperson wahrgenommen werden. Dies gilt vor allem dann, wenn das Kind gestillt wird. Im Gegensatz zur Mutter, die ihre Bedeutung als wichtige Beziehungsperson für das Kind über das Stillen ständig bestätigt bekommt, bekommt der Vater vom Säugling kaum positive Rückmeldung für die täglichen Anstrengungen, die er zu dessen Pflege unternimmt.

Da der Vater nicht stillen kann, tritt er hauptsächlich über das Windeln und Baden mit dem Kind in Beziehung. Außerdem wird ihm der Löwenanteil der Hausarbeit zufallen, die sich durch das Kind häufig enorm ausweitet und eine Menge Zeit und Energie absorbiert. Was das Windeln anbetrifft, so wird es der Vater nach kurzer Zeit überwiegend als eine sehr mühsame Tätigkeit kennenlernen. Zwar bietet das Win deln jede Menge Möglichkeit zum zärtlichen Kontakt und zum Schmu sen mit dem Kind. Im Alltag der Säuglingspflege stehen dann aber ganz andere Momente im Vordergrund: die Häufigkeit des Windelns auch in Situationen, in denen man dazu einfach keine Lust hat, lassen nach kurzer Zeit das Schmusen und Zärtlichsein in den Hintergrund treten. Nicht alle Säuglinge sind beim Wickeln im übrigen zum Schmusen aufgelegt. Manche machen ihrem Unmut über das An- und Ausziehen auch mitunter lautstark Luft, so daß dem Vater der kalte Schweiß auf der Stirn stehen kann, wenn das ganze – am Anfang meist noch unrouti nierte – «Manöver» des Windelns zu einem Ende gebracht ist.

Mit anderen Worten: Väter werden nach der ersten kurzen Zeit der Faszination das Windeln nicht mehr so sehr als Möglichkeit zum zärtli chen Kontakt, sondern hauptsächlich als Arbeit begreifen, die verrich tet werden muß. Diese Arbeit ist zwar für den Säugling genauso wichtig wie das Stillen, wird aber von diesem selten durch irgendwelche ein deutigen Reaktionen belohnt, aus denen der Vater schließen kann, daß

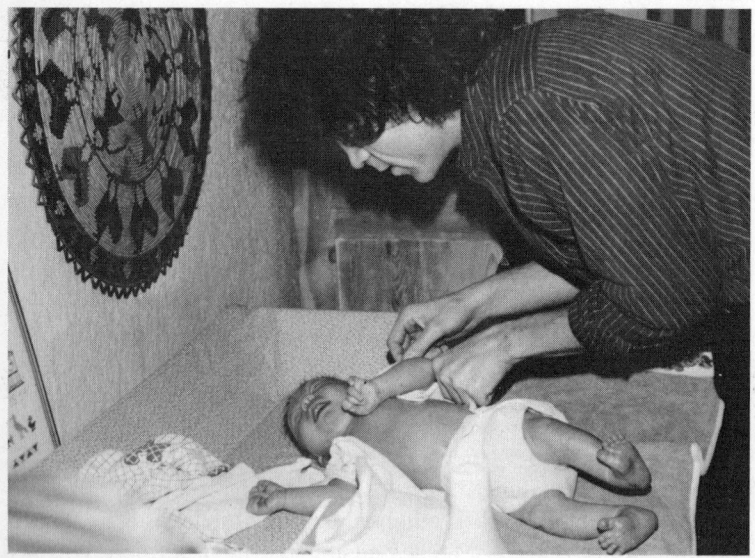

Foto: Barbara Omar

seine Bemühungen auch von dem Neugeborenen als wichtig wahrgenommen werden.

So ähnlich verhält es sich auch mit dem Baden. Dies bietet zwar viele Möglichkeiten des lustvollen Kontaktes zwischen Vater und Kind. Beim Vater wird sich aber schwerlich das Gefühl einstellen, daß das, was er tut, vom Kind als wichtig erlebt wird. Dies um so mehr, als der Vater sich mit der Mutter vergleichen wird, deren symbiotische Stillbeziehung alles andere in den Schatten stellt. Da beim Stillen nicht nur die Bedürfnisse des Säuglings in vielfacher Weise befriedigt werden, sondern das Stillen auch für die Mutter lustvoll ist und eine intensive sexuelle Körperbeziehung einschließt, erfährt die Mutter in ihrer Beziehung zum Neugeborenen nicht nur Bestätigung, sondern auch Befriedigung eigener Bedürfnisse. Im Gegensatz dazu bedeutet die Beziehung des Vaters zum Neugeborenen in erster Linie Bedürfnisverzicht. Da das Neugeborene auf den Vater noch nicht eindeutig reagiert und eine mit der Frau vergleichbare sexuelle Körperbeziehung zum Neugeborenen nicht aufgebaut werden kann, ist die Beziehung zwischen Vater und Kind in den ersten Wochen und Monaten sehr einseitig. Viele Bedürfnisse des Vaters kommen zu kurz. Erschwerend kommt hinzu, daß das Neugeborene die Mutter dermaßen in Beschlag nimmt, daß sich der Vater als Beziehungspartner der Mutter an den Rand gedrängt fühlt.

In gewisser Weise findet er sich unversehens in der klassischen Männerrolle wieder: er soll funktionieren, und zwar unabhängig davon, wie es *ihm gefühlsmäßig* dabei geht.

Im Alltag erlebt er sozusagen stündlich, wie das Neugeborene die Mutter als Beziehungsperson bevorzugt und sich oft nur durch die Brust der Mutter beruhigen läßt. Für Väter sind solche Erfahrungen immer wieder neu mit einer tiefen Enttäuschung verknüpft: nachdem sich ein Vater schon einige Zeit vergeblich bemüht hat, das schreiende Kind zu beruhigen, erscheint die Mutter auf der Bildfläche und nimmt das Kind an die Brust. Oft ist es dann sofort ruhig und zufrieden.[1]

Neid, Eifersucht und Aggressionen können nicht ausbleiben. Da es in der Hektik und dem Streß der ersten Zeit kaum Möglichkeit gibt, solche Gefühle auszuleben und darüber miteinander zu sprechen,

---

1 Ich möchte betonen: Hier wird nur das Erleben von Männern wiedergegeben, aus der Sicht von Frauen ist dies natürlich viel widersprüchlicher.

werden sie meist kurzerhand verdrängt und führen fortan ein versteckes Dasein, aus dem sie oft unversehens – nicht selten in unerwarteten oder unpassenden Momenten – wieder zum Vorschein kommen und sich mitunter in gewaltigen Gefühlsausbrüchen bemerkbar machen.

Aber auch wenn es nicht zu gefühlsmäßigen Ausbrüchen kommt, spürt man bei den meisten Vätern die innere Spannung, unter der sie stehen. Oft machen sie einen unzufriedenen und unausgeglichenen Eindruck: «Nach und nach bin ich in den ersten Wochen und Monaten immer unzufriedener und unausgeglichener geworden. Die Folge meiner inneren Spannung war, daß ich ständig immer wieder krank wurde. Manchmal hat meine Unzufriedenheit dann solche Ausmaße angenommen, daß ich geplatzt bin und zu Hause herumgebrüllt habe. Einmal habe ich vor lauter Wut und Ohnmacht gegenüber meiner Situation eine Schüssel an die Wand geworfen. Daß ich bei rationaler Überlegung weder dem Kind noch meiner Frau eine Schuld an meiner Situation geben konnte, machte alles nur noch schlimmer. Manchmal war ich drauf und dran, einfach abzuhauen.»

Auch wenn sicher nicht alle Väter die Situation in den ersten Wochen und Monaten nach der Geburt so extrem erleben, gehen die Gefühle vieler Väter, die sich in der Betreuung des Kindes in größerem Umfang engagieren, in eine ähnliche Richtung. Der Psychologe Klaus Engel kommt in seiner Untersuchung über das Vaterwerden zu folgendem Schluß:

«Nicht nur Kinder sind vom ‹Angenommenwerden› durch ihre Eltern abhängig ... der Mann benötigt genauso Sicherheit, vom Kind akzeptiert zu werden (durch ein Lächeln etc.), um sich selbst als Vater fühlen und begreifen zu können. Die Frau hat diese Sicherheit a priori durch ihre Definition als ‹Mutter› (unersetzbar), durch die Funktion und den befriedigenden, regelmäßigen Kontakt des Stillens.»[1]

Der Vater muß aber nicht nur seine Unsicherheit in bezug auf seine Bedeutung für das Kind aushalten, sondern auch noch seine Eifersucht, seinen Neid und seine Aggressionen. Dies gilt natürlich nicht nur für Väter, deren Kinder gestillt werden, sondern auch für jene, deren Kinder die Flasche bekommen, die aber, weil sie arbeiten gehen, wenig von ihren Kindern mitbekommen.

1 Engel, Klaus, a. a. O., S. 38.

Es stellt sich die Frage, welche Möglichkeiten es für Männer gibt, diese schwierige Situation erträglicher zu machen und wenigstens ein wenig zu verändern. Ein Vater meinte: «Geholfen hat mir vor allem, daß ich mit anderen Vätern in der Vätergruppe über meine Probleme reden konnte. Daß die ähnliche Probleme hatten, hat mir richtig gutgetan. Auch haben wir einander erzählt, wie jeder so mit der Situation umgeht. Einige haben versucht, möglichst viel alleine mit dem Kind zu machen, weil das für sie befriedigender war. Auch war es für sie wichtig, das Kind an ihrem Körper zu spüren und es viel herumzutragen. Außerdem haben manche versucht, sich die Zeit bewußt so einzuteilen, daß sie mit ihrer Freundin ungestört zusammen sein konnten und sich nicht dauernd alles nur um das Kind gedreht hat. Das hat allerdings oft nicht so richtig geklappt.

Wichtig war auch, daß die Väter, die schon ältere Kinder hatten, uns vermittelten, daß diese Phase vorübergehen würde, wenn das Kind älter würde. Dann würde das Kind viel mehr auf einen zugehen. Zeigen, was es von einem will. Außerdem hört jede Frau auch irgendwann auf zu stillen, so daß sich auch in der Beziehung was verändern kann.»

Der Psychologe Klaus Engel faßt die Veränderungen zusammen: «Je mehr das Kind auf Grund der Fortschritte in seiner kognitiv-motorischen Entwicklung in wechselhafter Abhängigkeit mit seinen personalen Beziehungen in der Lage ist, auf die Zuwendung des Vaters zu reagieren, dieser wiederum sensibler für die Rückmeldungen des Kindes wird, sich also eine erste Kommunikation entfaltet, um so mehr Sicherheit und Freude kann er aus dem Umgang mit dem Baby ziehen.»[1]

Indem der Vater erlebt, daß das Kind ihn als eigenständige Beziehungsperson wahrnimmt, auf ihn eindeutig und unmißverständlich reagiert und mit fortschreitendem Alter unverkennbar äußert, daß es bestimmte Dinge mit ihm am liebsten macht, wird er nicht nur für seine Anstrengungen entschädigt, sondern bekommt auch neue Motivation, sich auf die Beziehung zum Kind einzulassen und seinen Teil an der Kinderarbeit zu übernehmen. Bis dahin ist allerdings für die meisten Väter ein weiter Weg, für dessen Bewältigung es kein Patentrezept gibt. Einfacher haben es da sicher jene Väter, deren Kind schon von Anfang an oder nach einigen Monaten mit der Flasche ernährt

1 Engel, Klaus, a. a. O., S. 38.

wird. In diesem Falle ist es für den Vater schon zu einem frühen Zeitpunkt möglich, zum Kind eine gleichberechtigte Beziehung aufzubauen, vorausgesetzt, der Vater teilt die Kinderarbeit mit der Mutter.

3. Das Schreien

Ich möchte hier nicht allgemein auf das Schreien eingehen und auch nicht im einzelnen erläutern, an was man bei anhaltendem Schreien des Kindes denken sollte. Es geht nur vielmehr darum, welche Probleme das Schreien des Kindes für die Väter mit sich bringen kann und wie Väter mit diesen Problemen klarkommen können.

Nachdem Eltern im allgemeinen heute davon ausgehen, daß Schreien weder die Lungen stärkt noch das Kind psychisch abhärtet und daß das Schreienlassen Säuglinge weder zum Durchschlafen noch zur Regelmäßigkeit erzieht, sind die meisten Eltern sehr bemüht, alles zu tun, damit ihr Neugeborenes möglichst wenig schreit. Wenn das Kind gestillt wird, ist das für den Vater wesentlich schwieriger als für die Mutter. Während die Mutter mit der Brust ein äußerst wirksames «Mittel» gegen das Schreien besitzt, kann der Vater mit nichts Gleichwertigem aufwarten. Die Flasche oder ein Nuckel (Schnuller) sind für viele Säuglinge nichts Gleichwertiges, was sie anstelle der Brust akzeptieren würden. Neben der Flasche und dem Nuckel bleibt dem Vater als Mittel zur Beruhigung oft nur das Herumtragen am Körper, was aber auch nur dann erfolgreich sein wird, wenn das Hungerbedürfnis des Säuglings bereits gestillt ist und es ums Einschlafen oder um das Lindern von Bauchweh geht. Wenn die Mutter für den Hunger des Säuglings, der Vater für das Beruhigen in den meisten übrigen Situationen zuständig ist, ist damit in bezug auf das Schreien – ohne daß man es bewußt so eingeteilt hat – eine ganz bestimmte Aufgabenverteilung gegeben. Dem Vater fallen die unangenehmen und schwierigen Schreisituationen zu, der Mutter mehr die leicht zu bewältigenden. Während die Mutter sehr oft beim Beruhigen erfolgreich sein wird, wird der Vater öfter erleben, daß sein Bemühen nur wenig oder gar keinen Erfolg hat.

Wenn man häufiger nicht erfolgreich ist, liegt es nahe, daß man die eigenen Fähigkeiten nicht sehr hoch einschätzt. Die Frau kommt dann leicht in die Rolle der Expertin für das Beruhigen, was sie in gewisser Weise durch die Brust sowieso ist. Der Mann wird immer seltener versuchen, das Kind selbst zu beruhigen, sofern die Frau in der Nähe ist: «Dann habe ich auch oft, wenn Jana unruhig wurde und ich sie gerade hatte, sie gleich Helga in die Hand gedrückt, weil ich glaubte, nicht herausfinden zu können, was ihr fehlt.»[1]

Wenn die Mutter auf diese Weise zur Expertin für das Beruhigen geworden ist, hat das meist zur Folge, daß der Vater sich in Schreisituationen immer weniger zuständig fühlen wird. Im Extremfall wird dies dazu führen, daß der Vater sich auch aus der Betreuung des Neugeborenen immer mehr zurückzieht und der Mutter das Feld überläßt. Um einen Säugling beruhigen zu können, muß man jedoch mit ihm sehr vertraut sein, damit man sein Schreien deuten kann, und weiß, auf welche Verhaltensweisen das Kind in Schreisituationen am besten anspricht.

Wie gut oder schlecht der Vater mit dem Neugeborenen umgehen kann, macht sich vor allem bemerkbar, wenn die Mutter außer Haus und der Vater für eine bestimmte Zeit mit dem Kind alleine ist. Wenn das Kind dann aus irgendeinem Grund zu schreien anfängt, kann der Vater schnell überfordert sein. Er wird dann unsicher reagieren. Da der Säugling solche Unsicherheit intuitiv erfassen wird, werden sich beide schnell hochsteigern. Ein neues (und für Väter meist einschneidendes) Mißerfolgserlebnis ist vorprogrammiert.

Ich weiß aus eigener Erfahrung, wie entsetzlich es sein kann, mit einem schreienden Säugling allein dazusitzen und verzweifelt auf die Rückkehr der Mutter zu warten, weil sich das Kind nicht mehr beruhigen läßt. Das kann im übrigen auch Vätern passieren, die im allgemeinen ganz gut mit dem Schreien klarkommen: «Wenn ich alleine war mit Friedrich, stand ich dauernd unter einer unheimlichen Spannung. Jeder Laut von Friedrich versetzte mich sofort in Unruhe. Daß er losschreien könnte und ich mir nicht zu helfen wissen könnte, ging mir ständig im Kopf herum.»

Der Umgang mit dem Schreien ist für den Vater aber nicht nur schwierig, weil die Mutter bessere Möglichkeiten zum Beruhigen hat, sondern auch, weil Väter in spezifischer Weise auf Schreien reagieren.

1 Männerkalender 1976, S. 82.

Daß das Schreien für Väter ein anderes Problem ist als für die meisten Mütter, hat auch Gründe in der im letzten Abschnitt geschilderten Situation des Vaters in den ersten Monaten nach der Geburt: Wenn der Vater sowieso unausgeglichen, unzufrieden, eifersüchtig, neidisch und aggressiv ist, ist es für ihn viel schwieriger, Ruhe zu bewahren. Ob er will oder nicht, seine Gefühle und Empfindungen werden sich auch im täglichen Umgang mit dem Neugeborenen auswirken. Hinzu kommt, daß anhaltendes Schreien – vor allem im Zusammenhang mit erfolglosen Beruhigungsversuchen – gewaltige Aggressionen hervorrufen. Ein Vater: «Wenn das Kind nicht aufhörte zu schreien, hätte ich es vor Wut an die Wand werfen können.»

Aggressionen gegen das Kind können sich natürlich auch bei Frauen einstellen. Männer neigen jedoch auf Grund ihrer geschlechtsspezifischen Sozialisation eher als Frauen dazu, Aggressionen unmittelbar und direkt auszudrücken und auszuagieren. Im Umgang mit Säuglingen kann das bedeuten, daß sie sehr viel schneller als Frauen die Beherrschung verlieren und ihre Aggressionen unmittelbar gegen das Neugeborene richten. Ich kenne kaum einen Vater, der in den ersten Monaten nicht wenigstens einmal in einer Schreisituation «ausgerastet» wäre: «Als Paul trotz aller Bemühungen immer weiter schrie, rastete ich einmal völlig aus, schüttelte ihn so richtig doll und brüllte furchtbar laut auf ihn ein, er solle jetzt endlich ruhig sein.»

Die Väter sind über diese spontanen Reaktionen meist ziemlich erschrocken und nehmen sich oft vor, daß das nie mehr passieren darf. Auch ich habe mir in einer solchen Situation geschworen, daß ich nie mehr unbeherrscht reagieren will, und dennoch habe ich diesen Schwur nicht einhalten können. Nicht nur das schlechte Gewissen ist bedrückend, sondern auch die Angst, daß solche unbeherrschten Reaktionen beim Kind Spuren hinterlassen könnten und nicht ohne Auswirkungen auf das beiderseitige Verhältnis bleiben werden.

Diese Befürchtungen sind zwar berechtigt, sollten aber nicht übertrieben werden. Denn:

«Erstens: Auch ein Baby vergißt. Zweitens: Das, was an äußeren Einflüssen prägend auf die Entwicklung des Kindes wirkt, also z. B. Ihr Verhalten, das wirkt letztlich nicht als Summe einzelner Handlungen, wobei jede entglittene oder mißratene gegen eine geglückte aufzurechnen wäre, sondern es wirkt durch seine Tendenz, durch einen inneren roten Faden.»

Welche Möglichkeiten hat denn nun der Vater, beim Beruhigen des Säuglings von der Mutter unabhängiger zu werden? Manche meinen, daß der Vater in Schreisituationen den Säugling einfach an die eigene Brustwarze anlegen soll oder ihm die Nase, Zunge oder Finger zum Saugen anbieten soll. Hier gibt es freilich einige innere Barrieren zu überwinden:

«Welcher Mann käme auf die Idee, ein Neugeborenes unter sein Hemd zu schieben, ... und es an seiner Nase oder Zunge saugen zu lassen ... Manch männlicher Leser mag jetzt schnaufen vor Abwehr – aber sein Schnaufen verriete nichts anderes als das Vorurteil eines Eskimos, der erfährt, daß sich Angehörige anderer Kulturen mit den Lippen küssen.»[1]

Ob dieser Vorschlag für das Beruhigen in wirklich schwierigen Situationen aber tatsächlich tauglich ist? Fast alle Väter berichteten, daß das Kind sich mit ihrer Brust oder sonstigem Einsatz nur zufriedengab, wenn es ohnehin zufrieden war und nur so mal das Bedürfnis hatte, zu saugen.

Gibt es also für Väter gar nichts, was sie selbst gegen das Schreien tun können, unabhängig von der Mutter? Zunächst einmal würde ich Vätern raten, es trotz erster erfolgloser Beruhigungsbemühungen immer wieder zu versuchen. Je vertrauter sie mit den Reaktionen des Kindes werden, um so erfolgreicher wird ihr Bemühen nach einiger Zeit sein.

Dies wird freilich da an eine Grenze stoßen, wo der Säugling ausschließlich das Bedürfnis nach der Nähe der Mutter äußert und keine Bereitschaft zeigt, auf die mit dem Saugen an der Mutterbrust verknüpfte sexuelle Lust und Befriedigung zu verzichten. Väter können aber versuchen, diese Grenze möglichst weit hinauszuschieben, z. B. dadurch, daß das Kind von Anfang an konsequent an die Flasche und einen Nuckel gewöhnt wird. Wenn es z. B. von Anfang an jeden Tag zusätzlich Tee aus der Flasche erhält, wird es die Flasche meist auch in den Situationen eher akzeptieren, in denen es eigentlich an die Brust möchte und die Mutter nicht da ist. Genauso verhält es sich mit dem Nuckel. Erfahrungen zeigen, daß man mit dem Flaschengeben bei den meisten Brustkindern sehr konsequent sein muß. Schon eine Woche Pause kann dazu führen, daß der Säugling die Flasche prinzipiell ab-

---

1 Sichtermann, Barbara: Über die verlorene Erotik der Brüste. In: Ästhetik und Kommunikation 47/1982, S. 115 f.

lehnt und nur noch die Brust akzeptiert. Es ist dann bei manchen Säuglingen eine nervenaufreibende Prozedur, sie wieder dazu zu bringen, die Flasche zu akzeptieren. Mein Sohn war als Säugling immer besonders energisch im Verfolgen seiner Bedürfnisse. Nach halbstündigem Schreien (er schrie dann wie am Spieß), ausgelöst durch die wiederholten Versuche mit der Flasche, gab ich auf. Die Befürchtung, daß er mich als einen übermächtigen Quälgeist in seinem Unbewußten in Erinnerung behalten könnte, tat dabei ein übriges.

Meine Erfahrungen möchte ich allerdings nicht verallgemeinern. Erstens haben meine Frau und ich den Fehler gemacht, mit der Flasche nicht von Anfang an konsequent gewesen zu sein. Zweitens weiß ich, daß andere Eltern mit ihren Säuglingen in der Flaschenfrage besser zurechtkamen und das Kind das Flaschegeben des Vaters bei Abwesenheit der Mutter durchaus akzeptierte, aber natürlich nur, wenn die Eltern regelmäßig und konsequent die Flasche gaben. Man sollte dabei nicht vergessen, daß jedes Kind anders ist und anders reagieren kann. Und noch etwas zum Trost.

«Zur Individualität Ihres Kindes gehört auch sein ‹Recht›, früh schmerzliche Erfahrungen zu machen bzw. solche Erfahrungen zu verarbeiten, auszudrücken, gegen ihre Schmerzlichkeit Protest anzumelden. Kurz: Nachdem die modernen Ratgeber dazu übergegangen sind (...), den Erwachsenen Angst zu machen vor unabsehbaren Folgen frühkindlicher Versagung, muß ein ehrlicher ‹Gegen-Leitfaden› für das Recht des Kindes auf Leid und Geschrei eintreten. Wollte man ihm dieses Recht ‹Recht› bestreiten, so lieferte man es Erwachsenen aus, die sich, im Extremfall, für das Kind aufopfern, die sich Federn aus der Brust reißen, um ihrem Kind Ungehagen zu ersparen.»[1]

4. Der Vater und das Stillen

Daß sich die Mutter-Kind-Beziehung in vielen Aspekten wesentlich durch das Stillen von der Vater-Kind-Beziehung unterscheidet, liegt daran, daß die Mutter von besondere Bedeutung für das Neugeborene ist. Das Stillen schafft erst die symbiotische Beziehung zwischen Mut-

1 Sichtermann, Barbara: Leben mit einem Neugeborenen, a. a. O., S. 45/46.

ter und Kind, in gewisser Weise eine Fortsetzung des Einsseins von Mutter und Kind vor der Geburt. Wenn sich eine Frau zum Stillen entschließt, entscheidet sie sich nicht nur für eine bestimmte Form der Ernährung, sondern auch für eine sehr intime und enge Beziehung. Diese schließt den Vater nicht nur aus rein praktischen Gründen aus, sondern auch deswegen, weil Bedürfnisse der Frau befriedigt werden, die vor der Geburt ausschließlich der Beziehung zum Mann vorbehalten waren. Dies betrifft auch die Sexualität. Stillen schließt nicht nur sexuelle Empfindungen ein, sondern es *ist* eine sexuelle Beziehung. Für Frauen kann diese sexuelle Beziehung so bestimmend sein, daß sie eine weitere sexuelle Beziehung, nämlich die zum Mann, zumindest für eine bestimmte Zeitspanne, nicht will. Das setzt natürlich voraus, daß sie sich davon befreit hat, sich in ihren sexuellen Bedürfnissen vom Mann bestimmen zu lassen. Nicht immer treten sexuelle Bedürfnisse der Frau gegenüber dem Mann völlig in den Hintergrund. Manche Frauen entwickeln trotz des Stillens bald nach der Geburt wieder sexuelle Bedürfnisse, die auch das Miteinanderschlafen einschließen können.

Dadurch, daß die Mutter als Nahrungs- und Lustquelle die Hauptperson im Leben des Kindes ist und der Vater von ihm kaum als wichtig wahrgenommen wird, haben viele Väter die Befürchtung, daß die Mutter durch das Stillen ganz generell einen Vorsprung in der Beziehung zum Kind hat, den der Vater auch später nicht mehr aufholen kann, er also für immer zu einer Position am Rande «verurteilt» ist.

Auch wenn die Befürchtung in der Form sicher überzogen ist, muß sich der Vater damit abfinden, daß seine Beziehung zum Kind, solange es gestillt wird, nicht mit der der Mutter vergleichbar ist. Erst wenn das Kind älter und abgestillt ist, wird sich daran etwas ändern.

Die Erkenntnis ist für den Vater äußerst schmerzlich, drückt auf seine Motivation, sich in der Betreuung des Kindes in gleichem Maße wie die Mutter zu engagieren. Neid und Eifersucht kommen hinzu.

Der Neid bezieht sich dabei nicht nur auf die Bedeutung, die die Mutter für das Kind hat, sondern auch darauf, was die Mutter dem Kind gibt. Der Neid wird um so größer sein, je mehr der Vater selbst in seiner Beziehung zu seiner Frau zurückstecken muß.

Die Frage, ob Männer auch Neid auf die Stillfähigkeit der Frau empfinden, ist nicht unumstritten. Klaus Engel kommt in seiner Untersuchung über das Vaterwerden zu folgendem Ergebnis: «Da ... gesehen wird, wieviel Kraft das Stillen beansprucht, reagiert kaum einer der Befragten mit direktem Neid.»[1]

Das bedeutet jedoch nicht, daß sie nicht vielleicht doch Neid *empfinden*. Da die meisten Männer von den Brüsten «magisch» angezogen werden und während der Stillzeit mit dem Stolz der Frauen auf ihre Leistung konfrontiert werden, gibt es genug Gründe, Frauen um ihre Stillfähigkeit insgeheim, wenn auch vielleicht unbewußt, zu beneiden.

Ähnlich wie beim Gebärneid ist es auch beim Stillneid für den Mann wichtig, sich seine unbewußten Gefühle zugänglich zu machen. Dies gilt natürlich nicht nur für den Neid, sondern auch für die anderen halb bewußten, halb unbewußten oder verdrängten Gefühle, die sich auf das Stillen beziehen. Dies ist vor allem deswegen wichtig, da der Vater durch sein Verhalten Einfluß darauf ausüben kann, ob und wie lange seine Frau stillt. Seine Rolle muß ihm dabei gar nicht selbst bewußt sein:

«Mir ist erst sehr viel später aufgegangen, daß ich entscheidenden Anteil daran hatte, daß das Stillen bei Sigrid nicht geklappt hat. Nach einer schweren Geburt und anfänglichen Stillschwierigkeiten riet ich ihr zu, das Stillen sein zu lassen. Wenn ich sie damals wirklich unterstützt hätte, hätte es bestimmt geklappt. Ohne mir damals darüber klar zu sein, habe ich das Stillen verhindert.»

Obwohl heute in vielen Paarbeziehungen der Mann aus einem veränderten Rollenverständnis heraus nicht mehr in dem Maße bestimmenden Einfluß auf das Verhalten der Frau nimmt bzw. nehmen kann wie noch vor fünfzehn Jahren, kann es durchaus auch da noch vorkommen, daß der Vater das Stillen verhindert. Dies kann z. B. dadurch geschehen, daß er die Frau nicht genügend unterstützt, wenn sie am Anfang beim Stillen sehr unsicher ist, oder wenn es Schwierigkeiten gibt. Dabei ist nicht, wie dies in vom traditionellen Rollenverständnis geprägten Beziehungen der Fall sein kann, die Furcht der Frau vor der Eifersucht des Mannes der ausschlaggebende Grund, sondern allein die mangelnde Unterstützung des Vaters.

Wenn Stillschwierigkeiten gleich welcher Art auftreten, sollte der Vater sich deshalb immer Gedanken darüber machen, ob sie vielleicht etwas mit ihm zu tun haben. Leider wird das in den meisten Stillratge-

1 Engels, Klaus, a. a. O., S. 45.

bern entweder überhaupt nicht beachtet oder nur am Rande erwähnt und der Vater so nicht auf seine eigenen Probleme und inneren Widersprüche hingewiesen. Dabei kann es durchaus sein, daß das Verhalten des Vaters auch in den Fällen, wo die Mutter scheinbar nicht genug Milch hat, der versteckte Grund ist, daß es mit dem Stillen nicht klappt.

Angesichts der hier geschilderten schwerwiegenden Konsequenzen, die das Stillen für den Vater und seine Beziehung zu seinem Kind mit sich bringt, stellt sich die Frage, welche Möglichkeiten es für den Vater gibt, etwas an seiner unbefriedigenden Situation zu verändern.

Da eine grundlegende Veränderung der Situation des Vaters nur möglich ist, wenn das Kind ausschließlich mit der Flasche ernährt wird – dann wäre nämlich der Vater wirklich gleichberechtigt –, muß der Vater, wenn er das Stillen befürwortet, sich mit zwei Möglichkeiten zufriedengeben. Diese verändern zwar an seiner Situation nichts Grundsätzliches, sie können ihn aber wenigstens punktuell von seiner Abhängigkeit von der Mutter befreien. Die zwei Möglichkeiten sind die frühzeitige Gewöhnung an die Flasche und das Abpumpen der Muttermilch. Auf die Vorteile der frühzeitigen und konsequenten Gewöhnung an die Flasche bin ich schon eingegangen.

Wenn das Kind von Anfang an an die Flasche gewöhnt ist, kann es bei Abwesenheit der Mutter oder nachts nicht nur Tee, sondern auch abgepumpte Muttermilch aus der Flasche trinken, sofern die Mutter reichlich Milch hat, so daß eine Brustmahlzeit übersprungen werden kann. Das Abpumpen der Muttermilch verschafft nicht nur der Mutter mehr Unabhängigkeit und eine spürbare Entlastung vom Kind, sondern auch dem Vater die Möglichkeit, mit dem Kind alleine etwas zu unternehmen und mit ihm auch andere Situationen zu erleben als nur immer Windeln, Baden und Haushalt. Bedenken muß man jedoch, daß Muttermilch generell nur *gekühlt* haltbar ist und auch das nur über einen relativ kurzen Zeitraum.

Der Vater sollte sich das aber nicht zu einfach vorstellen. Das Abpumpen kann bei der Frau sehr zwiespältige Gefühle hervorrufen. Einerseits wird die Frau dadurch zwar entlastet, andererseits aber ihre dominante Stellung gegenüber dem Kind relativiert. Dies ist ein Punkt, wo viele Mütter äußerst sensibel reagieren. Manche Mütter fühlen sich auch durch das Abpumpen auf die Rolle der «Milchkuh» reduziert.

Diese zwiespältigen Gefühle können dazu führen, daß Mütter das Abpumpen unbewußt boykottieren. Manche Mütter lehnen es z. B.

ab, weil ihnen der Aufwand zu groß sei. Oder es gelingt ihnen scheinbar nicht, genügend Milch für eine Mahlzeit abzupumpen.

Der Vater, der etwas alleine mit seinem Kind unternehmen will, sollte sich damit nicht so ohne weiteres zufriedengeben. Nach einigen Anlaufschwierigkeiten wird die Frau sich im allgemeinen auch daran gewöhnen und froh sein über den Freiraum, den sie damit gewinnt.

Wenn das Abpumpen klappt, ist damit freilich noch nicht gesagt, daß auch das Kind immer die Milch aus der Flasche akzeptiert. Das sollte man sich selbst in dem Fall, daß das Kind an die Flasche gewöhnt ist, nicht zu einfach vorstellen:

«... 'ne Zeitlang habe ich K. mit in meine WG genommen und ihr ne Mahlzeit aus der Flasche gegeben ... ja, und eines Tages war ihr das nix mehr, wollte nur noch die Brust ... das hat mir ziemlich eine reingehauen ... war auch ziemlich aggressiv auf sie ... bin mir vorgekommen, als wäre ich mit ihr an so 'ne Auslaufleine von 3 bis 4 Stunden angebunden ...»

Diese Erfahrung sollte man nicht zu sehr verallgemeinern. Es gibt auch jede Menge Beispiele dafür, daß das Abpumpen und Flaschegeben ganz unproblematisch ablaufen kann. Jeder Vater sollte deshalb erst mal probieren, was mit seinem Kind möglich ist.

Aus der hier dargestellten Situation des Vaters während der Stillzeit ergibt sich, daß der Vater am *Abstillen* im allgemeinen ein größeres und eindeutigeres Interesse hat als die Mutter (vorausgesetzt, die Mutter möchte nicht bald nach der Geburt wieder arbeiten). Mit dem Abstillen wird ihm nicht nur eine gleichberechtigtere Beziehung zum Kind möglich, sondern er kann auch hoffen, daß sich seine sexuelle Beziehung zur Mutter wieder entspannt und das Kind die Mutter nicht mehr so ausschließlich für sich beansprucht.

Väter sollten sich deshalb nicht scheuen, ab einem gewissen Zeitpunkt ihre eigenen Interessen anzumelden und auf das Abstillen zu drängen. Hierbei sollten sie sich auch nicht von der Forderung abhalten lassen, daß das Kind den Zeitpunkt des Abstillens selbst bestimmen sollte. Erstens sollten die Interessen des Kindes in diesem Falle nicht absolut gesetzt werden, zweitens ist die hinter dieser Forderung stehende Theorie äußerst zweifelhaft. Diese Theorie ist deswegen zweifelhaft, weil viele Kinder nicht so ohne weiteres von sich aus das Interesse am Stillen verlieren und selbst das behutsame und allmähliche Abstillen oft einen Kampf mit dem Kind und seinen Bedürfnissen mit sich bringt.

Da die Mutter in der Frage des Abstillens zwischen ihren verschiedenen Bedürfnissen hin- und hergerissen ist, ist es möglich, daß das Abstillen ohne die Intervention des Vaters ständig immer wieder hinausgeschoben wird. Die Mutter ist viel mehr als der Vater in der Gefahr, sich den kindlichen Bedürfnissen unterzuordnen.

5. Sexualität nach der Geburt – für viele Männer ein ungelöstes Problem

Über Sexualität nach der Geburt gibt es kaum veröffentlichtes Material. Was in dem Buch ‹Neun Monate›über Sexualität von Frauen nach der Geburt gesagt wird, gilt auch für Männer.:

«Die Entwicklung der Sexualität nach der Geburt ist ein Tabu. Auch in der mittlerweile sehr umfangreichen Literatur über Schwangerschaft und Geburt, Stillen etc. ist die Behandlung dieses Problems oder Nicht-Problems stark unterrepräsentiert bzw. reduziert auf den Aspekt, ab wann man ‹wieder darf›, wie man jetzt verhütet oder Ähnliches.»[1]

Wenn Sexualität nach der Geburt tabuisiert ist, bedeutet dies, daß Männer sich auf die Situation nach der Geburt innerlich nicht vorbereiten können und meist keinerlei realistische Vorstellungen haben, was auf sie zukommt. Die meisten Männer erwarten, daß sich ihr Sexualleben nach dem Ende des Wochenflusses bzw. nach dem Abheilen der Dammschnittwunde genauso oder ähnlich gestaltet wie in der Zeit vor der Schwangerschaft. Diese Erwartung wird häufig bitter enttäuscht.

Die meisten Männer müssen die Erfahrung machen, daß nach der Geburt die Lust der Frau zum Zusammenschlafen nicht automatisch in dem Moment wieder vorhanden ist, wo es aus medizinischer Sicht wieder möglich wäre.

Daß dies so ist, hängt nicht nur mit dem Stillen, der Erschöpfung und Müdigkeit der ersten Zeit, den psychischen Nachwirkungen des Geburtsschmerzes und der intensiven Mutter-Kind-Beziehung zusammen, sondern auch mit der Angst vor einer erneuten Schwangerschaft und den Schwierigkeiten der Umstellung auf die Mutterrolle. Auch

1 Seck-Agthe, Monika/Maiwurm, Bärbel, a. a. O., S. 279.

kann die Dammschnittwunde noch eine ziemlich lange Zeit nach der Geburt schmerzen.

«Bei vielen Frauen kehrt die Leidenschaft nach der Geburt nur sehr allmählich zurück. Mit ihrem Körper ist so viel passiert, daß sie erst wieder zu sich finden müssen.»[1]

Wenn Frauen nach der Geburt keine Lust auf das sexuelle Zusammensein mit dem Mann haben, kann dies für ihn vor allem dann eine große Enttäuschung sein, wenn er auch schon während der Schwangerschaft über längere Zeit enthaltsam sein mußte. Meist kommen Männer während der Schwangerschaft ganz gut damit zurecht, wenn sie nicht mit ihren Frauen schlafen können; sie vertrösten sich auf die Zeit nach der Geburt. Wenn sie dann aber erleben, daß die Phase der Enthaltsamkeit auch nach der Geburt weitergeht, können sie sich nicht mehr so ohne weiteres damit abfinden. Für Männer kann sich diese erzwungene Enthaltsamkeit zum zentralen Problem nach der Geburt ausweiten. Dabei muß es nicht unbedingt so sein, daß Mann und Frau überhaupt nicht mehr miteinander schlafen. Sofern es nur sehr selten und in größeren Abständen als vor der Schwangerschaft üblich geschieht, werden die Gefühle des Mannes so ähnlich sein, wie wenn er total enthaltsam leben müßte. In der ersten Zeit nach der Geburt werden die meisten Väter ihre Enttäuschung sicherlich noch zu verbergen versuchen. Sie sind bereit, ihrer Partnerin zuliebe zurückzustecken und wollen nicht fordernd auftreten. Auch werden insbesondere diejenigen Väter, die sich die Betreuungsarbeit mit der Mutter teilen, am Anfang der Schwangerschaft oft auch genauso erschöpft und müde wie ihre Frau sein und deshalb in den ersten Wochen sexuelle Bedürfnisse nicht als sehr drängend erleben.

Wenn die Phase der Enthaltsamkeit oder des seltenen Verkehrs aber über die ersten Monate hinaus andauert, wird es auch für sie immer schwieriger werden, ihre Unzufriedenheit mit sich selbst auszutragen und mit der Situation klarzukommen:

«... in manchen Situationen dachte ich, ich pack das nicht, laufend meine Bedürfnisse zurückzustellen zu müssen ... morgens war das oft besonders hart ... von K.'s Gebrüll geweckt zu werden, sie zu F. zum Stillen zu bringen und neben den beiden zu liegen ... dann kam mir ganz stark meine eigene Lust hoch, mit F. zu schmusen und 'ne Sehn-

1 Kitzinger, Sheila: Schwangerschaft und Geburt, München 1982, S. 314

sucht, sie nicht ständig teilen zu müssen . . . das war ja schon kein Teilen mehr . . . die K. hatte F. für 'ne Zeitlang total in Beschlag genommen . . . und nach dem Stillen war die Kleine quietschvergnügt, F. war müde und wollte ihre Ruhe . . . und ich war traurig oder auch sauer und hab mich irgendwie angeschmiert gefühlt . . . konnte dann auch nicht mehr so unbeschwert mit K. rummachen . . .»[1]

Der hier zu Wort gekommene Vater ist nicht nur unzufrieden und enttäuscht über die als Zurückweisung empfundene Gleichgültigkeit der Frau, sondern seine Trauer und seine Wut beeinflussen auch seine Beziehung zu seiner Tochter. An dem Beispiel wird deutlich, welchen Belastungen die Dreierkonstellation Mutter-Kind-Vater ausgesetzt sein kann, wenn der Mann auf die Befriedigung seiner Bedürfnisse verzichten muß.

Für den Mann handelt es sich dabei ja nicht nur um die Befriedigung seiner sexuellen Bedürfnisse, sondern darum, als Liebhaber der Mutter vom Kind verdrängt zu werden. Dieser sexuelle «Frust» kommt zu der ohnehin vorhandenen allgemeinen Unzufriedenheit hinzu.

Die sexuelle und die allgemeine Frustation können sich dabei leicht gegenseitig hochschaukeln. Sexualität hat für viele Männer gerade in Situationen, in denen sie sich nicht gut fühlen, eine wichtige Funktion. Sexuelle Befriedigung dient nicht selten als Ausgleich für die Anerkennung und Zufriedenheit, die ihnen in anderen Bereichen vorenthalten bleibt: «. . . wenn ich toll vögeln kann, schöpfe ich auch 'ne Menge Anerkennung für mich, weil ich ein toller Mann bin . . .»[2]

Wenn ein Mann sich von der Frau sexuell zurückgewiesen fühlt, erlebt er dies als Infragestellung und Ablehnung seiner *ganzen* Person. Es kann ihn in seinem Selbstwertgefühl tief treffen und verunsichern. Sexualität kann unter diesen Umständen leicht zu einer fixen Idee werden, die den Mann nicht mehr losläßt und ihn ununterbrochen beschäftigen kann. Bei nicht wenigen Männern kann länger dauernde, erzwungene Enthaltsamkeit dazu führen, daß sie an fast nichts mehr anderes als ihr sexuelles Unbefriedigtsein denken können.

Aber auch wenn ein Mann gut verdrängen kann und ihn sein sexuelles Unbefriedigtsein nicht dauernd beschäftigt, ist auch bei ihm

1 Engel, Klaus, a. a. O., S. 48/49.
2 Engel, Klaus, a. a. O., S. 47.

spürbar Unzufriedenheit vorhanden. Diese Unzufriedenheit kann leicht dazu führen, daß es dauernd um Kleinigkeiten Streit gibt. Zudem wird der Mann, wenn er sexuell unzufrieden ist, die Frau für seine Situation, sein Leiden und sein reduziertes Selbstwertgefühl verantwortlich machen. Häufig wird er nicht offen aussprechen, was er empfindet, ja, es vielleicht selbst nicht wissen und sich dennoch in immer wiederkehrenden Vorwürfen oder Nörgeleien Luft verschaffen.

Das Dilemma für den Mann besteht darin, daß er kaum etwas dazu tun kann, daß sich die Situation verändert. Er kann lediglich seine Frau unter Druck setzen. Dies geschieht allerdings meist nur so lange, bis der Mann realisiert, daß ihm dies nichts einbringt. Zum einen werden sich nicht alle Frauen vom Mann in dieser Frage unter Druck setzen lassen, zum anderen möchte der Mann begehrt werden. Deshalb bringt es ihm meist nicht viel, wenn er spürt, daß die Frau nur unter Zwang mit ihm schläft. Druck auf die Frau kann außerdem die Situation noch verschärfen: die meisten Frauen finden es «enterotisierend», wenn in dieser Frage Druck auf sie ausgeübt wird.

Wenn der Mann erkennt, daß Forderungen stellen oder Druck ausüben seine Situation nicht verändern kann, sondern nur immer noch verfahrener macht, wird er nach und nach resignieren. Dies muß nicht bedeuten, daß auch seine gelegentlichen Wutausbrüche, Vorwürfe und Nörgeleien verschwinden. Aber er wird oftmals von sich aus keine Anstrengungen mehr unternehmen, auf seine Frau/Freundin zuzugehen, sondern wird sich immer mehr zurückziehen. Dies kann noch durch eine weitere Erfahrung gefördert werden, die viele Männer machen, wenn sie konkret mit der ganz anderen Bedürfnislage ihrer Frau konfrontiert werden:

«Wenn wir zusammen im Bett lagen und uns angefaßt und gestreichelt haben, konnte ich mich kaum zurückhalten, weil meine ganze angestaute Geilheit mich beinahe verrückt gemacht hat. Wenn ich dann durch das Streicheln und ihre Nähe so richtig in Fahrt kam und dann nichts zwischen uns ablief, bekam ich manchmal unheimlich Aggressionen. Manchmal hätte ich vor ohnmächtiger Wut und Verzweiflung im Karée springen mögen. Ich habe mich dann oft einfach weggedreht im Bett und mir aber sonst nichts anmerken lassen. Nachdem ich dies öfter erlebt hatte, bin ich in manchen Situationen lieber alleine in meinem Zimmer ins Bett gegangen, weil ich keinen Bock mehr auf diese Frusts hatte.»

Sobald sie sich entspannen und ihren spontanen Gefühlen freien Lauf lassen, verspüren viele Männer einen starken Drang, mit ihrer Frau zu schlafen. Da dies nicht möglich ist, müssen sie sich krampfhaft zurückhalten und beherrschen. Die Situation wird noch schwieriger dadurch, daß viele Frauen während des Stillens auch eine Abneigung dagegen haben, daß ihre Brüste berührt oder in anderer Weise stimuliert werden.

Natürlich erleben nicht alle Männer die Situation so dramatisch wie der oben zitierte Vater. Auch muß es nicht immer so laufen, daß Männer nicht mehr auf die Zärtlichkeitsbedürfnisse ihrer Frauen eingehen können. Bei vielen Männern kann man aber Tendenzen beobachten, die in dieselbe Richtung gehen: Daß sie Probleme mit den Zärtlichkeitsbedürfnissen ihrer Frauen haben und das Bedürfnis entwickeln, sich aus der Beziehung zurückzuziehen und sich mehr auf die eigenen Interessen zu konzentrieren. Letzteres ist in gewisser Weise eine unvermeidbare Konsequenz, wenn der Mann mit seinen sexuellen Problemen alleine gelassen wird. Da er versuchen muß, sich selbst wieder zu stabilisieren und zufriedener zu werden, muß er sich mehr Zeit für sich selbst nehmen. Nicht wenige Männer neigen in dieser Situation dazu, sich verstärkt nach außen zu wenden und in der Berufsarbeit oder in anderen Aktivitäten einen Ausgleich zu finden. Dies bedeutet allerdings häufig auch, daß sie sich damit auch aus der Betreuung des Kindes zurückziehen und ihre Energie auf Bereiche konzentrieren, in denen sie mehr Bestätigung erfahren.

Andere Männer suchen unter Umständen einen Ausweg aus ihrer Situation, indem sie mit einer anderen Frau schlafen, allerdings dürfte das bei den neuen Vätern seltener vorkommen. Warum dies so ist, macht mir folgende Tagebuchnotiz eines Vaters deutlich:

«Ich kann mir nicht vorstellen, wie ich mit Franziska in einer Wohnung zusammenleben und gleichzeitig mit jemand anders eine sexuelle und emotionale Beziehung haben kann. Vor allem hätte ich ihr gegenüber Schuldgefühle, weil sie in der Zeit, wo ich weg bin, mit Peter alles alleine machen muß. In der Zeit, wo ich mit einer anderen Frau zusammen bin, müßte sie sogar mehr mit Peter machen. Außerdem habe ich Angst, daß, wenn es zwischen uns überhaupt nicht mehr läuft, wir dann auch nicht mehr mit der gemeinsamen Betreuung von Peter klarkommen. Da ich zu Peter weiter eine Beziehung haben möchte, fühle ich mich nicht frei genug, um auf eine andere Frau einsteigen zu können. Schließlich kommt noch der Mangel an Gelegenheit dazu und meine eigene innere Gestresstheit, die die Aufnahme einer sexuellen Beziehung zu einer anderen Frau verhindern. Trotzdem bin ich extrem sexuell gefrustet, was auch sonst auf meine allgemeine Stimmung und mein Lebensgefühl beschissene Auswirkungen hat.»

Da Väter, die nicht so sehr in der Betreuung des Neugeborenen engagiert sind und viele Verpflichtungen (Beruf usw.) außerhalb haben, sich leichter von der Situation zu Hause distanzieren können, wird es ihnen auch sehr viel leichter wie dem obigen Vater fallen, eine sexuelle Beziehung mit einer anderen Frau aufzunehmen. Dies bedeutet zwar in der Regel nicht, daß der Mann sich von seiner Frau trennen will. Es birgt aber trotzdem sehr viel emotionalen Konfliktstoff und kann zu einer weiteren (vielleicht ungewollten) Distanzierung von seiner Frau führen.

Wenn der Mann mit einer anderen Frau schläft, ist dies meist nicht nur Ausdruck seines Bedürfnisses nach Sexualität und emotionaler Bestätigung, sondern es kann auch zugleich eine Art Rache sein für die Kränkung, die die Zurückweisung durch seine Frau bei ihm hervorgerufen hat. Jeder Mann ist in diesem Punkt ungeheuer verletzbar – auch wenn sich die meisten Männer das nicht eingestehen, sondern in diesem Punkt häufig zur Verdrängung neigen.

Wenn sich der Mann aber seine verletzten Gefühle nicht wirklich eingesteht, ist ihm nicht nur ein Teil der Motive seines eigenen Handelns verschlossen, sondern er wird sich sehr viel leichter zu Handlungen hinreißen lassen, die zu immer größerer emotionaler Distanzierung von der Frau führen. Die Rachegefühle, die beim Mann auf Grund der erfahrenen Kränkung entstanden sind, muß er dabei nicht unbedingt so ausdrücken, daß er mit einer anderen Frau schläft. Diese Rachegefühle können auch im täglichen Miteinander vielfältige und oft phantasiereiche Blüten treiben.

Bei den zahlreichen Auseinandersetzungen zwischen den Partnern, die für das erste Jahr nach der Geburt typisch sind, können solche Rachegefühle sich ziemlich gut «austoben». Das Fatale ist, daß durch die Rachegefühle die Bereitschaft zu Kompromissen geringer wird. Auseinandersetzungen dienen dann verstärkt dem Zweck, den anderen zu verletzen. Die Bereitschaft zum Mitfühlen läßt nach:

«Ich kriege immer mehr Aggressionen meiner Freundin gegenüber.

Bei Auseinandersetzungen verhalte ich mich cooler und kompromiß-
loser. Wenn es ihr schlecht geht, habe ich oft wenig Lust, darauf einzugehen. Generell habe ich das Gefühl, daß sie mich mit meinen Interessen und Bedürfnissen sowieso nicht wahrnimmt und ich wenig von
ihr zu erwarten habe. Da kann ich nicht immer nur geben. Gefühlsmäßig empfinde ich das so: Wenn ich schon leiden soll, dann soll sie eben
mitleiden. Natürlich verhalte ich mich nicht dauernd so. Aber es
kommt schon öfter vor.»

Es wird deutlich geworden sein, welche Sprengkraft und Eigendy-
namik erzwungene sexuelle Enthaltsamkeit des Mannes für die Beziehungskonstellation Vater-Mutter-Kind entfalten kann. Die Situation
wird im allgemeinen um so verfahrener und schwieriger für alle Beteiligten, je länger sie andauert. Da heute die Stillbereitschaft bei vielen
Frauen wieder zugenommen hat und Stillzeiten von einem Jahr zwar
nicht die Regel, aber durchaus keine Seltenheit mehr sind, läßt sich
leicht erahnen, daß auch die Dauer der sexuellen Enthaltsamkeit für
viele Männer länger geworden ist. Wenn zwischen Mann und Frau
sexuell über lange Zeit nur wenig oder gar nichts abläuft, wird es immer schwieriger sein, wieder zu einer für beide Partner befriedigenden sexuellen Beziehung zu kommen. Unter Umständen ist die emotionale Distanz in der Zwischenzeit sogar so groß, daß die Aufnahme
einer sexuellen Beziehung den Partnern nicht mehr gelingt und die
Beziehung insgesamt in Frage gestellt wird.

Je schneller, selbstverständlicher und unkomplizierter andererseits
die Aufnahme einer sexuellen Beziehung nach der Geburt verläuft,
um so weniger konfliktbeladen wird im allgemeinen sich auch das Zusammenleben von Mann und Frau nach der Geburt gestalten und um
so leichter wird es auch dem Mann fallen, sich an der Betreuung des
Neugeborenen zu beteiligen.

Aus meinen zahlreichen Gesprächen mit Vätern habe ich aber den
Eindruck gewonnen, daß die frühe und unkomplizierte Aufnahme
einer sexuellen Beziehung nach der Geburt eher die Ausnahme darstellt. Die hier geschilderte Krisensituation wird also den meisten Eltern nach der Geburt in einer mehr oder weniger dramatischen Form
nicht erspart bleiben.

Hierbei ist die Infragestellung der Genital- und Orgasmusfixiert-
heit der männlichen Sexualität ein wichtiger Punkt. Es wäre aber zu
einfach, wenn nur der Mann aufgefordert würde, seine männliche Se-

xualität den veränderten Bedürfnissen der Frau anzupassen. Obwohl
die hauptsächliche Konzentration des männlichen Lustempfindens
auf eine Körperzone eine gewaltige Reduzierung sexueller Empfindungsfähigkeit darstellt und der Mann sich in seinem eigenen Interesse aus seinem Körperpanzer befreien muß (und hier viel von weiblicher sexueller Empfindungsfähigkeit lernen kann), ist die Gleichset-
zung von Sexualität und Zärtlichkeit auch eine *Reduktion*, die den
vielfältigen und differenzierten Ausdrucksformen weiblicher und
männlicher Sexualität nicht entspricht.

Es bleibt dabei: Mann und Frau müssen gemeinsam einen Weg finden, mit ihrer Situation nach der Geburt zurechtzukommen. Weder
die feministischen Vorstellungen der Reduktion von Sexualität auf
Zärtlichkeit noch die in dieser Gesellschaft immer noch vorherrschen-
den männlichen Leitbilder bieten hier eine sinnvolle Orientierung.
Daß in Bezug auf Sexualität heute so viel (berechtigte und hoffentlich
produktive) Verunsicherung vorhanden ist, macht die Krise der Beziehung nach der Geburt gewiß nicht einfacher.

6. Die völlig neue Situation oder
Die Krise der Beziehung nach der Geburt

Die sexuellen Probleme sind nicht der einzige Grund, warum die Beziehung von Mann und Frau nach der Geburt in eine Krise geraten
kann. Anderes kommt hinzu: die Aufgabenverteilung zwischen Mann
und Frau, die Isolation in der Zweierbeziehung, der permanente
Streß im Alltag, die Umstellung auf die völlig neue Situation, Rivali-
täten, wenig gemeinsame Zeit usw.

Die sexuellen Probleme können dabei nicht abgetrennt von den
anderen Schwierigkeiten nach der Geburt gesehen werden, obwohl
ihnen eine besondere Bedeutung zukommt. Mit dem Wandel von der
Ehe als ökonomischer Einheit hin zu einer Beziehungskonstellation,
die sich hauptsächlich auf Liebe und gegenseitige Zuneigung gründet,
kommt der Sexualität eine immer wichtigere Rolle zu. Wenn Liebe,
Zuneigung und Sexualität wegfallen, gibt es heute außer dem Kind
selten einen triftigen Grund mehr zur Aufrechterhaltung einer Beziehung. Doch selbst wenn es gelingen sollte, die sexuellen Probleme zur

Zufriedenheit beider Partner zu lösen, bleibt durch die anderen Schwierigkeiten noch soviel Konfliktstoff übrig, daß dies allein schon eine Beziehung gefährden kann. Dabei sind es nicht einzelne Konflikte, sondern deren Summierung, die zu einer Krise führen können.

An erster Stelle möchte ich hier die Aufgabenverteilung von Mann und Frau nennen. Die Probleme, die sich aus der Aufgabenverteilung von Mann und Frau in der Kinderbetreuung ergeben, sind davon abhängig, wie sich diese Aufgabenverteilung konkret gestaltet. Wenn sich beide die Kinderarbeit teilen und das Kind schon abgestillt ist, kann es z. B. vorkommen, daß sie sich während der Woche nur noch zwischen Tür und Angel begegnen. Wenn beide einen Halbtagsjob haben und zu verschiedenen Zeiten zur Arbeit gehen, ist immer einer zu Hause und der andere gerade auf Arbeit. Die Folge einer solchen Aufgabenverteilung kann sein, daß beide nur noch sehr wenig miteinander zu tun haben und sie sich immer mehr auseinanderleben.

Die hier geschilderte Aufgabenverteilung nach der Geburt ist aber sicher nicht die Regel. Häufiger wird es so sein, daß ein Partner – seltener der Mann – nach der Geburt hauptsächlich zu Hause bleibt und der andere zur Arbeit geht. Derjenige (egal ob Mann oder Frau), der zu Hause bleibt, beneidet den anderen dann meist um seine Erlebnisse und die Kontaktmöglichkeiten, die mit dem Beruf verbunden sind. Während der eine seine Zeit zu Hause mit dem Kind verbringt, sich oft isoliert fühlt und eine gesellschaftlich wenig anerkannte Tätigkeit ausübt, erscheint ihm die Tätigkeit des anderen um so erstrebenswerter, weil sie all das ermöglicht, was er in seiner Situation vermißt. Wenn Männer zu Hause bleiben und hauptsächlich für das Kind zuständig sind, ist der Neid auf die Situation der Frau, die arbeitet, oft besonders groß: «Am schlimmsten war es immer montags, wenn Lena nach einem gemeinsamen Wochenende wieder zur Arbeit ging und ich alleine mit Peter in der Wohnung zurückblieb. Montags hatte ich immer die ganze Woche vor mir. Wenn dann Lena nach Hause kam, machte ich ihr oft Vorwürfe: ‹Ich geh zu Hause vor die Hunde, damit du arbeiten gehen kannst.› Meist war ich den ganzen Montag mufflig und in gereizter Stimmung.» Da es bisher noch so wenige Hausmänner gibt, haben sie weniger Möglichkeiten zur Aufhebung ihrer Isolation als Hausfrauen. Männer haben außerdem auch größere Probleme als Frauen damit, daß Haus- und Kinderarbeit gesellschaftlich wenig anerkannt sind.

Foto: Gabi Meisenberg

Wenn Mann oder Frau mit der bestehenden Aufgabenverteilung unzufrieden sind, kann dies ihre Beziehung sehr belasten. Die Belastung wird dann am größten sein, wenn einer der Partner eine volle Stelle hat und nur nach Feierabend und an den Wochenenden da ist. Üblicherweise trifft das meistens die Frauen.

Eine solche Aufgabenverteilung bedeutet, daß Mann und Frau sich in jeweils unterschiedlichen Erfahrungs- und Lebensbereichen bewegen, woraus sich auch unterschiedliche Bedürfnisse ableiten. Derjenige, der zur Arbeit geht, wird sich trotz Bemühens nicht vorstellen können, was es wirklich heißt, den ganzen Tag mit einem Neugeborenen zuzubringen. Die Folge kann sein, daß derjenige, der zu Hause bleibt, sich mit seinen Problemen, Alltagssorgen und seinem Erleben alleine gelassen fühlt. Es gelingt ihm nicht, seine Situation in der Bedeutung, die sie für ihn hat, dem anderen zu vermitteln. Je weniger ihm dies gelingt, um so mehr wird er sich zurückziehen und dem anderen unter Umständen Vorwürfe machen, da er in ihm den Schuldigen für seine Misere sieht. Da sich das Leben von Mann und Frau in völlig getrennten Bereichen abspielt, wird die Verständigung immer schwieriger. Dies allmählich läßt auch das Bemühen um Verständigung immer mehr nach, und Auseinandersetzungen zwischen den Partnern sind von gegenseitigem Unverständnis geprägt.

Weitere Probleme ergeben sich daraus, daß beide nur noch sehr wenig gemeinsame und ungestörte Zeit miteinander verbringen können. Die Anwesenheit eines Dritten, des Kindes, verändert mit einem Schlag die Beziehungssituation völlig. Das Kind ist in seinen Bedürfnissen so bestimmend, daß – zumindest im ersten halben Jahr – die Bedürfnisse der Eltern hinter die des Kindes zurücktreten müssen. Obwohl Mann und Frau nach der Geburt des Kindes oft sehr viel mehr Zeit miteinander verbringen als vor der Geburt, haben sie kaum mehr Zeit für gemeinsame Unternehmungen für sich selbst. Solange die Frau das Kind stillt, ist es meist nicht möglich, daß beide Partner allein länger als zwei bis drei Stunden etwas gemeinsam außerhalb der Wohnung unternehmen können. Besuche von kulturellen, politischen oder sonstigen Veranstaltungen, die die Eltern zu zweit alleine (ohne das Kind) unternehmen könnten, sind ausgeschlossen, da der Zeitplan solcher Veranstaltungen häufig nicht mit dem Still- und Schlafrhythmus des Kindes in Einklang gebracht werden kann.

Wenn das Kind tagsüber schläft, die Eltern also ungestört sind, müssen meist andere Dinge erledigt werden wie Hausarbeit, außerhäusliche Besorgungen usw. Außerdem kann das Kind jederzeit aufwachen. Dies kann in besonderen Situationen entnervend sein: «Als wir nach Wochen zum erstenmal miteinander schlafen wollten und wir gerade daran waren, miteinander zu kuscheln, schrie plötzlich Lea nebenan ganz laut los. Diese Erfahrung hat uns beide so abgetörnt, daß wir die ganze nächste Zeit nicht mehr versucht haben, miteinander zu schlafen, weil wir keine Ruhe und Konzentration füreinander aufbringen konnten, wenn wir befürchten mußten, von Lea gestört zu werden.»

Erschwerend kommt hinzu, daß der Alltag mit kleinen Kindern äußerst anstrengend ist und viel Energie absorbiert. Übermüdung, Erschöpfung und Gereiztheit sind an der Tagesordnung. Auch dies erschwert es den Eltern, aufeinander zuzugehen und die wenige gemeinsame Zeit entspannt miteinander zu verbringen. Auf Grund der beschränkten Zeit kommen die Eltern oft auch viel zuwenig dazu, über das, was zwischen ihnen abläuft, zu sprechen. Konflikte bleiben so unausgesprochen und unbearbeitet. Mit der Zeit häuft sich dann immer mehr Konfliktstoff an. Wenn es dann mal zu Aussprachen kommt, verlaufen diese meist unbefriedigend. Nicht selten ist auch der Anlaß für solche Gespräche unerfreulich: Weil einer der beiden Partner mit der Situation unzufrieden war und aus Wut oder Überdruß seinen Gefühlen freien Lauf gelassen hat, kam eine Auseinandersetzung in Gang, in der beide Partner ihre angestauten Gefühle unproduktiv ausagieren und sich gegenseitig für die entstandene Situation die Schuld geben.

Daß viele Konflikte zwischen den Partnern nur allzuleicht «unter den Teppich» gekehrt werden und dort im Verborgenen weiterschwelen, hat seinen Grund auch darin, daß die Eltern sich durch die gemeinsame Kinderbetreuung weniger ausweichen können und deshalb dazu neigen, Auseinandersetzungen auf die lange Bank zu schieben und zu verdrängen:

«Früher haben wir bei Konflikten einfach einige Tage nicht miteinander geredet oder sind uns aus dem Weg gegangen. Jetzt müssen wir täglich alles, was das Kind betrifft, miteinander absprechen und können uns nicht mehr aus dem Weg gehen. Nach jeder Auseinandersetzung muß man am anderen Tag wieder in der Lage sein, miteinander soweit klarzukommen, daß man den Alltag mit dem Kind klarkriegt. Das bremst mich in Auseinandersetzungen ungeheuer.»

Unter den geschilderten Umständen ist es nicht verwunderlich, wenn sich viele Gemeinsamkeiten, die *vor* der Geburt des Kindes die Beziehung zusammengehalten haben, immer mehr reduzieren. Da die Beziehung des Mannes zur Frau zumindest im ersten halben Jahr überwiegend mit Einschränkungen und Verzicht verbunden ist, kann sich für ihn irgendwann die Frage stellen, was ihn überhaupt noch in der Beziehung hält. Vor allem, wenn sexuell zwischen den Partnern nichts abläuft und die daraus resultierende Unzufriedenheit, die Aggressionen und uneingestandenen «Rachegelüste» die Beziehung zusätzlich belasten, kann sich beim Mann leicht das Gefühl einstellen, daß es ihm auch nicht viel schlechter gehen könnte, wenn er allein lebte: «Ich habe im Moment das Gefühl, daß ich für mich aus der Beziehung kaum Unterstützung kriege. Gleichzeitig nimmt mich die Beziehung aber derartig in Anspruch, daß ich kaum mehr Energie habe, meine eigenen Angelegenheiten klarzukriegen. Ohne Beziehung könnte es mir im Moment auch nicht schlechter gehen, eher besser.»

Obwohl der hier zitierte Vater im weiteren Gespräch einräumte, daß dies ein momentanes Gefühl sei und daß er sich nicht sicher sei, ob dies der wirklichen Bedeutung, die seine Frau für ihn habe, entspreche, gibt die Äußerung sehr gut wieder, wie sich viele Väter im ersten Jahr nach der Geburt fühlen.

Mit der oft dramatischen Reduktion der Gemeinsamkeiten in Beziehungen ist freilich nur die eine Seite der Veränderungen nach der Geburt beschrieben. Ihr stehen auf der anderen Seite neue, zusätzliche Gemeinsamkeiten gegenüber, die sich über das Kind, die gemeinsam erlebte Schwangerschaft, Geburt und die gemeinsame Betreuung entwickeln. Voraussetzung dafür ist allerdings, daß der Vater sich auf das Kind wirklich einläßt. Dies kann in Einzelfällen sogar soweit gehen, daß am Ende das Kind die einzige Gemeinsamkeit darstellt, von der die Beziehung der Eltern noch zusammengehalten wird. Doch wenn es keinerlei Gemeinsamkeiten mehr gibt, wird ein gemeinsames Kind eine Beziehung heute selten auf Dauer kitten können. Ja, solange in der allerersten Zeit die Beziehung des Vaters zum Kind noch von Eifersucht und Distanz geprägt ist, kann das Kind für den Vater sogar unter Umständen ein Grund mehr sein, der für eine Trennung spricht, wenn die Gemeinsamkeiten in der Elternbeziehung brüchig geworden sind.

Ob die Beziehung von Mann und Frau an der Krise nach der Geburt zerbricht oder nicht, wird in erster Linie davon abhängen, wie es Mann und Frau gelingt, ihre Beziehungsschwierigkeiten anzugehen und zu verarbeiten. Die Liebesbeziehung muß sich zur Elternbeziehung wandeln. Dabei wird es darauf ankommen, daß sich Mann und Frau möglichst viel von den Gemeinsamkeiten erhalten, die vor der Geburt da waren. Je weniger Gemeinsamkeiten schon vor der Geburt vorhanden waren, um so gefährdeter wird die Beziehung häufig nach der Geburt sein. Daß die endgültige Trennung oft erst zwei bis drei Jahre nach der Geburt des Kindes passiert, darf dabei nicht darüber hinwegtäuschen, daß die Krise nach der Geburt letztendlich zu diesem Schritt geführt hat. Daß die Eltern sich erst Jahre später trennen, hängt mit der Langwierigkeit von Trennungsprozessen zusammen und spricht nicht gegen diese These.

7. Realität und Widersprüche der neuen Vaterrolle

Durch seine Sozialisation ist der Mann lediglich auf die *traditionelle* Vaterrolle vorbereitet. Das durch die übliche Sozialisation vermittelte männliche Verhaltensrepertoire und die männliche Bedürfnisstruktur stehen in vielerlei Hinsicht im Gegensatz zu den Anforderungen, die an den Mann bei der Betreuung eines Kindes – insbesondere eines Neugeborenen – gestellt werden. Er hat deshalb zahlreiche Umstellungsschwierigkeiten und leidet an den inneren Widersprüchen, die die Beteiligung an der Betreuung des Neugeborenen für ihn mit sich bringt. Die Veränderungs- und Lernschritte, die der Mann in seiner Rolle als neuer Vater vollziehen muß, sind enorm. Je mehr der Mann sich auf das Kind wirklich einläßt, um so konkreter erlebt er den Gegensatz von alter Männer- und neuer Vaterrolle: «Ich war und ich bin durch das Kind an zwei Punkten meiner Männlichkeit in Frage gestellt worden. Einmal sah ich, wie unsensibel ich bin, und zum anderen, welch ein bequemer Mann.»[1]

«... der größte Schmerz ... lag in der niederschmetternden Erkenntnis, daß ich in Opferbereitschaft, Hingabe, Konsequenz, Lebensmut, Durchhaltevermögen, Toleranz und Elternliebe nicht im entferntesten an meine Frau heranreiche!»[2]

Wenn Männer das feststellen, ist dies zwar der erste Schritt zur Veränderung, aber noch lange nicht die Veränderung selbst. Die männliche Bequemlichkeit, Inflexibilität, mangelnde Sensibilität und die mangelnde Fähigkeit und Bereitschaft, für den Alltag des Kindes Verantwortung zu übernehmen, sind so tief im Verhalten, Fühlen und Denken verwurzelt, daß guter Wille und eine geschärfte Selbstwahrnehmung oft nur ein erster Schritt zu wirklicher Veränderung sein können.

Sicher gibt es mittlerweile auch etliche Männer, die zum Rollentausch mit der Frau und zur Übernahme der Hauptverantwortung für das Kind bereit sind. Aber diese Bereitschaft ist meist eine zeitlich begrenzte und oft von Notwendigkeiten diktiert, die dem Mann gar keine andere Wahl lassen. Solange die Frau bereit ist, ihre eigenen

1 Männerkalender 1976, S. 83.
2 Michael, Klaus (Hg.): Nachwehen. Frauen und Männer mit Kindern. Frankfurt a. M. 1982, S. 254.

beruflichen Ambitionen zugunsten des Kindes zurückzustellen und die Hauptverantwortung für das Kind zu übernehmen, wird es nur sehr selten vorkommen, daß ein Mann sich nach der Rolle des Hausmannes drängt. Trotzdem sind Hausmänner ein gutes Beispiel für die Veränderbarkeit männlichen Rollenverhaltens. Sie sind aber weder der Normalfall, noch kann aus der Bereitschaft zur Übernahme der Rolle des Hausmannes geschlossen werden, daß Hausmänner den Widerspruch von alter Männerrolle und neuer Vaterrolle völlig aufheben können. Sicherlich sind Hausmänner aber den anderen neuen Vätern – wenn auch gezwungenermaßen – einige wesentliche Schritte voraus.

Wie sieht es bei der Mehrheit der neuen Väter aus? Ein Vater stellt fest: «Der Anspruch, die Mutter in allen Bereichen so voll wie möglich zu entlasten, wird von uns eigentlich nur da tatsächlich durchgehalten, wo wir es anderen demonstrativ beweisen wollen.»[1]

Im Alltag kann dies bedeuten, daß der Vater viele Arbeiten der Mutter überläßt, solange diese sich damit abfindet und an ihn keine weitergehenden Ansprüche stellt. Dem Mann fällt es offensichtlich von sich aus sehr viel schwerer, die unangenehmen, mühevollen und anstrengenden Arbeiten mit der gleichen Selbstverständlichkeit auszuführen wie viele Frauen.

Abstriche an eigenen Bedürfnissen, die die Frau ohne Aufhebens und scheinbar mühelos macht, erlebt der Mann sehr bewußt als Verzicht. Das, was er zur Betreuung des Kindes beiträgt, ist für ihn unter diesen Vorzeichen nicht selten – zumindest im ersten Jahr – eine ganz besondere Leistung, die er von der Frau anerkannt haben will: «Kam ich mir anfangs noch wer weiß wie vor, wenn ich den Wurm wickelte, wusch, beköstigte, besänftigte, durch die Gegend karrte und auf mir herumreiten ließ, so bemerkte ich doch nur zu bald, daß ich auf etwas stolz war, das höchstens ein Viertel aller anfallenden Arbeiten (zudem meist noch die angenehmeren) ums Kind ausmachte, während ich den Löwenanteil wie selbstverständlich von der Frau bewerkstelligen ließ . . .»[2]

Daß der Beitrag des Mannes zur Kinderarbeit für ihn oftmals eine besondere Leistung darstellt, hängt nicht nur mit seiner anerzogenen Bequemlichkeit zusammen, sondern auch damit, daß Männer sich

1 Gerspach, Manfred / Hafeneger, Benno, a. a. O., S. 50.
2 Michael, Klaus, a. a. O., S. 255.

schwertun mit allem, was emotionale Flexibilität erfordert. Eine Frau, die das bei ihrem Mann im Umgang mit dem Kind erkannte, beschrieb diese Schwierigkeit sehr treffend: «... je ausgefüllter seine Tage wurden, desto offener stellte sich heraus, daß es ihm echte Schwierigkeiten bereitete, auf spontane emotionale Anforderungen zu reagieren: er wollte, brauchte einen organisierten Tagesablauf. Er kam großzügig und gern den ihm zugeteilten Aufgaben nach, hatte aber große Probleme damit, auf unvorhergesehene Bedürfnisse einzugehen. Ich glaube, daß diese Eigenschaft eine gesellschaftlich geförderte Unzulänglichkeit der meisten Männer ist, da Männer die meisten Situationen beherrschen und einfach nicht wie Frauen emotional reagieren müssen ...»[1]

Auch mir selbst bereitete es über lange Zeit enorme Schwierigkeiten, auf unvorhergesehene Bedürfnisse und Situationen einzugehen, die nach meiner Erinnerung die erste Zeit mit meinem Sohn so anstrengend für mich gemacht haben. Schwer fiel mir dabei vor allem das ständige Umschalten auf immer neue Situationen. War ich z. B. froh, daß mein Sohn endlich schlief und ich Zeit für die den ganzen Tag schon aufgeschobene Zeitungslektüre hatte, schlief er prompt nur so kurz, daß ich mitten in der entspannenden Lektüre unterbrochen wurde. Es kostete mich manchmal meine ganze Beherrschung, daß ich in solchen Situationen nicht vor Hilflosigkeit und maßloser Frustration wütend lospolterte.

Flexibilität im Umgang mit den eigenen Bedürfnissen bedeutet auch, deren Befriedigung aufschieben zu können, ohne daß man aus dem inneren Gleichgewicht kommt. Männer haben mit solchem Aufschieben von Bedürfnisbefriedigung offensichtlich mehr Schwierigkeiten als Frauen, die in ihrer Sozialisation gelernt haben, eigene Bedürfnisse zugunsten anderer zurückzustellen. Genauso haben Frauen in anderer Weise wie Männer gelernt, für die nachfolgende Generation Verantwortung zu übernehmen. Während Männer lediglich darauf getrimmt wurden, ihrer Rolle als Ernährer gerecht zu werden, ist die Domäne von Frauen die emotionale Zuwendung und Unterstützung und die Bereitschaft, die Betreuung eines Kindes verläßlich sicherzustellen und sich für das Wohl des Kindes verantwortlich zu zeigen.

---

1 Dowrick, Stephanie / Grundberg, Sibyl (Hg.): Will ich wirklich ein Kind? Frauen erzählen. Reinbek bei Hamburg 1982, S. 82.

Entsprechend ihrer Sozialisation neigen Männer dazu, den Teil der Verantwortung für das Kind, der über die materielle Sicherung hinausgeht, bewußt oder unbewußt an Frauen zu delegieren.

Dies gilt – mit Einschränkung – auch für die neuen Väter. Wenn sie sich nicht auf eine gleichberechtigte Aufgabenverteilung oder die Hausmannrolle einlassen, besteht zwischen ihnen und den alten Vätern nur ein gradueller Unterschied: «Irgendwann habe ich gemerkt, wie ich doch ziemlich tief in mir drin habe, daß meine Frau hauptsächlich für das Kind verantwortlich ist. Das war mir bis dahin gar nicht so bewußt gewesen. Ich hatte immer gedacht, daß wir in gleicher Weise Verantwortung haben. In Wirklichkeit erwartete ich von ihr uneingestandenermaßen, daß sie das mit dem Kind klarkriegen soll. Deutlich ist mir das an dem Punkt geworden, wo etwas nicht klargegangen ist und ich ihr – wie selbstverständlich – die Verantwortung für die Situation gegeben habe. Einmal habe ich mich dabei ertappt, wie ich beinahe zu ihr gesagt habe: ‹Andere kriegen das doch auch klar, warum kriegst du das denn nicht klar?› Da ist mir aufgegangen, wie sehr ich ihr unbewußt die Verantwortung zuschiebe und ein ganz bestimmtes Bild von einer Mutter in mir drin habe. Gleichzeitig wollte ich mit ganz bestimmten Problemen möglichst wenig behelligt werden und in Ruhe meinen Kram machen können. Im Grunde genommen wollte ich nur mit den schönen Seiten des Vaterseins zu tun haben.»

Daß Väter solche Gefühle haben und ein solches Mutterbild verinnerlicht haben, muß sie natürlich nicht hindern, ihren Teil an der Betreuung des Kindes beizutragen. Es muß auch nicht zwangsläufig bedeuten, daß sich ihr tatsächlicher Beitrag auf «die schönen Seiten» des Vaterseins beschränkt. Es zeigt aber, wie groß die Probleme sind, die Väter mit ihrer neuen Rolle haben. Dies zeigt sich auch darin, daß nicht wenige neue Väter einen Erst-Kind-Schock erleben: «Ich konnte mir vorher nie vorstellen, was es heißt, ein Kind zu haben. Es hat mein Leben vollkommen umgekrempelt. Ich habe mir vorher immer Illusionen gemacht darüber, wieviel Energie es mich kostet und welche enorme Anstrengung es bedeutet. Ein zweites Mal möchte ich mich darauf unter keinen Umständen mehr einlassen. Ich möchte auch mal wieder Zeit für mich und das, was mir wichtig ist, haben.»

Da die Rolle des neuen Vaters nicht nur einfach eine *zusätzliche* Aufgabe ist, die der Vater wahrnimmt, sondern alle anderen Handlungen und Rollen überformt und mitbestimmt, bringt die Kinderarbeit –

insbesondere wenn der Vater sich zu gleichen Teilen daran beteiligt –
eine völlige und tiefgreifende Umstrukturierung des gewohnten Lebens mit sich. Kein Bereich bleibt davon ausgenommen und unberührt, vor allem nicht der berufliche.

So ist es kein Wunder, wenn manche neuen Väter mitunter von den Vorzügen der alten Vaterrolle träumen. Die Vorzüge der alten Vaterrolle sehen sie vor allem darin, daß sie es dem Vater ermöglichte, die schönen Seiten des Vaterseins zu genießen, ihn aber gleichzeitig von den Mühen der Kinderarbeit entbindet: «Manchmal kam mir bei dem ganzen Streß der Gedanke, wie toll es doch sein müßte, ein Kind zu haben, wenn die Frau die Arbeit macht und ich nur für die tollen Seiten im Zusammenleben mit dem Kind zuständig wäre. Wenn ich darüber nachdachte, fiel mir aber auch gleichzeitig ein, daß ich dann sicherlich auch keine so intensive Beziehung zu meiner Tochter hätte, wie ich sie jetzt habe. Meine Beteiligung an allen anfallenden Arbeiten bringt ja gerade mit sich, daß ich sie viel besser verstehen kann und auch viel mehr Bestätigung von ihr erhalte.»

Trotz der intensiveren Beziehung zum Kind, die die neue Vaterrolle mit sich bringt, ist bei den meisten Vätern die alte Vaterrolle, auf die hin sie erzogen wurden, wie ein Schatten ständig gegenwärtig. Sie können sie nicht so ohne weiteres abschütteln. Daß sie manchmal von der alten Vaterrolle träumen, ist noch vergleichsweise harmlos. Wie stark aber auch die neuen Väter von der alten Vaterrolle geprägt sind, zeigt sich vor allem darin, wie ambivalent ihre Gefühle gegenüber der Arbeit mit dem Kind sind.

Obwohl Väter, wenn sie sich an der Kinderarbeit gleichberechtigt beteiligen, eine große Befriedigung und Bestätigung daraus ziehen können, ist gleichzeitig bei ihnen oft das Gefühl vorhanden, daß sie durch die Beschäftigung mit dem Kind vom «Eigentlichen» abgehalten werden. Das Eigentliche ist dabei die Beschäftigung mit männlichen Interessen (Beruf, Hobbys, Verwirklichung bestimmter Ideen usw.)

Das Gefühl von Vätern, durch die Beschäftigung mit dem Kind das «Eigentliche» zu versäumen, braucht dabei nicht die Freude und das Vergnügen am Umgang mit dem Kind auszuschließen. Trotz der Befriedigung, die Männer in der Kinderarbeit erfahren können, ist das Gefühl, dadurch gleichzeitig etwas zu versäumen, fast immer gegenwärtig. Sicherlich ist individuell verschieden, worauf das Hauptgewicht liegt. Wichtig ist für unseren Zusammenhang lediglich, zu erkennen, welche Ambivalenz auch bei den neuen Vätern gegenüber der Kinderarbeit besteht. Um diese innere Ambivalenz zu überwinden, bedarf es nicht nur einer wirklichen Veränderung des verinnerlichten männlichen Wertsystems, sondern auch einer Veränderung männlicher Bedürfnisprioritäten. Beides scheinen sehr lange und komplizierte Prozesse zu sein. Diese Veränderungen sind unter Umständen nicht in einer Generation zu bewerkstelligen. Druck von außen, von Frauen, stößt dabei auf Grenzen, da bestimmte Einstellungen im Unbewußten und in der Trieb- und Persönlichkeitsstruktur verankert sind. Druck von Frauen ist zwar zur Einleitung von Veränderungen unerläßlich. Dann aber müssen die Männer nach und nach ihre eigene Widersprüchlichkeit aufarbeiten, und neue Bedürfnisse treten an die Stelle der alten.

Foto: Annegret Stopczyk

Erschwerend kommt hinzu, daß es für Männer zahlreiche Möglichkeiten gibt, den an sie durch die neue Vaterrolle gestellten Anforderungen auszuweichen. Wenn der Mann arbeiten geht und die Frau hauptsächlich zu Hause die Kinderarbeit macht, dann ist es für den Mann unter Hinweis auf berufliche Zwänge oder sonstige Verpflichtungen ein leichtes, sich in seiner Beschäftigung mit dem Kind auf die angenehmen und schönen Momente zu beschränken. Daß es sich dabei um ein Ausweichen vor den für ihn unangenehmen und anstrengenden Aspekten der Kinderbetreuung handelt, ist ihm selbst meist gar nicht so richtig bewußt. Er ist selbst oft total davon überzeugt, daß es sich bei seinen Zwängen um objektive Zwänge handelt, denen er sich nicht entziehen kann. Daß solche objektiven Zwänge zu einem bestimmten Teil Ergebnis höchst subjektiver Entscheidungen sind, bleibt ausgeklammert. Wie leicht das Ausweichen für den Mann selbst dann ist, wenn er arbeitslos oder nur geringfügig beruflich belastet ist, zeigt folgendes Beispiel:

«Nach einem Jahr kündigte ich. Danach war ich längere Zeit arbeitslos und konnte mich intensiv meinem Kind widmen. Ich glaube, daß das meiner Beziehung zu ihm gut tat, aber auch die häusliche Situation allmählich mit Konfliktstoff versah. Meine Frau war unzufrieden, daß ich zu Hause ‹herumsaß›. Zwar arbeitete ich auf Honorarbasis oder für verschiedene Fachzeitschriften. Tatsache aber war, daß ich viel am Schreibtisch saß und mir meine Zeit relativ eigenständig einteilen konnte. Das war für meine Frau teilweise nicht leicht zu akzeptieren. Schließlich konnte sie den Tag nicht so sehr nach ihren Bedürfnissen einrichten. Florian bestimmte weitgehend den Rhythmus. Und ich muß zugestehen, daß ich mich oft hinter meine Bücher verzog, wenn ich keine Lust verspürte, mich im Haushalt zu engagieren und mich mit Florian zu beschäftigen.»[1]

An diesem Beispiel fällt mir zweierlei auf: erstens, wie selbstverständlich dieser Vater für sich in Anspruch nimmt, daß er seinen Tagesablauf im Gegensatz zu seiner Frau nach seinen Bedürfnissen gestalten kann. Zweitens, wie leicht es für ihn war, seine Bücher bzw. seine Arbeit vorzuschieben, um sich der Kinderarbeit zu entziehen. Ich halte das Beispiel dieses Vaters für keinen Einzelfall, sondern für typisch für nicht wenige neue Väter.

1 Gerspach, Manfred / Hufeneger, Benno, a. a. O., S. 48.

Damit aber kein falscher Eindruck entsteht: Die Tatsache, daß es für den Mann nicht allzu schwierig ist, sich bestimmten Verpflichtungen oder anstrengenden Arbeiten zu entziehen, muß nicht gleichzeitig bedeuten, daß er sich auch tatsächlich dauernd entzieht. Auch wenn viele Männer ihre Rolle als neue Väter immer noch sehr halbherzig wahrnehmen, bleibt doch die Tatsache bestehen, daß sie dennoch Erhebliches zur Kinderarbeit beitragen und sich dabei in aller Regel nicht nur auf die angenehmen Seiten des Vaterseins beschränken, sondern die Hausarbeit und die anstrengenden Seiten der Kinderarbeit durchaus mit einbeziehen.

Daß Frauen häufig noch den größeren Teil dieser unangenehmen Arbeiten bewältigen müssen und dies kein guter Zustand ist, sollte nicht verschleiern, daß viele neuen Väter bei aller Bequemlichkeit, Inflexibilität und Inkonsequenz Erstaunliches leisten. Deswegen ist es ungerecht und unzutreffend, wenn die Publizistin Leona Siebenschön die neuen Väter folgendermaßen charakterisiert:

«Die emanzipierten Männer beteiligen sich, wenn überhaupt, an den angenehmen, spielerischen Abwechslungen auf dem Stundenplan und behaupten, wenn es zur Auseinandersetzung kommt sich ‹gleichberechtigt und gleichverpflichtet› in das Erziehungsgeschehen geteilt zu haben.»

Und weiter:

«Papa bringt Leben in die Bude, Blödsinn, Quatsch und Kumpanei; er muß hinterher nicht saubermachen und die Sicherheitsnadeln wiederfinden. Mama sorgt für Ordnung, Vokabel-Pauken, gewaschene Ohren und lauter langweilige Obliegenheiten. Aber wenn es einem schlechtgeht, der Bauch revoltiert, nachts der Alptraum kommt, ist sie zuverlässig zur Stelle, weil er ausgerechnet dann wichtige Geschäfte oder dringend Ruhe nötig hat.

... Der Rollentausch, den Mütter notwendigerweise versuchen mußten in ihrer Doppel- und Dreifachbelastung als mitverdienende Familienfrau, hat sich auf makabre Weise selbständig gemacht und gegen die Frau gekehrt. Sie hat dem Erzeuger Umgang mit den Kindern beigebracht, Spiel, Spaß, unbeschwerte Alberei und sich selbst damit erst recht zur Dienstmagd der Familie abgerichtet.»[1]

1 Siebenschön, Leona: Im Kreidekreis. Konflikt der Partner – Problem der Familie – Leiden der Kinder. Frankfurt a. M., S. 100/101.

Diese Einschätzung ist schon deswegen einseitig, weil sie nicht berücksichtigt, welche Ansprüche im Verlauf der Beschäftigung mit dem Kind beim Vater selbst entstehen können. Durch seine intensive Beschäftigung mit dem Kind wird dem Vater nämlich oft erst so richtig deutlich, welche enorme Leistung Frauen in der Kinderbetreuung vollbringen und wie gering ihr eigener Beitrag ist. Die mit dieser Erkenntnis einhergehende Infragestellung männlicher Privilegien bleibt bei vielen Vätern nicht ohne Auswirkung. Bei ihnen selbst entsteht ein Bedürfnis, an der Aufgabenverteilung etwas zu verändern. Dies muß natürlich nicht unbedingt auf die absolute gleiche Aufteilung von Pflichten hinauslaufen. Aber es kann sie motivieren, mehr Pflichten in der Kinderarbeit zu übernehmen. Hier setzt also ein dialektischer Prozeß ein. Haben Väter erst mal mehr mit den Kindern zu tun, wird dies nicht ohne weitergehende Auswirkungen auf das Bewußtsein der beteiligten Männer bleiben:

«... so viel Zeit wie möglich für ihn aufzubringen und die F. zu entlasten, wann immer es geht ... das find ich ganz wichtig für meine Vaterrolle, die ich ja auch darin für mich seh, daß wir uns die Zeit aufteilen ... eigentlich möcht ich schon, daß der K. ein Kuschelkind wird ... also körperlichen Kontakt zu ihm haben möchte ... ich stell mir's traumhaft vor, wenn der K. mal älter ist und morgens zu uns ins Bett kommt, und er kuschelt sich sowohl an Vater wie auch an die Mutter ... daß ich ein Vertrauensverhältnis zum K. gewinnen kann, das hab ich als Kind ja auch erfahren, wie wichtig das ist, nicht immer Angst vor Strafe haben zu müssen ... da gehört auch dazu, darin eine Herausforderung an mich zu sehen, da ich in der kurzen Zeit bisher sehr viel Neues an mir entdeckt hab, und ungeheuer viel an mir hab arbeiten müssen ... wenn so eine Beziehung in Ordnung sein soll, erfordert das immer sehr viel Arbeit, vor allem an einem selber ...»[1]

Daß Väter solche Ansprüche stellen, bedeutet noch nicht, daß bereits alle hier geschilderten Schwierigkeiten mit einer anderen Gestaltung der Vaterrolle überwunden wären. Aber es zeigt, daß bei Männern die Bereitschaft wächst, von sich aus eine Veränderung ihrer Rolle anzustreben.

Was aber können Männer tun, um ihre Schwierigkeiten mit einer anderen Gestaltung der Vaterrolle konkret anzugehen? Wie viele Ge-

1 Engel, Klaus, a. a. O., S. 56.

spräche mit Vätern zeigen, ist es für Väter besonders wichtig, möglichst frühzeitig eine eigenständige Beziehung zum Kind zu entwickeln. Solange das Kind noch gestillt wird, ist das nur in Ansätzen möglich.

Wenn das Kind abgestillt ist und der Vater alleine und ohne Mutter mit ihm etwas unternehmen kann, verändert sich die Motivation vieler Väter zur Beschäftigung mit dem Kind oft schlagartig:

«Die emotionale Beziehung zu dem Kind hat sich erst verstärkt, als ich auch mal alleine mit ihm losziehen konnte, wo ich das Gefühl kriegte, das ist nicht ein Teil der Mutter, sondern eine ganz selbständige Person.»[1]

Wenn der Vater mit dem Kind z. B. den halben Tag allein zubringt, werden sich beide nicht nur enger verbunden fühlen, sondern der Vater empfindet auch Stolz und erfährt Bestätigung. Stolz wird der Vater darauf sein, daß er eine eigenständige Leistung erbracht hat und mit dem Kind ohne fremde Hilfe und Einmischung gut zurechtkam. Das wird ihn zusätzlich motivieren, sich in der Kinderarbeit weiter zu engagieren. Ein Vater, dessen Sohn wegen einer Brustdrüsenentzündung der Mutter schon in den ersten Wochen abgestillt werden mußte und der das Kind als Hausmann hauptsächlich versorgte und betreute, schilderte, welche Gefühle diese Situation in ihm hervorgerufen hat:

«Durch die frühe Umstellung auf die Flasche bin ich ziemlich unabhängig von Eva geworden, auch wenn es am Anfang nicht freiwillig und ziemlich stressig war. Ich glaube, daß mein Vaterdasein eine ganz andere Richtung genommen hätte, wenn Eva gestillt hätte und nicht angefangen hätte, zu arbeiten. Alleine herauszufinden, was das Kind hat und was ich da alleine machen kann, hat mir ein ziemliches Selbstbewußtsein gegeben. Dem Kind die ureigensten Bedürfnisse zu stillen und dann zu merken, wie zufrieden es ist, war am Anfang wie ein Rausch für mich. Ich habe andere Väter, deren Kind gestillt wird, immer bemitleidet, da sie Väter von Mütters Gnaden sind. Ich meine das ganz anders als rechtlich. Wenn ich mir überlege, daß ich heute nicht mal mit Daniel alleine wegfahren könnte, weil er immer noch Brust braucht, dann ist das für mich ziemlich unvorstellbar.»

Je mehr der Vater sich auf das Kind einläßt, um so mehr erlebt er, wie schön es sein kann, mit einem Kind zusammenzusein und wieviel Anre-

1 taz vom 18. 8. 1981.

gung und Energie er daraus für sich ziehen kann. Dies möchte er dann in seinem Leben nicht mehr missen. Der Anspruch, sich die Kinderarbeit mit der Mutter zu teilen, wandelt sich in das Bedürfnis, möglichst viel Zeit mit dem Kind zu verbringen. Der Vater möchte dem Kind nahe sein und im Leben des Kindes eine mit der Mutter vergleichbare Rolle spielen. Zwischen Vater und Kind entsteht eine tiefe Bindung. Das Kind erobert den Mann. Es wird viel von seiner ungeheuren Energie darauf verwenden, ihn umzukrempeln, so wie es ihn haben will: zärtlich, schmusig, aufmerksam und leidenschaftlich. Bald ist das Kind aus dem Leben des Mannes nicht mehr wegzudenken. Vatersein ist dann nicht mehr nur Verpflichtung, sondern auch Lust. Das Kind ist dann nicht mehr nur Rivale um die Zuneigung und Liebe der Mutter, sondern eine eigenständige Beziehungsperson, die großzügig und ohne die Berechnung des Erwachsenen Liebe und Zuneigung verschenkt. Es verschenkt aber nicht nur Liebe, sondern auch Fröhlichkeit, Ausgelassenheit, Chaos, Zärtlichkeit, Zukunft und vieles andere mehr.

Das Kind ist Lebendigkeit und Veränderung, Infragestellung und Klarheit in einer Person. Der Mann liebt das Kind auf seine Art, anders als die Mutter. Das ist für das Kind nicht unwichtig. Der Vater kann ihm etwas geben, was ihm die Mutter nicht geben kann. Der Vater liebt das Kind auf seine männliche Art, und er liebt es meist nicht weniger leidenschaftlich als die Mutter.

Wenn hier betont wurde, was die Beziehung zum Kind im Leben des Mannes bedeuten kann, dann dürfen darüber die hier dargestellten Widersprüche, Schwierigkeiten und die Realität der neuen Vaterrolle nicht vergessen werden. Sonst entsteht nämlich allzuleicht ein Bild der neuen Väterlichkeit, das der Realität nicht entspricht und Vätern eine Wirklichkeit vorgaukelt, die sich im Alltag als eine Täuschung herausstellt. Es sollte der Fehler vermieden werden, Vätern zu ihrer Motivation einen Alltag mit Kindern auszumalen, der nur Spaß und Vergnügen mit sich bringt. Der Alltag mit Kindern bringt zwar auch Spaß, Vergnügen und Zufriedenheit mit sich, er bedeutet aber auch harte Arbeit, Mühe, Anstrengung, Einschränkung und manchmal Überdruß.

Bestimmte Publikationen in Zeitschriften und auch das Buch ‹*Das Vergnügen, ein zärtlicher Vater zu sein*› von Uli Schulte-Döinghaus zeichnen ein irreales Bild des Vaterseins, das die tatsächlichen Schwierigkeiten und Widersprüche verschweigt. So wird ein positives, schönfärberisches Idealbild entworfen, dem kein Vater gerecht werden kann.

Hinzu kommt, daß durch ein solches Vaterbild Väter indirekt darin bestärkt werden können, die mühevollen und anstrengenden Seiten des Vaterseins an die Frau zu delegieren und sich wie selbstverständlich auf die schönen Seiten zu beschränken.

VII. Kleiner Rechtsratgeber für Väter[1]
(Stand März 1990)

Wenn der Vater, ob verheiratet oder nicht, zum Kind eine genauso intensive Beziehung wie die Mutter entwickelt und sich an dessen Betreuung und Versorgung gleichberechtigt beteiligt, gewinnt die Frage nach seinen Rechten in bezug auf das Kind besondere Bedeutung.

Um keine Nachteile zu erleiden und um seine Rechte behaupten zu können, muß er möglichst gut informiert sein. Dies gilt vor allem für den *nichtehelichen* Vater, da dieser in unserer Gesellschaft immer noch diskriminiert wird.

Dieser Rechtsratgeber ergreift eindeutig Partei für die Rechte von Vätern. Da heute immer mehr Väter bereit sind, ihre Vaterrolle anders zu gestalten, muß auch die rechtliche Benachteiligung insbesondere des nichtehelichen Vaters aufgehoben werden. Wenn Väter gegenüber dem Kind in gleichem Umfang wie die Mütter Pflichten übernehmen, muß ihnen auch die gleiche rechtliche Position wie den Müttern zugebilligt werden.

Foto: Gabi Meisenberg

1 Kritisch gegengelesen von den Rechtsanwälten Sabine Seip und Günther Hädinger

1. Die rechtliche Diskriminierung des nichtehelichen Vaters

Die Rechtsstellung des nichtehelichen Vaters ist in der Bundesrepublik im Vergleich zu den meisten anderen europäischen Staaten auffallend schlecht. In vielen europäischen Staaten können bei nichtehelichen Kindern der Vater und die Mutter gemeinsam das Sorgerecht für das Kind ausüben. Das gemeinsame Sorgerecht ist in der Bundesrepublik dagegen ausschließlich verheirateten Eltern vorbehalten.

Hierüber gibt es ein Grundsatzurteil des Bundesverfassungsgerichtes aus dem Jahre 1981.[1]

Interessant für nichteheliche Väter ist die Begründung des Gerichtes für seine Entscheidung. Die Vorurteile der deutschen Justiz gegenüber nichtehelichen Vätern kommen darin in einer solchen Deutlichkeit zum Ausdruck, daß man als nichtehelicher Vater bei der Lektüre vor Wut und Empörung am liebsten laut aufschreien möchte. Nach der Argumentation des Gerichtes ist allein in einer Ehe garantiert, «daß Vater und Mutter personale Verantwortung für ihr Kind übernehmen wollen und auch können.»[2] Weiter ist dort zu lesen: «Da vergleichbare Verhältnisse bei Vater und Mutter eines nichtehelichen Kindes dagegen nicht vorauszusetzen sind, mußte sich eine Sorgerechtsregelung hier an anderen Kriterien orientieren.»[3]

Mit anderen Worten: für das Gericht will sich jeder nichteheliche Vater vor der Verantwortung für sein Kind drücken. Daß die Tatsache einer Heirat überhaupt nichts mit der Übernahme konkreter Verantwortung für das Kind zu tun hat, scheint diesen Herren Richtern ein sehr fremder Gedankengang zu sein. Für sie ist die Übernahme von Verantwortung offensichtlich gleichbedeutend mit der Legalisierung einer Beziehung.

Was für ein reduziertes Verständnis von Verantwortung dahinter steckt, wird deutlich, wenn man sich bewußtmacht, was Verantwortung-Übernehmen für die Betreuung und Versorgung des Kindes wirklich bedeutet. Hier wird die geringe Bereitschaft der alten Väter zur Übernahme von konkreter Verantwortung im Alltag des Kindes indi-

---

1 Abgedruckt in: Neue Juristische Wochenschrift (NJW) 1981/22, S. 1201 ff.
2 NJW, a. a. O., S. 1203.
3 NJW, a. a. O., S. 1203.

rekt zu einer höchstrichterlichen juristischen Norm gemacht. Wenn der Vater nur bereit ist, die *materiellen* Konsequenzen seiner Vaterschaft zu tragen, sich ansonsten aber nicht um das Kind kümmert, ist alles in bester Ordnung. Väter werden so indirekt für die Vernachlässigung des Kindes unterstützt und belohnt. Wenn ein Vater nicht bereit ist, seine Beziehungsverhältnisse juristisch absegnen zu lassen, sich aber gleichberechtigt die Kinderarbeit und den Unterhalt mit der Mutter teilt, muß er sich sagen lassen, daß dies für seine rechtliche Stellung zum Kind bedeutungslos und überflüssig ist.

Wie die Erfahrungen von nichtehelichen Vätern zeigen, ist die Einstellung, die in diesem Urteil des Bundesverfassungsgerichtes zum Ausdruck kommt, symptomatisch für die Einstellung eines großen Teils der Justiz zu nichtehelichen Vätern.

Es bleibt anzumerken, daß die rechtliche Diskriminierung des nichtehelichen Vaters eindeutig der europäischen Menschenrechtskonvention widerspricht. Nichtehelichen Familien darf danach gegenüber ehelichen Familien das Zusammenleben nicht erschwert werden.[1]

Trotzdem konnte sich die europäische Menschenrechtskommission in ihrer Entscheidung vom März 1984 nicht zu einer Mißbilligung der deutschen Rechtspraxis entschließen. Liest man die Begründung für die Entscheidung kritisch, muß man enttäuscht feststellen, daß es der Kommission weniger um die Rechte der nichtehelichen Väter als vielmehr um die Bewahrung der Rechtssouveränität der Bundesrepublik Deutschland ging.

Mit anderen Worten: Da das Bundesverfassungsgericht gegen das gemeinsame Sorgerecht nichtehelicher Eltern entschieden hat, wollte die Kommission keine abweichende Entscheidung fällen.

Nach dieser Bestätigung der deutschen Justiz durch die europäische Menschenrechtskommission wurde die Diskriminierung nichtehelicher Väter in der Bundesrepublik für unbestimmte Zeit festgeschrieben. Erst neuerdings scheint in bezug auf die Rechtsstellung des nichtehelichen Vaters wieder etwas in Bewegung zu kommen. Die Bundesregierung legte Ende 1989 einen Gesetzentwurf zur Neuregelung des Umgangsrechtes zwischen Vater und nichtehelichem Kind vor[2]. Nach

1 Europäische Menschenrechtskonvention (MRK) Art. 8 u. 14.
2 Bundestagsdrucksache 11/5494 vom 27.10.89

diesem Entwurf kann das Vormundschaftsgericht dem nichtehelichen Vater unter bestimmten Voraussetzungen (siehe 4.) auch gegen den Willen der Mutter den Umgang mit seinem Kind ermöglichen.

Dieser Gesetzentwurf bedeutet zwar eine gewisse Verbesserung der Rechtsposition des nichtehelichen Vaters. Das gemeinsame Sorgerecht bleibt ihm aber weiterhin vorenthalten. Seine Diskriminierung in Gesetzgebung und Rechtsprechung wird lediglich abgemildert, da sie in den meisten Punkten fortbesteht. Einstweilen bleibt dem nichtehelichen Vater nichts anderes übrig, als sich auf die vorhandene Rechtspraxis einzustellen und seine geringen Rechte extensiv auszulegen und zu nutzen.

2. Wie man eine Vaterschaftserklärung abgibt

Damit zwischen nichtehelischem Vater und seinem Kind (rechtlich gesehen) ein Verwandtschaftsverhältnis entsteht und damit er seine spärlichen Rechte gegenüber dem Kind (z. B. unter bestimmten Voraussetzungen sein Besuchsrecht) wahrnehmen kann, muß er eine Vaterschaftserklärung abgeben. Sie muß in jedem Fall beurkundet werden und bedarf der Zustimmung des Kindes (vertreten durch die Mutter oder einen anderen gesetzlichen Vertreter). Sie könnte folgenden Wortlaut haben:

Anerkennung der Vaterschaft
Hiermit erkläre ich, Fritz Blumenfeld, daß ich der leibliche Vater des (oder der) aus der Schwangerschaft von Frau Maria Freumich, geboren am . . . in . . ., zu erwartenden Kindes (oder der zu erwartenden Kinder) bin. Die Geburt wird nach ärztlicher Bescheinigung voraussichtlich am . . . erfolgen.»

Wenn man die Vaterschaftserklärung[1] direkt beim Jugendamt abgibt, muß man sie natürlich nicht selbst formulieren. Hierfür gibt es Formulare. Das Beispiel soll nur zeigen, wie eine solche Erklärung aussieht, um eine Vorstellung zu bekommen, was eine Vaterschaftserklärung ist.

---

1 Siehe hierzu unbedingt auch ergänzend die Ausführungen auf Seite 85–86

Eine Vaterschaftserklärung kann man auch erst *nach* der Geburt abgeben. Die Formulierung lautet dann natürlich etwas anders.[1] Zur Vermeidung einer Amtspflegschaft für das Kind empfiehlt sich aber *unbedingt* die Abgabe der Vaterschaftserklärung schon *vor* der Geburt.

Der Antrag auf Aufhebung der Amtspflegschaft muß von der Mutter gestellt werden. Er muß beim zuständigen Vormundschaftsgericht gestellt werden (schriftlich durch Brief). Wenn die Vaterschaftserklärung erst nach der Geburt abgegeben wird, dann kann die Amtspflegschaft auch erst nach der Geburt aufgehoben werden. Die Amtspflegschaft wird also dann nach der Geburt zunächst einmal eintreten. Erfahrungsgemäß ist die Aufhebung der Amtspflegschaft, wenn sie erst einmal eingetreten ist, erheblich schwieriger. Vor allem wenn der Vater keinen Unterhalt zahlen kann (weil er selbst arbeitslos ist oder Sozialhilfe erhält), wird das Jugendamt meistens gegen die Aufhebung Stellung beziehen.

Falls in einem solchen Falle die Aufhebung der Amtspflegschaft wegen der ungeklärten finanziellen Situation verweigert wird, sollte dagegen Klage erhoben werden, da dies widerrechtlich ist. Dies läßt man am besten durch einen Anwalt machten (gegebenenfalls Prozeßkostenhilfe beantragen).

3. Wie ist das mit dem Namen des Kindes?

Auch dies ist unterschiedlich bei ehelichen und nichtehelichen Kindern. Eheliche Kinder erhalten nach der Geburt denjenigen Namen, der auf dem Standesamt als Familienname der Eltern eingetragen ist. Der Familienname ist entweder der Name der Frau oder des Mannes. Doppelnamen sind als Familiennamen nicht möglich, sondern nur als Begleitnamen. Auch in dem Fall, wo Mutter und Vater des Kindes einen Doppelnamen führen, erhält das Kind also den Familiennamen und nicht den Doppelnamen.

Ein nichteheliches Kind bekommt den Familiennamen der Mutter zur Zeit der Geburt. Wenn Vater und Mutter des Kindes nicht heiraten, dann kann das Kind den Namen des Vaters (wenn die Eltern das möchten) nur erhalten, wenn eine sogenannte Einbenennung (= Namenser-

---

1 Vergl. Ihara, Toni/ Warner, Ralph/Dzierma, Hans Martin: a. a. O., S. 97

teilung) erfolgt.[1] Doppelnamen, die den Namen von Vater und Mutter umfassen, sind nicht möglich. In eine Einbenennung muß sowohl die Mutter als auch das Kind (bei minderjährigen Kindern dessen gesetzlicher Vertreter) einwilligen. Eine Einbenennung kann nicht mehr rückgängig gemacht werden. Dies gilt auch dann, wenn die Mutter sich vom Vater trennt und ihre Einwilligung später bereuen würde. Zuständig für die Einbenennung ist das Standesamt, das die Geburt des Kindes registriert hat. Die zur Einbenennung erforderlichen Erklärungen müssen dort abgegeben werden.

Bei der Einbenennung empfiehlt es sich, vorher auf dem zuständigen Standesamt anzurufen und die Einwilligungs- und Namenserteilungserklärungen vorbereiten zu lassen. Dann müssen die Mutter und der Vater dort nur noch die vorbereiteten Erklärungen unterschreiben. Sie werden dort auch beglaubigt. Gleichzeitig bekommen Mutter und Vater neue Abstammungsurkunden für das Kind, in denen der neue Name eingetragen ist. Daß das Kind einbenannt wurde, kann dabei auf der Urkunde vermerkt werden.

Durch die Einbenennung ändert sich nichts an der Rechtsstellung des Kindes. Es bleibt nach wie vor ein nichteheliches Kind. Es trägt nur den Namen des Vaters. Dies kann allerdings in manchen Situationen für den Vater, der als nichtehelicher Vater kein Sorgerecht hat, ein nicht zu unterschätzender Vorteil sein: Nicht jeder Außenstehende kann sofort am Namen des Kindes erkennen, daß der Vater nicht der Sorgeberechtigte ist. Die Einbenennung ist außerdem ein sichtbares Zeichen, daß der Vater auch mit dem Kind zu tun hat, daß nicht nur die Mutter, sondern auch der Vater für das Kind Verantwortung übernimmt, und die Mutter zeigt, daß sie bereit ist, von ihrer besseren Rechtsposition abzurücken und dem Vater eine gleichberechtigte Stellung einzuräumen.

4. Die wichtigsten Punkte des Sorgerechts für eheliche und nichteheliche Väter

Was man als Sorgerecht oder (im Juristendeutsch) als elterliche Sorge bezeichnet, besteht aus vielen unterschiedlichen Rechten:

1 Standesämter kennen die Einbenennung häufig nur noch unter der Bezeichnung Namenserteilung. (Siehe BGB § 1618)

o Die Personensorge beinhaltet das Recht und die Pflicht der Eltern zur Erziehung, Beaufsichtigung und Aufenthaltsbestimmung. Hierzu gehört beispielsweise die Wahl der Schule, der Ausbildung, die Befriedigung kindlicher Bedürfnisse, die Aufsichtspflicht usw.

o Die Vermögenssorge bezieht sich auf das Recht und die Pflicht zur Verwaltung des Vermögens des Kindes (sofern das Kind Vermögen hat).

o Die gesetzliche Vertretung des Kindes umfaßt die Abgabe von rechtlichen Erklärungen durch die Eltern.

Wenn Vater und Mutter verheiratet sind, besitzen beide Elternteile das Recht und die Pflicht zur elterlichen Sorge. Da ein solches gemeinsames Sorgerecht bei nichtehelichen Eltern nicht möglich ist, hat nach dem geltenden Recht die Mutter alleine die elterliche Sorge, auch wenn Mutter und Vater zusammen in einem Haushalt leben und das Kind gemeinsam versorgen und betreuen.[1] Solange sich nichteheliche Eltern einig sind und es zwischen ihnen keine Auseinandersetzungen wegen des Kindes gibt, spielt nur bei der Vertretung des Kindes nach außen eine Rolle, wer das Sorgerecht hat. Praktisch ist die Sorgerechtsfrage, solange die Eltern zusammenwohnen und -leben, von geringem oder gar keinem Interesse.

Entscheidend wird der Unterschied bezüglich des Sorgerechts zwischen ehelichen und nichtehelichen Eltern erst dann, wenn sich die Eltern trennen bzw. scheiden lassen. Hier gibt es für den *ehelichen* Vater im Gegensatz zum nichtehelichen Vater die Möglichkeit des gemeinsamen Sorgerechtes, obwohl diese Möglichkeit bisher eher die Ausnahme darstellt. Das gemeinsame Sorgerecht ist dabei nur möglich, wenn sich Vater und Mutter einig sind und miteinander die Betreuung und Versorgung des Kindes regeln können. Wenn sie sich streiten oder nichts mehr miteinander zu tun haben wollen, muß das Sorgerecht einem von beiden zugesprochen werden. Darüber entscheidet das Familiengericht.

Der Vater hat bei einem solchen Streit fast immer die schlechteren Karten. Um sich gegenüber der Mutter zu behaupten, muß er das Gericht überzeugen, daß er für das Kind die bessere Bezugsperson ist. Dies dürfte ihm in aller Regel – vor allem, solange das Kind noch klein

---

1 BGB § 1705.

ist und nicht selbst entscheiden kann – selbst dann schwerfallen, wenn er das Kind in gleichem Umfang wie die Mutter versorgt und betreut hat.

Gegenüber dem nichtehelichen Vater hat der eheliche Vater aber auf jeden Fall den rechtlichen Vorteil, daß ihm, wenn das Sorgerecht vom Gericht der Mutter übertragen wird, zumindest ein sogenanntes Umgangsrecht gesetzlich zusteht.[1] Das Umgangsrecht bedeutet, daß der persönliche Kontakt zwischen Vater und Kind von der Mutter nicht unterbunden werden darf. Für die Mutter besteht in einem solchen Falle sogar die Verpflichtung, «alles zu unterlassen, was das Verhältnis des Kindes zum anderen beeinträchtigt oder die Erziehung erschwert».[2]

Allerdings ist, wie die Erfahrung zeigt, der Sorgeberechtigte (also in der Regel die Mutter) meist auch hier am längeren Hebel. Wenn das Umgangsrecht z. B. zu einer unzumutbaren Belastung des Kindes führt (z. B. weil es unter der Situation stark leidet und sich dies vielleicht sogar gesundheitlich auswirkt)[3], kann es auf Beschluß des Gerichtes ganz ausgeschlossen werden. Ein weiteres kommt hinzu: wenn das Gericht das Umgangsrecht im Streitfall näher regelt, wird dabei meist ein Samstag oder Sonntag (oder auch das ganze Wochenende) alle zwei Wochen und außerdem eine gesonderte Regelung für den Urlaub festgesetzt. Das ist für einen Vater, der vor der Scheidung zu seinem Kind eine intensive und gleichberechtigte Beziehung hatte, nahezu gleichbedeutend mit dem Ende seiner Beziehung zum Kind.

Trotz Umgangsrecht ist die tatsächliche Situation ehelicher und nichtehelicher Väter unterm Strich de facto also nicht so sehr unterschiedlich. Zumal der nichteheliche Vater, der vor der Trennung das Kind mitbetreut und -versorgt hat, auch eine gewisse Chance hat, vom Vormundschaftsgericht (auf Antrag) ein Umgangsrecht zugesprochen zu bekommen.[4]

In einem solchen Fall dient der persönliche Umgang des Vaters nämlich ganz eindeutig dem Wohl des Kindes.

1 BGB § 1634.
2 BGB § 1634 Abs. 1.
3 Siehe hierzu Lamprecht, Rolf, a. a. O., S. 132–168, und Scheidungsratgeber: Von Frauen für Frauen. Reinbek 1982.
4 BGB § 1711 Abs. 2.

Wenn der Gesetzentwurf der Bundesregierung zur Regelung des Umgangsrechtes zwischen dem nichtehelichen Kind und seinem Vater in der vorliegenden Form verabschiedet wird, werden die Möglichkeiten des Vaters, auch gegen das Nein der Mutter einen persönlichen Umgang mit dem Kind durchzusetzen, verbessert. Was bisher Ausdruck progressiver Rechtsprechung einzelner Vormundschaftsgerichte war, wird in diesem Entwurf gesetzlich verankert.

Wenn eine enge Bindung zwischen Vater und Kind besteht, kann das Gericht den Antrag des Vaters auf persönlichen Umgang nur noch ablehnen, wenn er dem Wohl des Kindes widerspricht.

Wenn die neue Regelung vom Bundestag verabschiedet wird, gibt es nur noch einen einzigen wirklich relevanten Unterschied zwischen ehelichem und nichtehelichem Vater: falls die Mutter sterben sollte, ist der eheliche Vater immer «automatisch» der Alleinsorgeberechtigte. Der nichteheliche Vater dagegen hat kein gesetzlich abgesichertes Recht auf die Übertragung der elterlichen Sorge. Wie der Vater für diesen Fall Vorsorge treffen kann, soll im folgenden Abschnitt näher erläutert werden.

5. Möglichkeiten für nichteheliche Väter, die bestehende Sorgerechtsregelung teilweise zu unterlaufen und sich abzusichern

Solange der nichteheliche Vater und die nichteheliche Mutter zusammen wohnen, sich die Kinderarbeit teilen oder wenigstens gemeinsam organisieren, ist das Sorgerecht für den Vater nur ein Problem, wenn es um die Vertretung des Kindes nach außen geht. So kann der Vater als nicht Sorgeberechtigter beispielsweise keine Einwilligung für eine Operation geben, oder er kann gegenüber Behörden nicht die Interessen des Kindes vertreten. Auch kann er nicht so ohne weiteres Elternvertreter werden[1] oder irgendwelche Anträge oder Erklärungen, die das Kind betreffen, unterschreiben.

---

1 Hier gibt es neuerdings vereinzelt auch Gerichtsurteile mit anderer Tendenz: so entschied das Verwaltungsgericht Berlin (VG 3A 1210/87), daß ein Vater als Elternsprecher in der Schule für sein nichteheliches Kind tätig sein darf.

Wenn sich dies im Alltag als eine große Schwierigkeit herausstellen sollte (oft ist es kein so großes Problem, da der Vater dem Lehrer, der Erzieherin, dem Arzt oder anderen Personen persönlich bekannt sein dürfte), kann der Vater sich von der Mutter eine Vollmacht geben lassen. Mit einer solchen Vollmacht kann die Mutter den Vater «ermächtigen», das Kind an ihrer Stelle nach außen zu vertreten. Diese Vollmacht sollte möglichst allgemein formuliert sein, damit sie auch in unvorhergesehenen Situationen anwendbar ist. Sinnvoll könnte es dabei sein, entweder gar kein Datum auf dem Schreiben anzugeben oder das Schreiben ab und zu erneuern und ein neues Datum einzutragen. Eine solche Vollmacht kann folgendermaßen formuliert werden:

Vollmacht
Hiermit bevollmächtige ich Herrn Soundso, geboren am ... in ..., den Vater des Kindes Margit Soundso, mein Kind in allen Rechtsangelegenheiten zu vertreten.

Unterschrift der Mutter

Eine weitere Möglichkeit, die bestehende Sorgerechtsregelung in ihren Konsequenzen zu entschärfen, ist die schon erwähnte Einbenennung des Kindes.

Natürlich darf der Vater nicht unter Vortäuschung, daß er der Sorgeberechtigte ist, Erklärungen als Vertreter des Kindes abgeben, die nicht mit der Mutter abgesprochen oder gegen deren erklärten Willen sind. Er kann sonst zum Schadensersatz herangezogen werden.

Um im Falle des Todes der Mutter das Sorgerecht zu erhalten, gibt es für den Vater zwei Möglichkeiten:

o Um das uneingeschränkte Sorgerecht zu erhalten, kann der Vater das Kind für *ehelich* erklären lassen (siehe dazu nächsten Abschnitt). Die für die Ehelicherklärung erforderliche Einwilligung der Mutter braucht in diesem Falle nicht vorzuliegen, weil die Mutter diese Erklärung nur höchstpersönlich[1] abgeben kann. Da eine höchstpersönliche Erklärung im Falle ihres Todes von ihr nicht mehr abgegeben werden kann, entfällt diese. Für die Ehelicherklärung ist

---

1 BGB § 1728.

dann nur noch die Einwilligung des gesetzlichen Vertreters (in diesem Fall des Jugendamtes) erforderlich.

o Die Mutter kann nach dem Gesetz[1] bestimmen, wer im Falle ihres Todes Vormund für das Kind werden soll. Dies ist das sogenannte *Benennungsrecht des Sorgeberechtigten.* Sie kann zu diesem Punkt ein Testament machen, eine notariell beglaubigte Erklärung abgeben oder eine entsprechende Erklärung beim zuständigen Vormundschaftsgericht hinterlegen. Der Vater muß dann im Falle des Todes der Mutter als Vormund bestellt werden[2]. Er hat allerdings als Vormund das Sorgerecht nur in (geringfügig) eingeschränkter Form (kann bestimmte Rechtsgeschäfte für das Kind nicht alleine tätigen) und unterliegt der (meist sehr losen) Aufsichtspflicht des Vormundschaftsgerichtes.

Ich möchte Vätern empfehlen, sich nicht auf die erste Möglichkeit allein zu verlassen, sondern auf jeden Fall darauf zu achten, daß die Mutter von ihrem Benennungsrecht Gebrauch macht.

Um das Sorgerecht, gleich in welcher Form, übertragen zu bekommen, muß der Vater allerdings in der Lage sein, das Kind zu versorgen und zu betreuen. Jugendamt und Vormundschaftsgericht müssen davon überzeugt sein, daß es nicht gegen das Wohl des Kindes ist, wenn der Vater das Sorgerecht zugesprochen bekommt.

6. Zwei Möglichkeiten für den nichtehelichen Vater, das Sorgerecht ohne Heirat zu erhalten

Grundsätzlich gibt es für den nichtehelichen Vater zwei Möglichkeiten, das Sorgerecht ohne Heirat zu erhalten. Diese zwei Möglichkeiten sind die *Ehelicherklärung*[3] und die *Adoption*[4].

Durch die *Ehelicherklärung* wird das Kind zu einem ehelichen Kind des Vaters. Es hat die gleiche rechtliche Stellung wie ein eheliches Kind des Vaters. Der Vater muß nicht verheiratet sein, um einen Antrag auf Ehelicherklärung beim Vormundschaftsgericht stellen zu können. Für

1 BGB § 1776.
2 BGB § 1778.
3 BGB § 1723 ff.
4 BGB § 1741 ff.

die Ehelicherklärung ist die Einwilligung der Mutter notwendig. Wenn das Kind älter als vierzehn Jahre ist, muß es selbst einwilligen. Die Einwilligung ist unwiderruflich. Durch die Ehelicherklärung verliert die Mutter das Sorgerecht. Ihr bleibt allerdings ein Besuchsrecht. Zudem hat sie einen Anspruch auf die Rückübertragung der elterlichen Sorge, wenn der Vater sie verliert. Das gilt auch für den Fall des Todes des Vaters, da ihr Sorgerecht lediglich ruht.

Bevor das Vormundschaftsgericht dem Antrag auf Ehelicherklärung des Vaters stattgibt, muß es prüfen, ob die Ehelicherklärung dem Wohl des Kindes entspricht und ob keine schwerwiegenden Gründe dagegen sprechen. Als ein schwerwiegender Grund wird dabei mitunter das Zusammenleben von Vater und Mutter ohne Trauschein angesehen. In diesem Fall wird häufig von Gerichten argumentiert, daß die Eltern das Kind ja auch durch Heirat als eheliches Kind legitimieren könnten (wenn Vater und Mutter heiraten, wird ein nichteheliches Kind zu einem ehelichen[1]). Der vom Staat zu gewährende besondere Schutz der Ehe gehe dann vor. Ein weiteres Argument, mit dem bisweilen eine Ehelicherklärung durch den Vater abgelehnt wird, bezieht sich darauf, daß es nicht dem Wohl des Kindes entsprechen könne, wenn die Mutter das Sorgerecht verlöre. Dieses Argument ist allerdings hinfällig, wenn der Vater genausogut wie die Mutter das Kind versorgen und betreuen kann. Dies muß er aber dem Vormundschaftsgericht gegenüber überzeugend darlegen können.

In den Fällen, wo Vater und Mutter sich trennen und die Mutter das Kind vorläufig nicht haben möchte, dürfte die Ehelicherklärung der beste Weg für den Vater sein, zumal die Entscheidung unter bestimmten Bedingungen[2] wieder rückgängig gemacht werden kann. Solange das gemeinsame Sorgerecht für nichteheliche Eltern nicht möglich ist, kann eine Ehelicherklärung durchaus auch als Möglichkeit der Absicherung für den Vater zwischen den Partnern in Erwägung gezogen werden[3]. Eine Ehelicherklärung durch den Vater

1 BGB § 1719.
2 Hierzu sollte man sich juristisch beraten lassen, am besten durch eine Initiativgruppe, siehe S. 237.
3 Da bei einer Ehelicherklärung die Mutter ein Besuchsrecht behält und ihre elterliche Sorge lediglich ruht, ist sie allemal in einer erheblich besseren Rechtsposition als der nichteheliche Vater, der ohne Ehelicherklärung nicht einmal ein gesetzliches Umgangsrecht hat.

wird vor allem dann zu überlegen sein, wenn der Vater das Kind hauptsächlich versorgt.

Anders verhält es sich bei der *Adoption*. Da bei einer Adoption durch den Vater alle Rechte der Mutter in bezug auf das Kind erlöschen, ist die Adoption durch den Vater nur für solche Fälle geeignet, in denen die Mutter nie mehr etwas mit dem Kind zu tun haben möchte und deshalb auch von ihren Unterhaltsverpflichtungen befreit werden möchte. Denn da mit der Annahme des Kindes (Adoption) durch den Vater das Verwandtschaftsverhältnis zur Mutter aufgehoben wird, ist die Mutter nach der Adoption nicht mehr unterhaltspflichtig.

Voraussetzung für die Adoption ist die Einwilligung des Kindes und die Einwilligung der Mutter[1]. Bei einer Adoption prüft das Vormundschaftsgericht noch sorgfältiger und ausführlicher als bei einer Ehelicherklärung, ob die Übertragung des Sorgerechtes auf den Vater dem Wohl des Kindes dient. Insbesondere wird das Jugendamt und das Vormundschaftsgericht im Falle einer Adoption sorgfältig prüfen, ob der Vater seiner Aufgabe gewachsen ist und ob er überhaupt die Versorgung und Betreuung des Kindes gewährleisten kann. Der Vater wird dabei darlegen müssen, wie sich die Betreuung und Versorgung des Kindes konkret gestaltet (Kindertagesstättenplatz oder sonstige Betreuungsperson, während der Vater arbeitet usw.)

Mutter und Vater, die ohne Trauschein zusammenleben, können ein Kind nicht gemeinsam adoptieren. Dies ist nur möglich, wenn beide verheiratet sind. In einer nichtehelichen Beziehung kann nur entweder der Vater oder die Mutter das Kind adoptieren.

7. Zu den Unterhaltsverpflichtungen für nichteheliche Väter

Im Gegensatz zum ehelichen Vater hat der nichteheliche Vater gegenüber der Mutter des Kindes keine Unterhaltsverpflichtung. Dies gilt allerdings mit einer Einschränkung: für die Zeit sechs Wochen vor der

---

1 Grundsätzlich ist bei einer Adoption durch eine dritte Person die Einwilligung des nichtehelichen Vaters nicht erforderlich. Der Vater kann sie aber dadurch verhindern, daß er selbst eine Adoption oder eine Ehelicherklärung beantragt. Sein Antrag geht dann vor.

Geburt und die Zeit acht Wochen nach der Geburt ist der Vater gegenüber der nichtehelichen Mutter auch unterhaltspflichtig, wenn sie kein eigenes Einkommen hat[1]. Außerdem muß er, wenn die Mutter nicht krankenversichert ist, auch die Entbindungskosten bezahlen. Dies gilt auch dann, wenn die Mutter im angegebenen Zeitraum Geld für ihren Unterhalt vom Sozialamt erhält. Das Sozialamt wird dann in der Regel sowohl den Unterhalt als auch die Entbindungskosten vom Vater einfordern. Solange der Vater allerdings nur ein geringfügiges Einkommen hat (zwischen 1000 und 1100 DM monatlich), kann er nicht zum Unterhalt herangezogen werden.

Letzteres gilt im Prinzip auch für den Unterhalt des Kindes, allerdings nur unter bestimmten Voraussetzungen. Wieviel der Vater im Normalfall mindestens für das Kind zu zahlen hat, ist in der sogenannten *Regelunterhalts-Verordnung* festgelegt. Die dort angegebenen Mindestsätze werden alle paar Jahre erhöht.

Seit 1. 1. 1989 beträgt der Regelunterhalt
– bis zum   6. Geburtstag 251 DM
– bis zum 12. Geburtstag 304 DM
– bis zum 18. Geburtstag 360 DM
Zum Regelunterhalt kann ein Zuschlag kommen, wenn der Vater außerordentlich gut verdient. Ein Nettoeinkommen von ca. 2200 DM wird allerdings noch nicht zu einem Zuschlag führen.

Von den hier angegebenen Regelunterhaltssätzen muß noch jeweils die Hälfte des Kindergeldes abgezogen werden, welches in der Regel die Mutter erhält. Hat der Vater ein geringeres Einkommen als circa 1000 DM (nicht erwerbstätig) oder circa 1100 DM (erwerbstätig), muß er, um von der Regelunterhaltsverpflichtung befreit zu werden, einen Antrag beim gesetzlichen Vertreter (also bei der Mutter oder im Falle des Bestehens einer Amtspflegschaft beim Jugendamt) stellen. Er sollte dann folgendes Schreiben an den gesetzlichen Vertreter schicken:

«Ich fordere Sie auf anzuerkennen, daß ich keine Regelunterhaltsverpflichtung nach § 1615 BGB habe, weil ich selbst vermögenslos bin. Als ehelicher Vater hätte ich in meinem Fall keine Unterhaltsverpflichtung (siehe § 1603 BGB).»

1 BGB § 1615 l.

Falls das Jugendamt als der gesetzliche Vertreter dem Antrag nicht stattgibt, muß der Vater beim Vormundschaftsgericht klagen. Eine Herabsetzung des Regelunterhaltes muß auch vorgenommen werden, wenn der Vater sich zur Bezahlung des Regelunterhaltes unterschriftlich verpflichtet hat.

Dies gilt allerdings mit einer Einschränkung: Wenn der Vater aus Unwissenheit die Regelunterhaltsverpflichtung unterschrieben hat, obwohl er von seinem Einkommen her gar nicht zum Regelunterhalt verpflichtet gewesen wäre, muß er innerhalb von drei Monaten nach seiner Unterschrift dagegen klagen[1]. Von der Regelunterhaltsverpflichtung muß er aber befreit werden, wenn sich sein Einkommen erst *nach* der Unterschrift verschlechtert hat.

Zu beachten ist dabei aber noch folgendes: um das Recht auf Herabsetzung nicht zu verlieren, muß der Herabsetzungsantrag innerhalb kurzer Zeit nach der Veränderung der Einkommensverhältnisse gestellt werden. Sonst ist das Recht auf Herabsetzung, wie die Juristen sagen, «verwirkt».

Wenn der Vater mit der Mutter zusammenlebt, muß er natürlich nicht extra Unterhalt bezahlen, sondern der Unterhalt ist dann durch das gemeinsame «Wirtschaften aus einem Topf» abgegolten. Die Mutter kann auch nicht später, sollten sich beide im Streit trennen, den Unterhalt für das Kind aus dieser Zeit nachfordern. Unterhalt für das Kind kann im übrigen sowieso nur ab dem Zeitpunkt gefordert werden, an dem er von der Mutter oder einem anderen gesetzlichen Vertreter geltend gemacht wird.[2]

Dies gilt allerdings nur unter der Voraussetzung, daß der Vater die Vaterschaft anerkannt hat. Solange die Vaterschaft nicht anerkannt wurde (z. B. wenn sie strittig ist), bleiben auch die Unterhaltsforderungen bestehen und können vom Zeitpunkt der Geburt ab eingefordert werden.[3] Dies trifft auch zu, wenn der Unterhalt vom Jugendamt bezahlt wurde.

1 ZPO § 642a und 643a
2 BGB § 1613.
3 BGB § 1615d.

8. Kann ein nichtehelicher Vater Erziehungsurlaub und Erziehungsgeld beanspruchen?

Die Antwort lautet (leider) nein. Das Bundeserziehungsgeldgesetz[1] bestimmt, daß nur Personen, die das Sorgerecht haben und mit ihrem Kind in einem Haushalt wohnen, Anspruch auf Erziehungsgeld haben. Da bei einem nichtehelichen Kind nur die Mutter sorgeberechtigt ist, ist der nichteheliche Vater vom Bezug von Erziehungsgeld ausgeschlossen.

Wenn er aber kein Erziehungsgeld erhalten kann, kann er nach dem Bundeserziehungsgeldgesetz[2] auch keinen Erziehungsurlaub beanspruchen. Hier ist nämlich ausdrücklich festgelegt, daß nur diejenigen, die Erziehungsgeld bekommen, auch Erziehungsurlaub in Anspruch nehmen können.

Es ist unverkennbar, daß hier das Bundeserziehungsgeldgesetz benutzt wird, um für unverheiratete Eltern einen Anreiz zum Heiraten zu schaffen. Einem Vater, der wegen dieser (dreisten) Benachteiligung 1987 eine Eingabe beim Petitionsausschuß des Bundestages machte[3], wurde lapidar beschieden, daß der Ausschuß «kein Erfordernis und keine Möglichkeit für eine Gesetzesänderung» sieht. Zur Begründung wurde angeführt, daß es Zielsetzung des Bundeserziehungsgeldgesetzes sei, «dem Kind in den ersten Monaten eine feste Bezugsperson zur Seite zu geben und eine dauerhafte familiäre Bindung zwischen dem Kind und der betreuenden Person zu ermöglichen. Die Erreichung dieses Ziels setzt eine gesicherte rechtliche Beziehung voraus, die alleine mit der Anknüpfung an die im Bürgerlichen Gesetzbuch geregelte Personensorge zu gewährleisten ist.»

Da haben wir es also wieder: der nichteheliche Vater als Drückeberger und verantwortungsunwilliger Kandidat. Wer nicht heiratet, ist auch nicht bereit, so wird unterstellt, eine dauerhafte Bindung und Beziehung einzugehen. Ein Beispiel mehr, wie hartnäckig bestimmte Kreise immer noch an der Diskriminierung des nichtehelichen Vaters festhalten.

Bedauerlich ist eine solche Haltung auch deswegen, weil gerade un-

1 BErzGG § 1 Abs. 2
2 BErzGG § 15 Abs. 1
3 Pet 3–11–15–851–4237

ter engagierten nichtehelichen Vätern die Bereitschaft zu einer gleichberechtigten Arbeitsaufteilung mit der Mutter besonders groß ist.

Der nichteheliche Vater könnte allerdings dem Gesetzgeber ein Schnippchen schlagen: wenn er sein Kind für ehelich erklärt, hat er das Sorgerecht und kann auch Erziehungsgeld und -urlaub beanspruchen[1].

9. Entrechtlichung oder Kampf ums Kind

Wie wir gesehen haben, wird der nichteheliche Vater durch die bestehende Rechtssituation in erheblichem Umfang diskriminiert und benachteiligt.

Wie kann dieser ungerechte Zustand verändert werden? Grundsätzlich sehe ich zwei Möglichkeiten:

Zum einen kann gefordert werden, den nichtehelichen Vater dem ehelichen rechtlich gleichzustellen. Das würde die Unterschiede zwischen nichtehelichen Lebensgemeinschaften und der Ehe weitgehend aufheben. Die zweite Möglichkeit besteht darin, nur das gemeinsame Sorgerecht für nichteheliche Paare zu verwirklichen und von weiteren Regelungen abzusehen, die auf eine Gleichstellung von Ehe und nichtehelicher Lebensgemeinschaft hinauslaufen.

Ich würde das letztere eindeutig präferieren, da diese Regelung die Entscheidung von Mann und Frau, nicht zu heiraten, respektiert und die Beziehung der Eltern miteinander und deren Beziehung zum Kind als etwas Getrenntes und Unterschiedliches betrachtet und behandelt.

Damit wäre gleichzeitig auch eine wichtige Bedingung für einen längst überfälligen Bewußtseinswandel im Umgang mit dem Sorgerecht im Falle einer Trennung der Eltern geschaffen. Wenn nämlich von vornherein klar ist, daß Eltern-Kind-Beziehung und Paarbeziehung rechtlich etwas Getrenntes sind, wird eine Einstellung gefördert, die beides nicht mehr miteinander verquickt. Sowohl Vater als auch Mutter haben jeweils eigenständige Beziehungen zum Kind, die als lebenslange Beziehungen begriffen und durch eine Trennung der Eltern nicht in Frage gestellt werden.

1 Beachte hierzu unbedingt das auf Seite 222 ff über das Für und Wider einer Ehelicherklärung Gesagte.

Eine solche Sichtweise stellt das Kind und dessen Bedürfnisse in den Vordergrund und begreift es nicht mehr länger als Besitz einer sorgeberechtigten Person. Ein Kampf ums Sorgerecht verbietet sich dann im Falle einer Trennung von selbst. Wenn keiner der Partner danach strebt, das Kind alleine zu besitzen, stehen beide Partner unter dem Zwang, gemeinsame Lösungen zu finden, die den Bedürfnissen des Kindes und ihren Beziehungen zum Kind möglichst optimal gerecht werden. Das gemeinsame Sorgerecht für nichteheliche Paare könnte so zu einem Modell auch der ehelichen Sorgerechtsregelung werden.

VIII. Auf dem Weg zu einer neuen Väterlichkeit

1. Gegen die Abschaffung der Väter

Wenn Väter nicht bereit sind, für ihre Kinder mehr als die Verantwortung für die finanzielle Versorgung zu übernehmen, erfüllen sie keine wichtige Funktion mehr. In der Funktion des Ernährers sind sie, wenn die Frauen von Männern nicht mehr ökonomisch abhängig sind, entbehrlich. Die Frage, wozu Väter überhaupt gebraucht werden, drängt sich auf. Sind Väter nicht eigentlich ohnehin überflüssig? Gibt es nicht genug Frauen, die ihre Kinder allein erziehen und dadurch unter Beweis stellen, daß es auch ohne Vater genauso gut, wenn nicht gar besser geht?

Ich meine: *Väter sind genauso unentbehrlich wie Mütter.* Aus der Tatsache der sozialen Funktionslosigkeit der alten Väter kann nicht geschlossen werden, daß Väter für die Entwicklung des Kindes überhaupt unwichtig wären. Kinder brauchen Väter. Deshalb dürfen die Väter nicht mehr länger abseits stehen. Die Abwesenheit der Väter muß ein Ende haben.

Unsere vaterlose Gesellschaft muß zu einer Gesellschaft werden, in der Väterlichkeit einen wichtigen Stellenwert einnimmt. Auch die Gesellschaft braucht *wirkliche* Väter.

«Ohne die Vaterrolle haben Männer kein Motiv mehr, sich der Gemeinschaft als verantwortungsbewußte Bürger anzuschließen, ihre Begabung konstruktiv für die Allgemeinheit einzusetzen, ihre Aggressionen um des Allgemeinwohls zu zügeln, etwas für die heranwachsende Generation zu tun.»[1]

Die Entwicklung einer neuen Väterlichkeit ist mit Sicherheit ein bedeutsames Moment, auf das in unserer Gesellschaft nicht verzichtet

1 Green, Maureen: Die Vaterrolle. Reinbek bei Hamburg 1977, S. 62.

werden kann. Ich habe vorher die These aufgestellt, daß Kinder Väter brauchen. Diese These muß begründet werden, da sie für sich allein nicht einsichtig ist.

Der seit der Jahrhundertwende immer größer werdende soziale Funktionsverlust der alten Väter hat sich auch im Bewußtsein von Männern und Frauen niedergeschlagen. Die Ansicht, daß in der frühkindlichen Entwicklung in den ersten ein bis drei Jahren nur die Mutter eine wichtige Rolle spielt und dem Vater «in dieser Zeit lediglich die Funktion der ökonomischen und sozialen Unterstützung der Mutter und gelegentlichen Mutterersatzes»[1] zukommt, ist auch heute noch weit verbreitet. Sie wird zudem durch die orthodoxe Psychoanalyse unterstützt, nach der der Vater im Leben des Kindes erst im Alter von drei bis vier Jahren im Zusammenhang mit dem Ödipuskomplex eine Rolle spielt.

In der neueren psychoanalytischen Literatur wird diese Theorie zwar dahingehend einer Korrektur unterzogen, daß der Vater auch in der sogenannten präödipalen Phase (also in der Zeit vor dem dritten bzw. vierten Lebensjahr) eine wichtige Rolle spielt.[2] Dennoch geistert sie auch nach wie vor in den Köpfen vieler Männer und Frauen herum, auch wenn diese die überkommenen Vater- und Mutterrollen umgestalten wollen. Die tätige, sorgende Anwesenheit ist für die Entwicklung des Kindes vom ersten Tag an jedoch von großer Bedeutung. Z. B. fremdeln Kinder, deren Vater von Anfang an an der Pflege beteiligt war, meist weniger und kommen schon zu einem frühen Zeitpunkt mit dem vorübergehenden Weggang der Mutter viel besser klar und reagieren nicht so ängstlich:

«Wenn beide Eltern sich intensiv dem Neugeborenen zuwenden, verteilen sich nicht nur die Lasten, das Kind kommt so auch mit mehr Personen zusammen und gewöhnt sich leichter an fremde Gesichter.»[3]

Wenn sich der Vater in der Betreuung des Kindes wie die Mutter engagiert, gewinnt das Kind neben der Mutter einen zusätzlichen Be-

---

1 Fthenakis, Wassilios E. / Merz, Hannelore: Schon das Kleinkind braucht den Vater. In: Bild der Wissenschaft 5/1978, S. 93.
2 Vgl. hierzu beispielsweise Rotmann, Michael: Über die Bedeutung des Vaters in der «Wiederannäherungs-Phase». In: Psyche 32/1978 S. 1105–1147.
3 Parke, Ross D. / Sawin, Douglas B.: Kinder brauchen Männer. In: Psychologie heute 4/1978, S. 25.

ziehungspartner. Dies ist vor allem in Hinblick auf die symbiotische
Beziehung von Mutter und Kind, die durch das Stillen entsteht, von
besonderer Wichtigkeit. Sowohl die Mutter als auch das Kind müssen
sich nach und nach – mit zunehmendem Alter des Kindes – aus dieser
symbiotischen Beziehung herauslösen. Sonst besteht die Gefahr, wie
die psychoanalytische Theorie aufweist, daß das Kind in einer lebens-
langen Abhängigkeit von der Mutter bleibt. Dieser Prozeß der Ablösung von der Mutter setzt unter normalen Voraussetzungen schon früh
ein. Die Gefahr, daß das mißlingt, ist sehr viel größer, wenn der Vater
ständig abwesend ist. Natürlich spielt dabei auch die Persönlichkeit
und Lebenssituation der Mutter (materielle Probleme, Diskriminierungen alleinstehender Mütter usw.) eine Rolle.

Ein Junge braucht den Vater mehr als ein Mädchen. Der Psychoana-
lytiker Lukas Moeller führt in einem Nachwort zu dem Buch ‹Mütter
und Söhne› aus, daß die mißlungene Ablösung des Sohnes von der
Mutter in unserer vaterlosen Gesellschaft schon beinahe die Regel
geworden ist. Dies erklärt er damit, daß die Mutter in der Kleinfamilie
isoliert, selbst auch unter der Abwesenheit des Vaters leidet und ihr
deshalb nichts anderes übrig bleibt, als den Sohn zu ihrem Ersatzbezie-
hungspartner zu machen. Dies alles trifft natürlich auch auf Mädchen
zu. Der entscheidende Unterschied ist aber der, daß sich das Mädchen
mit der Mutter, so wie sie ist, ohne weiteres identifizieren kann. Für den
Jungen dagegen führt die starke Bindung an die Mutter zu einer tiefen
Verunsicherung in seiner Geschlechtsrolle, und seine späteren Beziehungen zu Frauen geraten unter einen Wiederholungszwang der Mut-
ter-Sohn-Beziehung.[1]

Die Identifikation des Jungen mit der Mutter kann aber auch deshalb
verhängnisvoll sein, weil der Junge dabei gleichzeitig mit dem schwierigen und widersprüchlichen Verhältnis vieler Frauen zu Männern konfrontiert wird. Dies kann leicht dazu führen, daß ein Junge in seiner
Rolle kein Selbstbewußtsein entwickeln und sich als Mann nicht selbst
akzeptieren kann. Denn die Mutter wird unter Umständen gegen alle
von ihr als typisch männlich wahrgenommenen Verhaltensweisen ankämpfen, die sich bei ihrem Sohn zeigen. Männerspezifisches Erleben
wird dabei nur allzuleicht in seiner Eigenständigkeit verkannt.

1 Moeller, Michel Lukas, Männermatriarchat. In: Franck, Barbara, Mütter
und Söhne. Hamburg 1981, S. 224–226.

Hinzu kommt, daß die ausschließliche Abhängigkeit des Sohnes von der Mutter und die damit zwangsläufig auch verknüpften Enttäuschungen ein tiefgehend ambivalentes Gefühl zu Frauen und zur Emotionalität im allgemeinen hervorbringen können. Da keine Mutter die Nähe zu ihrem Kind absolut durchhalten kann, sondern ab und zu – für das Kind unbegründet und uneinsehbar – offen oder versteckt aggressiv und ablehnend reagieren wird, wird der Junge Emotionalität leicht als etwas Bedrohliches kennenlernen. Dem für ihn nicht nachvollziehbaren Wechselbad von Umarmen und Wegstoßen ist er so hilflos und ohne Alternative ausgeliefert, daß er auch später der Emotionalität seiner weiblichen Beziehungspartner nur mit Mißtrauen und Angst begegnen kann.

Da das Mädchen sich mit der Mutter ohne Probleme identifizieren kann, wird sie auch die scheinbar unberechenbare Emotionalität der Mutter nicht so sehr bedrohen, weil sie sich eher durch die Vorstellung schützen kann, später auch so wie die Mutter zu werden und die gleiche Macht zu besitzen. Außerdem verknüpft sich bei ihr die erfahrene Aggressivität und Zurückweisung nicht mit der Ablehnung ihres geschlechtsspezifischen Erlebens und Fühlens, wie das beim Jungen sehr leicht der Fall sein kann.

Die Tatsache, daß der abwesende oder gar nicht vorhandene Vater kein mögliches Identifikationsobjekt darstellt, hat auch zur Folge, daß der Sohn kein Vorbild für die eigene Väterlichkeit mehr hat. Vater-Sein erscheint ihm nicht mehr erstrebenswert. Entweder lehnen solche Söhne die Vaterrolle ganz generell ab, oder sie reproduzieren ihrerseits das Rollenvorbild des abwesenden Vaters.[1] «Wenn der Vater weggeht, gibt es niemandem, der dem Sohn zeigt, welche Belastung und welche Befriedigung die Vaterschaft bedeutet.»[2] Die so aufgewachsenen Söhne werden sich als Väter schwertun. In ihrer Vaterrolle werden sie unsicher sein, weil sie auf kein überkommenes Vorbild zurückgreifen können.

Obwohl das Mädchen mit der Vaterabwesenheit leichter zurechtkommt als der Junge, ist sie ein Problem bei der Ablösung von der Mutter und der Entwicklung eines eigenen autonomen Ichs. Die Publizistin Signe Hammer hat in dem Buch ‹Töchter und Mütter› an vielen

1 Vergl. hierzu etwa Münkel, Wilma, a. a. O., S. 87ff.
2 Green, Maureen, a. a. O., S. 62.

Beispielen aufgezeigt, daß es auch Mädchen schwerfällt, eine persönliche und sexuelle Identität zu entwickeln, wenn ihnen der Ablösungsprozeß von der Mutter nicht gelingt:

«Ob die sexuelle Identität eines Mädchens gestärkt wird, hängt davon ab, inwieweit sie das Gefühl hat, über ihren Körper verfügen zu können und ihn als Teil von sich begreift. Danach erst kann sie ihren Körper als speziell weiblichen Körper erkennen lernen, im Unterschied zum männlichen Körper, und eben darin besteht der Prozeß der Differenzierung.»[1]

Bei diesem Prozeß der Differenzierung ist die Anwesenheit und die emotionale Beziehung des Mädchens zum Vater mit Sicherheit nicht ohne Bedeutung. Außerdem ist die Beziehung zum Vater für das Mädchen eine Möglichkeit, um mit dem männlichen Geschlecht vertraut zu werden. Wenn der Vater seine Männerrolle nicht in traditioneller Weise ausfüllt, muß dies auch nicht zwangsläufig bedeuten, daß die «Töchter ... infantilisiert, künstlich kindisch ... männergirrende Weibchen»[2] werden. Vielmehr ist denkbar, daß gerade der Vater seine Tochter darin unterstützen und ermutigen kann, selbstbewußt und sicher gegenüber Männern zu werden und sich nicht von Männern abhängig zu machen.

Die Bedeutungslosigkeit der Väter hat auch tiefgreifende *gesellschaftliche* Auswirkungen. Wenn Männer aus der Verantwortung für Kinder immer mehr entlassen werden und Frauen die nahezu ausschließliche Verantwortung entweder freiwillig und bewußt oder gezwungenermaßen übernehmen, werden sich Männer immer weniger für *das Leben und seine Erhaltung* verantwortlich fühlen. Dadurch, daß Männer nicht gebären können, haben sie von der Natur her einen sehr viel weiteren Abstand zu der Entstehung und Erhaltung von Leben. Damit sie ihre Fähigkeiten nicht destruktiv *gegen das Leben* und seine Erhaltung einsetzen, müssen sie möglichst weitgehend in die Prozesse des Hegens und Pflegens von neuem Leben einbezogen werden.

«Je freier die Männer ihren positiven Wunsch, Leben hervorzubringen, anerkennen und ihren Beitrag dazu betonen dürfen, desto weni-

1 Hammer, Signe: Töchter und Mütter. Über die Schwierigkeiten einer Beziehung. Frankfurt am Main 1978, S. 65.
2 Siebenschön, Leona, a. a. O., S. 216.

ger werden sie es für nötig erachten, ihre Macht durch destruktive Erfindungen zu sichern.»[1]

Ein wichtiger Weg, wieder ein anderes, unmittelbareres Verhältnis zum Leben und seiner Erhaltung zu bekommen, führt über das Kind. Das Kind ist eine entscheidende Chance für die Veränderung des Mannes. Damit das Kind den Mann verändern kann, muß er aber mit dem Kind in eine intensive Beziehung treten.

Väter sind unentbehrlich! Je mehr sich der Vater in die Beziehung zum Kind emotional einbringt und je mehr konkrete Verantwortung für die Betreuung des Kindes übernimmt, um so wichtiger wird er als Beziehungsperson für das Kind. Der Mythos der frühen Mutter-Kind-Beziehung zeigt sich dabei als das, was er ist: er ist das Produkt einer bestimmten historisch-gesellschaftlichen Verteilung der Verantwortlichkeiten in bezug auf das Kind.

Wenn ich auch die Unentbehrlichkeit der Väter so sehr hervorhebe, möchte ich damit keinesfalls behaupten, daß für die gelungene Persönlichkeitsentwicklung des Kindes immer und in jedem Fall ein Vater *erforderlich* ist. Ich kann mir durchaus vorstellen, daß bei einer Mutter, die sich bewußt für ein Kind entschieden und ein klares Selbstbewußtsein als Frau entwickelt hat und die auch ökonomisch und beruflich auf eigenen Füßen steht, der Verselbständigungs- und Ablösungsprozeß des Kindes auch ohne Vater gut gelingen kann. Vaterlosigkeit alleine muß nämlich nicht zwangsläufig zu mißlungener Verselbständigung des Kindes führen.

«Das Wichtigste . . . ist die Persönlichkeit der Mutter. Entwickelt sie Einsicht in die eigene Gefühlswelt und übt eine Kontrolle über die eigenen Affekte aus, so daß keine Unterdrückung der Persönlichkeitsentwicklung beim Kind entsteht, wird es kein Opfer seiner Mutter werden.»[2]

Hinzu kommt, daß es in der Umgebung des Kindes noch andere Vatervorbilder geben kann und nicht in jedem Falle der biologische Vater das männliche Identifikationsobjekt für das Kind sein muß. Durch das Leben in einer Wohngemeinschaft mit anderen Männern

1 Bettelheim, Bruno: Die symbolischen Wunden. Pubertätsriten und der Neid des Mannes. Frankfurt am Main 1982, S. 203.
2 Sebald, Hans / Krauth, Christine: Ich will ja nur Dein Bestes. Fehlentwicklung durch Mutteregoismus. Wien / Düsseldorf 1981, S. 81.

oder gar Vätern kann Vaterlosigkeit beispielsweise durchaus kompensiert werden. Allerdings wechseln in einer Wohngemeinschaft die männlichen Beziehungspartner manchmal zu schnell, als daß das Kind zu ihnen eine wirkliche Beziehung aufbauen könnte.

Wirkliche Vaterschaft bedeutet, sich mit seiner ganzen Existenz auf ein Kind einzulassen. Hierzu sind in aller Regel – trotz vieler gegenteiliger Beispiele – bisher noch immer die biologischen Väter am ehesten bereit.

2. Schritte zur Emanzipation der Väter – Bericht über «Eltern für aktive Vaterschaft» (EFAV e. V.)

Wenn die Entwicklung einer neuen Väterlichkeit nicht nur auf einen kleinen Kreis von Vätern beschränkt bleiben, sondern ein wichtiges Moment der Veränderung unserer Gesellschaft werden soll, dann müssen in der Gesellschaft Bedingungen geschaffen werden, die dies ermöglichen. Die neuen Väter dürfen sich also nicht darauf beschränken, ihre eigene Veränderung voranzutreiben, obwohl dies ein unverzichtbarer Schritt ist, sondern sie müssen sich daranmachen, in der Gesellschaft gegen all das anzugehen, was eine neue Väterlichkeit verhindert.

Bisher ist solches Engagement von Vätern allerdings noch kaum zu beobachten. Wo Väter sich bisher in Vätergruppen zusammengeschlossen haben, ging es meist um den Kampf gegen väterfeindliche Umgangs- und Sorgerechtsregelungen oder unzumutbare (?) Unterhaltsansprüche. Oder die Väter beschränkten sich auf das gemeinsame Gespräch über das Erleben und die Probleme des eigenen Vaterwerdens oder Vaterseins. Die politische Dimension des Vaterseins ist noch kaum ins Blickfeld geraten. Daß die neue Väterlichkeit Wesentliches zu einer menschlicheren Gesellschaft beitragen kann, ist noch nicht begriffen worden. Eine der wenigen Initiativgruppen, die bisher durch Aktionen für bewußte Vaterschaft in der Öffentlichkeit in Erscheinung getreten ist, ist die Initiative «Eltern für aktive Vaterschaft» (EFAV e. V.). Sie entstand 1984 als Zusammenschluß der Berliner Väterinitiative und von Elterngruppen in der Bundesrepublik und ist als Bundesverband organisiert.

Ihre Entstehung verdankt sie hauptsächlich dem Engagement eines einzelnen Vaters, der auch heute noch ein wichtiger Motor dieser Initiative ist. In der EFAV e. V. sind beide Elternteile als Mitglieder gewünscht. Nach außen wird der Verband jeweils von zwei Vätern und zwei Müttern vertreten. Es handelt sich also um keine allein auf Väter beschränkte Organisation. Die aktiven Mitglieder kommen fast alle aus der Mittelschicht. Der Verband finanziert sich zur Zeit ausschließlich über Mitgliedsbeiträge.

Die folgende Selbstdarstellung kann einen ersten Eindruck vermitteln, welche Ziele sich diese Organisation gesetzt hat.

Was ist die EFAV?

Die Eltern für aktive Vaterschaft ist ein Zusammenschluß von Elterngruppen aus der Bundesrepublik Deutschland, die sich im Erfahrungsaustausch mit Juristen, Psychologen und Politikern einerseits und mit Müttern und Vätern andererseits um eine Verbesserung der Situation von Kindern bemüht. Um dieses Ziel zu erreichen, ist es wichtig, das Engagement des Vaters für das Kind zu stärken *und* die Benachteiligung der Frau und Mutter in Beruf und Gesellschaft abbauen zu helfen.

Da der Anspruch der Frau auf gleiche berufliche Ausbildung, Entwicklung und Förderung noch immer nicht erfüllt ist, besteht für den Vater um so mehr die anteilige Verpflichtung in der Betreuung von Kind und Haushalt. Die finanzielle Sicherheit und Geborgenheit eines Kindes in der Familie werden gestärkt, wenn beide Eltern einer Erwerbstätigkeit nachgehen und sich die familiären Aufgaben gleichverantwortlich teilen. Das häufig anzutreffende Vorurteil, Väter können Kinder und Haushalt nicht so gut betreuen wie Mütter, stimmt in der Verallgemeinerung ebensowenig, wie aus der Berufssituation der Frau abgeleitet werden kann, Frauen könnten im Beruf nicht genauso erfolgreich sein wie Männer. In beiden Fällen kommt es darauf an, daß sich die Partner gegenseitig helfen und nicht einander «Zuständigkeiten» zuweisen.

Diese Aufforderung an Väter und Mütter gilt gleichzeitig auch für

die Politiker und alle Institutionen, die mit Familie und Kindern be-
schäftigt sind, damit die Voraussetzungen für die Übernahme gleicher
Verantwortung von Mann und Frau in der Familie hergestellt werden.
Adresse: Eltern für aktive Vaterschaft
        (EFAV e. V.)
        Bundesverband
        Postfach 1136
        D-2989 Westerholt

Um die Übernahme gleicher Verantwortung von Mann und Frau in
der Familie möglich zu machen, hat die EFAV eine Reihe von Forderungen aufgestellt, u. a. eine Reihe von Gesetzesänderungen, um die
gleiche Verteilung von Rechten und Pflichten in der Ehe zu gewährleisten. Hier ist vor allem die Forderung nach der Novellierung des
§ 1356 BGB zu nennen. Entgegen der bisherigen Regelung sollen die
Rechte und Pflichten in der Ehe zwischen beiden Partnern *gleich ver-
teilt* werden. Auch das Nichtehelichenrecht soll novelliert werden.
Das nichteheliche Kind soll nicht mehr ausschließlich unter der elterlichen Sorge der Mutter stehen, weil dies «die Planung der elterlichen
Verantwortung unter persönlichem Ausschluß des Vaters für die Mutter kalkulierbar» macht. Weiterhin wird gefordert, «vermehrt *Teil-
zeitstellen* – auch für Männer – einzurichten» und einen *Elternschafts-
urlaub* für Vater und Mutter zur Vorbereitung auf die Geburt und in
der Zeit danach möglich zu machen. Auch hinsichtlich der *Rentenan-
sprüche* sollen Mann und Frau absolut gleichberechtigt sein.
  Um auf ihre Arbeit aufmerksam zu machen und im Sinne ihrer Forderungen auf die Öffentlichkeit einzuwirken, hat die EFAV in den
letzten Jahren zahlreiche Aktivitäten unternommen.
  Seit 1984 gibt sie außerdem die Zeitschrift «Kind und Vater» heraus. Diese Zeitschrift enthält neben den neuesten Informationen zum
Thema aktive Vaterschaft auch Berichte von Eltern, die eine gleichberechtigte Arbeitsteilung praktizieren. Auch die Probleme nichtehelicher Lebensgemeinschaften und die Veränderungen im Nichtehelichenrecht werden regelmäßig aufgegriffen.
  Da mich der Verband und seine Arbeit näher interessierten und ich
der Meinung bin, daß andere Vätergruppen und Väter etwas aus dieser
Arbeit lernen können, führte ich mit dem Initiator Klaus E. Anders

(49 Jahre; Diplom-Ingenieur; verheiratet und aktiver Vater) ein Gespräch:

Welches ist Ihre persönliche Motivation für Ihr Engagement?
Als Kind habe ich in meiner Umwelt schon sehr früh erleben können, wie angenehm es war, daß ich zu Hause auch weinen durfte, ohne als Junge besonders zur Härte ermahnt zu werden. Meine Mutter fand es richtig, daß ich auch als Junge mal «wie aus dem Ei gepellt» angezogen war, daß ich schon als Kind in der Küche Kuchen backen durfte, und ich beim Saubermachen regelmäßig helfen mußte. Mir hat diese Selbständigkeit sehr genützt, denn ich habe während meiner Ausbildung mehrere Jahre eigenständig einen Haushalt geführt. Ich glaube, daß diese Erfahrungen zusammen mit der späteren Erkenntnis, daß vorlebende Erziehung für Jungen wie Mädchen am nachhaltigsten ist, meine persönliche Motivation für die Initiative sind.

Es war doch für Ihre Männer- bzw. Vatergeneration sehr untypisch, einen Anspruch auf gleiche Arbeitsaufteilung zu formulieren. Gab es da nicht auch Konflikte?
Ja, die gab es, und die gibt es auch noch heute. Aber es wäre falsch, wenn Sie den Eindruck aufgenommen haben, ich sei ein «weibischer» Junge gewesen. Bei allen diesen Eigenarten war ich auch noch ein ziemlich frecher «Lausbub», denn ich habe im Berliner Kiez den Großteil meiner Kindheit verbracht. Konflikte mit meinem Anspruch habe ich in meiner eigenen Familie bekommen. Denn gleichermaßen wie ich es selbstverständlich finde, daß ein Mann und Vater sich im Haushalt und in der Kindererziehung engagiert, für so selbstverständlich halte ich auch für die Frau und Mutter das Engagement im Erwerbsleben; allerdings nicht so, daß beide Eltern vollerwerbstätig sind und dann die Kinder in Fremdbetreuung gegeben werden müssen. Denn das ist für die Kinder bestimmt auch nicht gut. Anteilige Arbeitsteilung bietet den notwendigen Kompromiß zwischen den verschiedenen Verantwortungsbereichen. Mit dem neuen Familienrecht hatte ich eigentlich gehofft, daß dies auch gesetzlich so festgelegt wird. Statt dessen wurde in den betreffenden § 1356 BGB eine unverbindliche Formulierung aufgenommen, nach der die Eheleute die familiären Pflichten im «Einvernehmen» teilen. Gegen diese Leerformel habe ich mich gewandt und 1978 eine Verfassungsbeschwerde

eingelegt. Ich wollte, daß gesetzlich festgelegt werden muß, daß beide
Ehepartner verpflichtet sind, sozial selbständig zu sein. Aber die
Richter in Karlsruhe haben den Antrag abgelehnt. Dies war eigent-
lich die erste nach außen gerichtete Handlung der Initiative.

Wie ist das mit eurer Arbeit dann weitergegangen?
Zu diesem Zeitpunkt bestand die Initiative im wesentlichen aus drei
Vätern. Wir waren alle drei irgendwie betroffen, daß wir als Väter
allgemein oder auch im speziellen Familienkonflikt nicht den Zugang
zu Kindern hatten, den wir uns eigentlich wünschten. Ich habe die
Meinung vertreten, daß eine solche Initiative überparteilich sein
muß. Damals hatten wir noch im Verband alleinstehender Mütter und
Väter mitgearbeitet. Dieser Verband besteht zu 85 % aus Müttern.
Dementsprechend gab es in kontroversen Situationen meist keine
Möglichkeit, daß man sich durchsetzen konnte. Ich habe dann versucht, in diesen Verband eine Satzungsänderung einzubringen. Die
Forderung war, daß, wenn Aussagen nach außen gebracht werden
und diese geschlechtsspezifische Wirkungen haben, ein Minderhei-
tenvotum mitveröffentlicht wird; damit die Vätermeinung nicht von
vornherein unter den Tisch fällt. Wegen der Frage, ob wir Väter uns
an eine bestimmte politische Partei besonders wenden sollten oder
nicht, ist dann unser Gründungsdreigespann auseinandergegangen.
Zu diesem Zeitpunkt kamen andere Väter und Mütter hinzu. Der
Kontakt mit anderen Elterngruppen über Seminare, die Fotowanderausstellung zum Thema «Kind und Vater» und weitere Veranstaltungen führte dann schließlich 1984 zur Gründung des Bundesverbandes
«Initiative für aktive Vaterschaft», der 1987 in «Eltern für aktive Vaterschaft» umbenannt wurde.

Wie erreicht ihr überhaupt Väter? Ist es schwierig, Väter zu erreichen?
Es ist so, daß wir den Eindruck haben, von den Medien geschnitten zu
werden. Wenn wir irgend etwas zur Veröffentlichung einreichen,
dann wird dies oft als zu exotisch abgelehnt oder ein anderer Grund
wird angegeben. Wir vermuten, daß dieses Thema den Entschei-
dungsträger in den Redaktionen irgendwie nicht in den Kram paßt.
Einfach, weil dort eine Position vorherrscht, die mit unseren Forderungen unverträglich ist. Das verhält sich in den Frauenredaktionen
genauso wie in den Männerredaktionen, wenn einmal so unterschie-

den wird. Manche Redakteure/innen haben vielleicht auch Aversionen oder Ängste, wenn sie «Väterinitiative» hören. Das klingt so kämpferisch, obwohl wir unsere Aktivitäten mehr für als gegen etwas einsetzen. Um das noch deutlicher zu machen, haben wir uns dann ja 1987 auch in EFAV umbenannt. Um trotz der Widerstände an die Öffentlichkeit zu kommen, haben wir unsere Materialiensammlungen selbst verlegt. Diese Hefte können bei uns bestellt werden. Daneben haben wir auch noch unsere Fotowanderausstellung «Kind und Vater», die seit 1980 in verschiedenen Städten der Bundesrepublik zu sehen ist. Dabei ergeben sich eine Fülle von Kontakten sowohl mit Vätern und Müttern als auch mit anderen Interessierten.

Wie reagieren eigentlich Väter auf die Väterinitiative?
Auch das ist sehr unterschiedlich. Viele glauben wirklich: «Kinderkram ist Frauensache.» Besonders wenn es um sogenannte Karrieremänner geht, die meist nur deshalb Karriere machen können, weil eine Frau da ist, die den häuslichen Kleinkram erledigt. Wehe aber, wenn diese Frauen dann in der Mitte ihres Lebens sich die Frage stellen, wofür sie noch leben, wenn die Kinder aus dem Haushalt gehen, wenn der Mann von den Ansprüchen der Karriere auch abendlich verplant ist, wenn sie erkennen, daß Geld beruhigt, aber nicht befriedigt. Wir haben auch einige Fördermitglieder, die mit einer solchen Lebensweise bittere Erfahrungen gemacht haben. Wir wünschen es uns, daß wir mit unserer Arbeit solche Familienkonflikte vermeiden helfen, denn selten sind die Kinder schon so groß, daß sie auf die persönliche Betreuung beider Eltern verzichten können. Da sie dann meist vom Vater getrennt werden, heißt unser Leitmotiv «JEDES KIND BRAUCHT AUCH DEN VATER». Und dieses Motiv gilt nicht erst dann, wenn der Familienkonflikt da ist!

3. Perspektiven einer neuen Väterlichkeit

Im Zuge der krisenhaften wirtschaftlichen Entwicklung werden in Zukunft bei steigender Arbeitslosigkeit immer mehr Frauen zu ihrer traditionellen Aufgabe von Heim und Herd zurückkehren. Dies muß aber kein zwangsläufiger gesellschaftlicher Prozeß sein. Die gesellschaftliche Entwicklung könnte vielmehr entscheidend davon beeinflußt werden, welches politische und gesellschaftliche Bewußtsein Mann und Frau in dieser Situation entwickeln. Es ist nämlich durchaus auch eine Entwicklung denkbar, die zu einer gleichen Verteilung der vorhandenen Arbeit auf Mann und Frau führt. Wenn Mann und Frau ein klares Bewußtsein ihrer objektiven gesellschaftlichen Lage entwickeln und gemeinsam für eine gleiche Verteilung der vorhandenen Arbeit kämpfen, ist in der derzeitigen Situation Teilzeitarbeit für Mann und Frau vielleicht besser durchsetzbar als in den siebziger Jahren.

Der Entwicklung einer neuen Väterlichkeit kommt – so gesehen – im Kampf für die Gleichberechtigung der Frau heute eine ganz entscheidende Bedeutung zu. Dies setzt aber voraus, daß Männer wirklich ein neues Vaterbewußtsein entwickeln. Dies schließt die Bereitschaft zu einer Veränderung der traditionellen Männerrolle ein. Wie eine neue, positiv veränderte Männlichkeit auszusehen hätte, ist bisher nur in Ansätzen erkennbar. Die bisherige Veränderung von Männlichkeit ist zu einem großen Teil negativ bestimmt. Männern ist es seit der Infragestellung durch die Frauenbewegung nur ansatzweise gelungen, ein eigenes positives Leitbild zu entwickeln. Bei vielen Männern blieb es bisher bei der durch die Forderungen von Frauen hervorgerufenen Verunsicherung. Männlichkeit wird dabei nur negativ, durch die «Verbote» bestimmter Gefühle und bestimmter Denk- und Verhaltensweisen durch die Frauenbewegung definiert. Während es Frauen gelungen ist, weibliche Eigenschaften und Fähigkeiten aufzuwerten und sich bestimmte, bis dahin ausschließlich männliche Eigenschaften und Fähigkeiten anzueignen und daraus ein neues Leitbild von Weiblichkeit zu entwickeln, ist bei Männern Vergleichbares noch nicht zu beobachten. Ein neues Bild von Männlichkeit, wie es sich in Ansätzen herausgebildet hat, beinhaltet ein neues männliches Selbstbewußtsein, das den alten Chauvinismus weitgehend hinter sich gelassen hat und eine positive Bewertung weiblicher Eigenschaften und Fähigkeiten umfaßt. Wenn ein solches, neues Bild von Männlichkeit sich weiter durchsetzt, wäre dies ein großer Schritt in Richtung auf die neue Väterlichkeit.

Wenn die Vaterrolle sich verändern soll, dann muß sich auch die Mutterrolle verändern. Dies ist ein schwieriger Punkt, wo nur allzu leicht Aggressionen, Wut und gegenseitige Mißverständnisse aufkommen und die Frauen sich in eine Abwehrstellung gedrängt sehen. Frauen begegnen Männern mit einem gewiß berechtigten Mißtrauen, wenn es um die konkrete Veränderung von Männerverhalten geht. Wenn Männer als Väter gleiche Rechte und eine Veränderung der Mutterrolle fordern, wird dies von Frauen häufig gleichzeitig als ein Angriff auf die letzte, bisher von Männerherrschaft freie «Bastion» erlebt.

Tatsächlich bedeutet eine neue Väterlichkeit das Ende der Vormacht der Mütter. Gleichzeitig aber bekommen Frauen mehr Macht in anderen gesellschaftlichen Bereichen außerhalb der Familie. Die Entlastung durch den Vater in der Kinderarbeit befreit sie gleichzeitig von dem Zwang, ihre Identität und ihr Selbstbewußtsein allein aus dem Dasein als Hausfrau und Mutter zu gewinnen.

Es wird nicht mehr länger selbstverständlich sein, daß Frauen ein «Vorrecht» auf das Kind geltend machen. Viele Mütter, auch wenn sie der Frauenbewegung nahestehen, betrachten das Kind als *ihren Besitz*. Das drückt sich z. B. darin aus, daß sie im Falle einer Trennung ganz selbstverständlich davon ausgehen, daß das Kind bei ihnen bleibt.

Aus Berichten von Männern in Vätergruppen weiß ich, daß Frauen selbst in Fällen, wo der Vater als Hausmann das Kind hauptsächlich betreut, davon ausgehen, daß das Kind im Falle einer Trennung bei ihnen bleibt. Das Bewußtsein von Frauen, daß das Kind ihr Besitz ist, entspricht aber nicht mehr der neuen Vater-Mutter-Kind-Beziehung. Leider müssen viele Väter bei einer Trennung immer wieder die Erfahrung machen, daß Frauen das Sorgerecht gegen den Mann ausspielen und das Ausmaß des Kontaktes, den das Kind zum Vater hat, bestimmen wollen. Frauen müssen lernen, sich wirklich vom Kind abzunabeln und es als eine eigenständige Person zu akzeptieren, das auch zum Vater eine eigenständige Beziehung hat, die von dem Verhältnis von Mutter und Vater zueinander unabhängig ist.

Da Frauen im Falle der Gleichberechtigung des Vaters ihre Vormacht als Mütter verlieren und dem Mann Zugang zu dem einzigen bisher nur von Frauen beherrschten Bereich gewähren, ist Mißtrauen gegenüber männlichem Dominanzstreben angebracht. Die Befürchtung, daß die männliche Hinwendung zum Kind und seine intensive Anteilnahme an Schwangerschaft und Geburt sozusagen der letzte Schritt auf dem Weg von Männern ist, sich alle Lebensbereiche anzueignen, kann nur dann ausgeräumt werden, wenn Männer sich wirklich

aus ihren Rollenzwängen befreit haben und die neue Väterlichkeit ihr
Denken, Fühlen und Handeln bestimmt.

Vatersein ist nicht identisch mit Muttersein. Der Vater ist nicht einfach eine männliche Mutter. Die Beziehung der Mutter zum Kind ist in
vielerlei Hinsicht davon geprägt, daß sie das Kind geboren hat. Ihre
Beziehung zum Kind ist deswegen ein Prozeß der schrittweisen psychischen Abnabelung. Die Beziehung des Vaters zum Kind hat eine Na-

belschnur nie gekannt. Er kann deshalb das Kind leichter als die Mutter in seinem Autonomiestreben unterstützen.

Es gibt viele Gründe für die Annahme, daß eine neue Väterlichkeit nicht ohne tiefgreifende Auswirkungen für die Persönlichkeitsbildung eines Kindes bleibt. Man kann annehmen, daß ein Kind unter solchen Bedingungen zu einer stabileren und autonomeren Persönlichkeit heranwächst und daß es als Erwachsener in Mann-Frau-Beziehungen besser und angstfreier mit dem Problem von Nähe und Distanz umgehen kann. Das kann ein wichtiger Schritt hin auf eine menschlichere Gesellschaft sein.

IX. Literatur für Väter

Hier sind Bücher zusammengestellt, die für Väter zur Vorbereitung auf die Geburt und die Zeit danach geeignet sind.

Bücher, die hauptsächlich von Männern geschrieben wurden und die sich speziell mit der Situation oder dem Erleben von Vätern aus männlicher Sicht befassen, sind in der Liste mit * gekennzeichnet.

Verschiedenen Titeln habe ich außerdem noch Kurzkommentare angefügt, um eine bessere Übersicht zu ermöglichen und eine Auswahl zu erleichtern.

Blume, Angelika: Andere Umstände. Eine Orientierungshilfe für Vorsorge, Geburtsvorbereitung und Geburt. Reinbek 1989

Dieses Buch ist das informativste Buch über die medizinische Seite der Geburt, das ich kenne. Es enthält außerdem einen kompletten Geburtsvorbereitungskursus, in dem auch für Väter einiges Wissenswerte drinsteht.

* **Bonorden, Heinz:** Mann wird Vater. München 1989.

Der Autor ist selbst Vater von zwei Töchtern. Er beschäftigt sich ausgiebig und spannend geschrieben mit den heutigen Vorstellungen von Väterlichkeit.

Bullinger, Hermann: Wenn Paare Eltern werden. Die Beziehung zwischen Frau und Mann nach der Geburt ihres Kindes. Reinbek 1986.

Busch, Gabriele / Hess-Diebäcker, Doris / Stein-Hilbers, Marlene: Den Männern die Hälfte der Familie – den Frauen mehr Chancen im Beruf. Weinheim 1988.

Diese wissenschaftliche Untersuchung beschreibt anhand von Auswertungen und Interviews mit Männern und Frauen die Lebensrealität von Paaren, die das Modell der geteilten Elternschaft leben.

Chesler, Phyllis: Mutter werden. Die Geschichte einer Verwandlung. Reinbek 1980.

Ein außerordentlich lesenswertes Buch. Obwohl es überwiegend vom Erleben des Mutterwerdens und -seins handelt, kommt auch der Vater ausgiebig darin vor. Das Buch kann auch Vätern einen ersten Eindruck davon vermitteln, was es für Frau und Mann tatsächlich bedeutet, ein Kind zu bekommen.

* **Dunde, Siegfried Rudolf (Hg.):** Neue Väterlichkeit. Von Möglichkeiten und Unmöglichkeiten des Mannes. Gütersloh 1986.

Bekannte Autoren tummeln sich in diesem Buch neben unbekannteren. Am interessantesten und provozierendsten ist der Artikel von Jörg Bopp über die «Abschaffung der Vaterrolle».

Franck, Barbara: Mütter und Söhne. Gesprächsprotokolle mit Männern, Hamburg 1981.

Obwohl das Buch von einer Frau herausgegeben wurde, vermittelt es einen guten Eindruck davon, wie wichtig und unentbehrlich Väter sind. Nach der Lektüre werden alle die Väter ein schlechtes Gewissen bekommen, die sich zuwenig um ihre Kinder kümmern.

* **Gerspach, Manfred/Hafeneger, Benno (Hg.):** Das Väterbuch, Frankfurt/Main 1982.

Das Buch enthält zahlreiche Aufsätze von Vätern. Es ist das erste Buch über das Vatersein, das nur von Vätern geschrieben wurde. Deshalb sehr empfehlenswert, auch wenn es streckenweise etwas theoretisch ist.

* **Glötzner, Johannes:** Der Vater. Über die Beziehung von Söhnen zu ihren Vätern. Frankfurt/Main 1983.

* **Herrmann, Horst:** Vaterliebe. Ich will ja nur dein Bestes. Reinbek 1989.

Eine radikale Kritik der Vaterliebe, die für mich aber zu sehr im Negativen und Abstrakt-Theoretischen verbleibt und kaum positive Identifikationsmöglichkeiten bietet.

Hilsberg, Regina / Scheilke, Christel / Schön, Bernhard: Schwangerschaft, Geburt und erstes Lebensjahr. Ein Begleiter für werdende Eltern. Reinbek 1988.

Ihara, Toni / Warner, Ralph / Dzierma, Hans Martin: Ehe ohne Trauschein. Ein Rechtsratgeber. Reinbek 1990.

* **Kentler, Helmut:** Leihväter. Kinder brauchen Väter. Reinbek 1989.
   In den ersten beiden Kapiteln dieses Buches geht es vor allem um Leihväter und Homosexuelle als Betreuungs- und Pflegepersonen. Der III. Teil enthält ein engagiertes und sehr lesenswertes Plädoyer für den väterlichen Mann.

* **Konjetzky, Klaus/Westphalen, Joseph von (Hg.),** Stillende Väter. München 1983

* **Kühler, Thomas:** Zur Psychologie des männlichen Kinderwunsches. Ein kritischer Literaturbericht. Weinheim 1989.
   Wer sich ausführlicher mit dem männlichen Kinderwunsch beschäftigen möchte und mit psychoanalytischem Vokabular vertraut ist, wird dieses wissenschaftliche Buch gespannt bis zur letzten Seite lesen.

Lang, Margot (Hg.): Mein Vater. Frauen erzählen vom ersten Mann ihres Lebens. Reinbek 1979.

* **Klaus, Michael (Hg.):** Nachwehen, Frauen und Männer mit Kindern. Frankfurt/Main 1982.
   Sehr lesenswertes und spannendes Buch, in dem zahlreiche Frauen und Männer über ihre Gefühle und Erfahrungen im Zusammenhang mit dem Kinderkriegen und -großziehen berichten. Für alle von der Macht der Mütter gestreßten Väter ist der Beitrag von Michael Rieht besonders lesenswert. Das ist Balsam für die Seele von Vätern, auch wenn die Satire manchmal doch etwas zu weit getrieben wird.

* **Parke, Ross D.:** Erziehung durch den Vater. Stuttgart 1982.
   Das Buch referiert die Ergebnisse wissenschaftlicher Untersuchungen über die Bedeutung des Vaters für die Entwicklung des Kindes.

* Pruett, Kyle D.: Die neuen Väter. Männer auf dem Weg in die Familie. München 1988.

Das Buch befaßt sich intensiv mit der Frage, was väterliche und männliche Identität heute ausmacht. Ausführlich wird auch der Frage nachgegangen, wie es sich auf die Kinder auswirkt, wenn der Vater umfangreich an ihrer Pflege und Betreuung beteiligt ist.

* Michels, Ranne/Kippe, Rainer: Guter Hoffnung. Wie wir die Angst vorm Kinderkriegen überwanden. Köln 1980.

Das Buch enthält die Protokollierung von zwei Schwangerschaften und Geburten jeweils aus der Sicht der Frau und des Mannes. Sehr lesenswert.

Reim, Doris (Hg.): Frauen berichten vom Kinderkriegen. München 1984.

Hier berichten zwar nur Frauen vom Kinderkriegen, Männer kommen aber auch vor, und zwar so, wie ihre Frauen sie erleben. Insofern ist es für Männer eine interessante Lektüre.

* Schön, Bernhard: 36 J., verh., teilzeitbeschäftigt, Vater eines Sohnes. Reinbek 1983. Zu beziehen über: text-o-phon Verlag, Langgasse 24, 6200 Wiesbaden.

Dieses anregende und sehr persönlich geschriebene Buch der ersten Generation von Väterbüchern hat auch heute nichts an Aktualität verloren.

Schultz, Hans-Jürgen (Hg.): Vatersein. Stuttgart–Berlin 1982.

Es handelt sich um eine Sammlung von Aufsätzen von Männern und Frauen über das Vatersein. Hier kommen vorwiegend alte Väter zu Wort.

Seck-Agthe, Monika/Maiwurm, Bärbel (Hg.): Neun Monate. München 1981.

Das Buch enthält auch Berichte von Vätern für Väter.

* Shapiro, Jerrold Lee: Wenn Männer schwanger sind. Ängste, Sorgen und Bedürfnisse werdender Väter. Ein Ratgeber für alle Männer, die Schwangerschaft miterleben möchten. München 1988.

Hier handelt es sich um eine sehr ausführliche und umfassende Darstellung des männlichen Erlebens von Schwangerschaft, Geburt und der Zeit danach. Das Buch macht Männern Mut, ihr eigenes Erleben ernst zu nehmen und sich auf ihr Vaterdasein intensiv vorzubereiten.

Sichtermann, Barbara: Leben mit einem Neugeborenen. Frankfurt/Main 1981.

Sichtermann, Barbara: Vorsicht, Kind. Eine Arbeitsplatzbeschreibung für Mütter, Väter und andere. Berlin 1982.

Auch für Väter sehr lesenswertes und brauchbares Buch über den Alltag mit Kindern, das nichts beschönigt und deshalb sehr hilfreich sein kann.

Wilberg, Gerlinde: Zeit für uns. Ein Buch über Schwangerschaft, Geburt und Kind. Frankfurt/Main 1981.

Das Buch enthält sehr viele äußerst nützliche und brauchbare Informationen.

Wöckener, Gerrit: Mann kriegt Kind. Leitfaden für werdende Väter. München 1989.

Auf dem Umschlag des Buches ist hinten die Frage «Kinderkriegen – Frauensache?» aufgedruckt. Nach der Lektüre kann ich diese Frage nur mit «Ja, ganz offensichtlich» beantworten, da der Leser so wenig zur Auseinandersetzung mit seinem eigenen Vatererleben angehalten und gleichzeitig soviel Banalität rings um Frau und Baby breitgetreten wird, daß es für jeden bewußten Vater eine Zumutung ist. Das einzig wirklich Brauchbare sind die Gesetzestexte am Schluß des Buches.

Mit
Kindern
leben

ro
ro
ro

C 2181/4

Mit
Kindern
leben

ro
ro
ro

C 2181/5 a

Mit
Kindern
leben

ro
ro
ro

C 2181/4 b

Mit
Kindern
leben

ro
ro
ro

C 2181/4 c